国家社科基金项目"课堂教学环境中韩国学生汉语介词习得认知过程研究"（13CYY034）

课堂教学环境下韩国学生介词习得认知过程研究

周文华／著

吉林大学出版社

·长春·

图书在版编目（CIP）数据

课堂教学环境下韩国学生介词习得认知过程研究 /
周文华著. — 长春：吉林大学出版社，2020.12
ISBN 978-7-5692-7885-9

Ⅰ.①课… Ⅱ.①周… Ⅲ.①汉语 – 介词 – 对外汉语
教学 – 教学研究 Ⅳ.①H195.4

中国版本图书馆CIP数据核字(2020)第243939号

书　　名：课堂教学环境下韩国学生介词习得认知过程研究
KETANG JIAOXUE HUANJING XIA HANGUO XUESHENG JIECI XIDE RENZHI GUOCHENG YANJIU

作　　者：周文华　著
策划编辑：邵宇彤
责任编辑：杨　平
责任校对：代红梅
装帧设计：林　雪
出版发行：吉林大学出版社
社　　址：长春市人民大街4059号
邮政编码：130021
发行电话：0431–89580028/29/21
网　　址：http://www.jlup.com.cn
电子邮箱：jdcbs@jlu.edu.cn
印　　刷：吉广控股有限公司
开　　本：787mm×1092mm　　1/16
印　　张：22.25
字　　数：332千字
版　　次：2020年12月　第1版
印　　次：2020年12月　第1次
书　　号：ISBN 978-7-5692-7885-9
定　　价：109.00元

目　　录

绪　　论

一、缘起

现代汉语介词作为一个词类的研究至今已有一百多年的历史，研究成果相当丰富，从马建忠（1898），黎锦熙（1924），吕叔湘（1942），王力（1943），朱德熙（1980）等早期对介词的界定、分类以及功能描写，到近二十多年来对介词的语法化、框架结构、隐现规律以及构成的特殊句式等各个方面的研究都逐渐深入。专题论文有数千篇，有影响的专著也层出不穷，如金昌吉（1996），傅雨贤、周小兵（1997），陈昌来（2002）等，这些本体研究成果为进行汉语介词系统的习得和教学研究打下了坚实的基础。

作为现代汉语中重要的虚词类别，介词像其他类虚词一样，也是外国学生汉语学习的重点和难点。因此，学界对介词的相关习得研究一直也很重视，关于汉语介词的习得和教学研究近十几年来迅速增多。这其中针对某个介词，尤其是构成特殊句式的"把""被""比""在"等的习得或教学研究特别多，如熊文新（1996），高小平（1999），余文青（2000），高顺全（2001），刘红燕（2006），何薇（2006），黄月圆等（2007），周文华、肖奚强（2009），金道荣（2010）等；其次就是仅针对介词偏误的教学研究，如白荃（1995），柳英绿（2000），王振来（2004），李金静（2005），赵金铭（2006），崔立斌（2006），杨永（2007），华相（2009），周文华、李智惠（2011），赵立新（2012），吴潇萍（2013）等，这些研究占据了汉语介词习得研究的半壁江山。但同时也有很多学者关注分国别的介词习得研究，如汪寿顺（1990），韩容洙（1996，1998），丁安琪、沈兰（2001），林载浩（2001），高红

（2003），崔希亮（2003，2005），郑巧斐（2007，2008），林齐倩、金明淑（2007），周文华（2009，2013），林齐倩（2011），黄自然、肖奚强（2012），胡勃（2013）等。分国别和不分国别的介词习得研究各有千秋，都可以发现对教学有价值的习得规律。在不分国别的研究成果中考察比较全面的主要有赵葵新（2000）和周文华（2011b）等，其中周文华（2011b）以大规模中介语书面语料库为数据来源探讨了外国学生对现代汉语五大类介词的习得情况，研究所得习得规律中有不分国别的共性规律，也有分国别的个性规律。如何区分不分国别的共性规律和分国别的个性规律对于开展国别化的对外汉语教学有较大的参考价值。因此，对于不同语言类型学生的介词习得规律应该分别考察，以补充以上列举的分国别汉语介词习得研究，以及周文华（2011b）等所发现的一些不同国别学生的个性规律。

众所周知，从语言类型学的角度看，现代汉语属于SVO型语言（刘丹青，2003）。但从介词使用的角度看，现代汉语与同属于SVO型语言的英语，以及属于SOV型语言的韩语之间存在较复杂的异同关系，但不能简单地从是否同属一种语序类型来判断外国学生习得汉语介词的难点和规律。针对这一议题，周文华（2014）进行过详细考察，的确发现不能以简单的语序类型差异[①]来预测韩国学生的偏误状况。他还发现韩国学生对于语序调整的认知心理策略会影响他们对汉语语序的习得。在不同类型语言的对比中，韩语中的格助词与汉语介词的对应规则较复杂。揭示韩语格助词与汉语介词的对应关系，如柳英绿（1999），崔健（1999，2000a，2000b，2006），何薇、杨晶淑（2006），南圣淑（2007），王立杰（2009），权宁美（2011），刘惠敏（2011），梁秀林（2012），金善姬（2012），李允善（2014）等，对于帮助韩国学生习得汉语介词具有很大的帮助；同时，揭示韩国学生汉语介词的习得认知规律，对开展针对韩国学生的汉语教学也有很好的参考价值，学界已经在探究韩国学生汉语介词习得规律方面做了大量工作，以上列举的分国别介词习得和偏误研究中绝大部分都是

---

① 汉韩语的语序差异请参看白莲花（2011），以及崔健、孟柱亿（2007，2010，2012）的相关研究。

针对韩国学生的。而且目前来华留学的学生中韩国学生占比非常大，开展汉韩介词对比以及韩国学生汉语介词习得研究符合目前的对外汉语教学现状，也有较大的应用价值。

二语习得过程也是一个认知心理发展的过程，其认知心理机制主要包括语言认知过程、语言思维过程、语言理解过程和语言记忆过程（杜琳、2006）。因此，Selinker（1972）在提出中介语概念时就指出负责其建构的有五个认知过程：语言迁移、训练迁移、学习策略、交际策略和目的语泛化。Anderson（1983，1996）提出的"ACT认知模型"（Adaptive Control of Thought）将语言习得认知过程分为三个阶段：感知阶段，联结阶段和自动化阶段。这一认知模型对二语习得很有指导意义，具体可参看黄若好（2002），董昕、王丹、张立杰（2012），张璐（2013）等的研究。在这些相关认知理论的驱动下，国内外二语习得研究的趋势是逐渐与认知心理学等学科相结合，运用多学科交叉的研究方法，走基于语料的定量与定性分析相结合的道路进行中介语考察，对习得过程、认知模型等进行深入的探讨，如：秦晓晴（1997），吴潜龙（2000），王永德（2002），桂诗春（2004），李朝晖（2004），翟丽霞、陈艳、王卓（2005），王建勤（2006a，2006b），杜琳（2006），文秋芳（2008），王强（2008），黄齐东（2009），蔡金亭、朱立霞（2010），戴运财（2013），Holland（2013）等。李佳、蔡金亭（2008），孙庆芳（2013）等还以认知语言学的视角[1]考察了英语和汉语介词的习得，但从认知心理的角度揭示汉语介词习得认知过程的研究成果还不多，而且要进行习得认知过程的研究就离不开动态系统理论（郑咏滟，2011）的支持。国内在这方面的研究还需要加强。

目前，国内学者也逐渐开始采用语料库的研究方法进行介词中介语考察，比如赵葵欣（2000），崔希亮（2003，2005），郑巧斐（2007，2008），周文华（2011b），黄自然、肖奚强（2012）等的研究。而且很多学者也都认识到口语语料对二语习得研究的重要性。但由于口语语料库建设的难度，国内像丁安琪、沈兰（2001）这样利用口语语料进行介词习得

---

[1]　相关诠释及与外语教学的关系请参看文旭（2001，2014）。

研究的成果非常少。而且这些为数不多的研究也都存在语料样本较小、语料连续性不足等问题，因为她们都采用间隔式录音的方式来收集学生的口语语料，很难在连续性和规模上有较大的突破。Seliger和Long（1983），Ellis（1984），Doughty和Williams（1998），McKay（2006）等学者进行的一系列二语习得课堂研究①方兴未艾，而利用连续的课堂教学实录收集外国学生的口语语料也成为一种新兴的中介语语料库建设手段。

另外，Krashen（1982，1985）的输入假说（Input Hypothesis）和监控理论（Monitor Theory），以及Swain（1985），Lightbown（1985），VanPatten（1996，2004），Nagata（1998），Gass（2003），Gass和Mackey（2006），Piske和Young-Scholten（2009）等进行的一系列输入与输出研究让二语习得中的输入、输出及其互动研究成为一种主流。国内关于输入和输出的研究也方兴未艾，如戴曼纯（1997），曹志希（1998），郑银芳（2003），卜佳晖（2004），李炯英（2005），周丹丹（2006），翁燕珩（2006），高丙梁、陈昌勇、郭继东（2007），顾琦一（2007），蔡芸（2009），戴运财、戴炜栋（2010），顾伟勤（2010），苏冰阳（2013），温晓虹（2007，2013），顾琦一、裴虹（2014）等，这些研究对二语习得中的输入与输出进行了多方位的考察。无论是从教师输入对于学生习得的影响，还是从学生输出时的语言监控和情感过滤等因素来考虑，考察课堂上的二语习得认知过程都是最佳的研究方式。因为课堂实录不仅可为研究直观展现教师的输入和学生的输出，而且还有利于揭示学生的认知心理变化过程等情况。研究者完全可以基于课堂实录来考察不同国别学生习得汉语的认知心理过程。

二、研究范围及方法

1.研究范围

现代汉语介词是一个封闭的小类，可以进行全面系统的考察，不光是本体研究可以进行系统考察，如周小兵（1997）等；习得研究也可进行系

---

① 国外二语课堂实证研究综述还可参看梁文霞、朱立霞（2007）。

统考察，如周文华（2011b）等。但从赵葵新（2000），崔希亮（2003，2005）和周文华（2011b）等的考察看，并不是所有介词都在外国学生的使用中大量出现。有些介词在外国学生的使用中出现的频率非常低，加上本书所用口语语料库的规模有限，很多介词的出现频率很低，甚至没有出现，无法揭示其发展变化轨迹。只有一些常用的介词，如"被、把、比、从、对、给、跟、向/往、在"等十个①，使用频率较高；另外，本书涉及汉韩对比，不宜进行介词类别的考察，只能进行单个介词的对比考察。本书以金基石（2013）的汉韩对比视角与方法为理论指导，同时根据汉语介词与韩语格助词的实际对应情况实施切实可行并且科学的对比方案。具体对比时参考韦旭升、许东振（2006）的实用汉韩语法，以及崔健、孟柱亿、柳英绿、韩容洙、金道荣等中韩学者的论著和一些韩国研究生论文，但主要是以本书所建立的汉韩对比语料库进行基于语料库的对比考察。所以，本书只考察这十个常用介词的情况，不太常用的介词有待语料库规模扩大以后再行考察。

2.研究方法

（1）对比的研究方法

汉韩两种语言在介词（格助词）使用上的异同对比是研究基础。周文华（2014）指出，汉语与韩语属于不同的语序类型，汉语介词与韩语格助词在对应关系和语序上存在错综复杂的异同关系。本书在找出汉韩对应差异的同时也进行对比标记性分析②。另外，韩国学生对于不同汉语介词使用的认知心理不同，所采取的习得策略也不同。本书还将在对比研究的基础上揭示韩国学生习得不同汉语介词的认知心理过程。

---

① 由于"向/往"的数据比较少，且它们在韩语中的对应形式也几乎没有区别，所以本章把两者合并在一起研究。

② 标记性在对比分析中的重要性受到越来越多学者的关注，它从标记性程度的角度客观分析对比中的差异有哪些会真正影响学习者的二语习得。关于标记性理论和应用，请参看Eckman（1977，2008），White（1987），Battistella（1996）等的研究。

（2）基于语料库的定量研究方法

目前越来越多的二语习得研究采用基于语料库的研究方法，其精髓是对语料库中的数据进行定量统计分析，以得出可靠的结论。但目前大部分的研究是基于中介语书面语料库的，而本书将全部以课堂及口语考试中实录的中介语口语语料来完成。口语语料不仅在收集时面临较大困难，而且在语料处理时也会面临数据不均衡等困难。本书对中介语口语语料中所得数据均进行标准化处理，使其符合定量统计的标准，以保证研究结果的科学性和可靠性。

（3）定性的研究方法

本书符合定性研究的六大特征（Nunan，1992）[①]，即①语境性（contextual），研究的数据来源是真实的课堂教学，没有人为的实验或模拟；②非干扰性（unobtrusive），研究者不影响被观察者的言语表现；③长周期性（longitudinal），本书的材料收集历时两年半；④合作性（collaborative），本书涉及多位教师及数十名韩国留学生；⑤解释性（interpretive），本书对所收集的材料数据将进行解释性分析；⑥原始性（organic），本书所收集的材料均具有原始性，不以假设为前提去收集材料，从材料分析中发现问题并解决问题。总之，本书将从所收集到的原始语料中综合、归纳出韩国留学生习得汉语介词的认知规律。

（4）基于课堂话语的微变化研究方法

微变化研究法（microdevelopment method）是近二十年来逐渐兴起的研究方法，最早用于认知心理学的研究。现在很多学者都在探讨把微变化研究法应用于语言习得研究，并取得了一些成果，如Siegler和Crowley（1991），Granott和Parziale（2002），文秋芳（2003b），周丹丹（2004，2012），Siegler（2006），黄小苹（2006），周丹丹、王文宇（2013）等。微变化研究法注重语料收集的密集性和持续性，关注被研究对象的细微变化。本书的课堂话语语料无论是密集性还是持续性都非常高，这将利于对韩国学生介词习得认知过程细微变化的考察。

---

① 亦可参看庞继贤、王敏（2001）的述评。

（5）输入与输出互动的研究方法

以往的研究多只注重对留学生输出结果的研究。但二语习得是一个复杂的认知过程，输出只是一种外化的结果。依据输出对习得认知过程的推测是不全面的，应进行从输入到吸收再到输出的综合考察。学界讨论的关于输入到输出的过程主要有六种模式[①]，每种模式的侧重不同，其中以VanPatten（1996，2004）的二语习得过程模式对心理机制的考虑较为全面，VanPatten将二语习得过程分成四个步骤：输入、吸收、发展和输出。毋庸置疑，学习者的习得与在课堂教学环境下的输入与输出有着密切的关系，本书将揭示学习者从输入到输出的习得变化过程。

三、语料说明

1.输入与输出语料的界定

本书所使用的语料包括输入与输出两部分。语言输入包括各种形式，"学习者从不同的方面所接触的任何语言素材。这些素材可能是从老师那里或书本中来的，也可能是从同学、朋友或非正式的学习场合听到、看到的。"（温晓虹，2007：109）拿目的语环境中课堂学习者的输入来说，包括教材、课堂中教师的话语、其他学生的话语，以及课外其他操目的语者的话语或其他形式的输入。学生在课堂上所接触的输入主要来自教师和教材，而学生接触最多的应该是教师的课堂输入；教材的内容一般需要学生深入理解之后才会内化和输出。

学生的输出也有口语和书面语之分。从Krashen"监控理论"假说（Krashen，1985）的角度看，口语输出比书面语输出更贴近自然表达，因其较少情感过滤和语言监控。即使同为口语表达，在课堂上和口语考试两种语境下，学生的输出也可能存在一定差别。因为学生在课堂上的输出有可能受到教师话语输入的影响，同时也有较多的时间思考和语言监控；而学生在口语考试中几乎没有模仿的可能，同时思考的时间少，语言监控也不强，应多是对内化语言知识的自然输出。

---

① 详见戴运财、戴炜栋（2010）的介绍。

本书对自然课堂和口语考试过程进行录像、转写，可以采集到可信度较高的中介语口语语料，避免研究的主观性，客观、公正地考察课堂教学环境下二语输入、输出与语言互动的情况。

2.输入与输出语料的分布与数量

本书采用南京师范大学汉语国际教育研究所肖奚强教授主持建设的课堂口语语料库。本书仅截取了其中2011年秋季学期至2014年春季学期的一年级、二年级和三年级上下六个学期的汉语听说课教学录像转写而成的课堂口语语料，以及在此期间韩国学生的期中、期末口语考试录音语料。各子库语料数量分布如下表：

表0-1　课堂/口语考试语料分布表

学习阶段	语料性质	语料字数
一年级上	教师课堂话语	525 010
	韩国学生课堂话语	25 673
	韩国学生口语考试话语	30 059
一年级下	教师课堂话语	833 939
	韩国学生课堂话语	56 153
	韩国学生口语考试话语	65 873
二年级上	教师课堂话语	814 279
	韩国学生课堂话语	55 721
	韩国学生口语考试话语	45 012
二年级下	教师课堂话语	699 692
	韩国学生课堂话语	55 659
	韩国学生口语考试话语	43 702
三年级上	教师课堂话语	311 644
	韩国学生课堂话语	41 192
	韩国学生口语考试话语	40 795
三年级下	教师课堂话语	240 750
	韩国学生课堂话语	40 091
	韩国学生口语考试话语	51 386

由于课堂话语的不可控性，所以各级韩国学生和教师的话语数量不一

致，三年级教师和韩国学生话语数量都不太多，主要是因为参与实录的班级少，且韩国学生数量也较少。因为语料数量的不一致，本书不以出现次数为考察依据，而以其出现频率（某个介词的出现次数/所在等级的语料数量）为考察依据。从而避免因语料数量不一致而导致的统计偏差。

3.汉韩平行对比语料

本书的汉韩对比也基于语料的对比分析。所使用的汉韩平行对比语料来自《东亚日报》2000—2014年社会、社论和专栏三版的整合，以汉语为标准统计字数共60余万字。由于汉韩语在介词和格助词对应的复杂性，本书仅进行从汉语到韩语的单向对比，具体原因请参见各章节的汉韩对比分析及本书的结语部分。

4. 关于例句的说明

由于本书考察的是课堂的话语，教师在课堂教学中会重复学生错误的表达，或对某种用法进行解释说明；而学生在表达中会出现具有口语特色的偏误现象。对于此类不合汉语标准表达的情况，本书一律按忠于说话人表达的原则不进行修改。

第一章 介词"把"的习得认知过程研究

第一节 介词"把"与韩语相应成分对比分析

一、介词"把"的使用规则

介词"把"在汉语中构成一种特殊的句式，一直是学者们研究的热点，成果非常丰富①。最早进行介词"把"字句研究的是黎锦熙（1924），他从句法分析入手提出了"提宾"说；之后，王力（1943，1944，1946）又从语法意义的角度提出了"处置"说，拉开了介词"把"字句语义研究的序幕；而吕叔湘（1942，1955）则从句法和语义综合的角度进行介词"把"字句的研究，并进一步指出"动词的处置意义、宾语的有定性，这些都是消极条件，只有这第三个条件——动词前后的成分——才具有积极的性质"。吕先生的研究推动了介词"把"字句句法语义综合研究的发展，随后邢福义（1978），吕叔湘（1980），宋玉柱（1982），A.贝罗贝（1989），金立鑫（1993），崔希亮（1995），齐沪扬、唐依力（2004），吕必松（2010），朴爱华（2010）等许多学者都对介词"把"字句的构成和限制条件等进行了深入的研究。20世纪八九十年代，关于介词"把"字句与其他句式的转换研究也在转换生成语法的影响下发展起来，比如傅雨贤（1981），邵敬敏（1985）等。90年代之后的介词"把"字句研究不仅数量成倍增长，而且研究的广度和深度也明显加强，语义、语用和认知研究方面都得到了加强，如张旺熹（1992），金立鑫

---

① 关于"把"字句的研究综述亦可参看郑杰（2002）。

（1993），吕文华（1994），李慧（1997），刘培玉（2001），王红旗（2003），赵金色（2010）等。从二语习得的角度看，句法和语义仍然是语言教学中的重点，尤其是教学中应关注句法形式与语义的对应（Ellis，2016）。所以，梳理清楚句法和语义关系对教学是十分重要的。针对韩国学生习得"把"字句的考察也不少，如林载浩（2001），黄自然、肖奚强（2012）等，这些研究都注重句法与语义相结合的习得考察。

纵观学界的研究，吕叔湘（1980）对介词"把"字句语义和句法的分析最详细。他认为介词"把"后的名词多半是其后动词的宾语，由介词"把"提到动词前，在表意上有5种，分别是：

1.表处置，名词是介词短语后及物动词的受动者。例如：

（1）【把】信寄了。[①]

（2）【把】房间收拾一下。

此类用法的介词"把"也可以跟动词短语或小句构成介词短语，但数量比较少，如：

（3）无产阶级【把】解放全人类作为自己的历史使命。

（4）他【把】怎么去医院仔细地说了一遍。

2.表致使，介词短语后的动词多为动结式，如：

（5）【把】嗓子喊哑了。

（6）【把】鞋子走破了。

另外，动词或形容词后常常用"得"字引进情态补语，如：

（7）【把】这匹马累得直流汗。

（8）【把】孩子高兴得手舞足蹈。

3.表示动作的处所或范围，其后动词也常用补语，如：

（9）他【把】南京城跑了个遍。

（10）他【把】里里外外都检查了一下。

4.表示发生不如意的事情，介词"把"字短语中的名词常指当事者，如：

（11）偏偏【把】老李病了。

---

① 例（1）~（26）均引自吕叔湘（1980）。

5.表示"拿、对",如:

(12)你能【把】我怎么样?

最后两种用法口语色彩比较浓,汉语母语者容易接受,但外国学生对此类用法是比较难接受的,尤其是受到"'把'后的名词多半是后面动词的宾语,由'把'字提到动词前"这种说法的影响。

接着,吕先生对介词"把"后的名词特征进行了说明。他指出介词"把"后的名词所指事物是有定的、已知的,或见于上文,或可以意会;前面常加"这、那"或其他限制性的修饰语;而代表不确定事物的名词不能与介词"把"组合。学界对于介词"把"有提取和凸显有定事物作用的观点是比较认同的。

对于能出现在介词"把"字短语后的动词,吕先生分析得也很详细,他列出了7种情况:

1.动词+了(着),如:

(13)【把】饭吃了。

(14)【把】笔拿着。

2.动词重叠,如:

(15)【把】黑板擦擦。

(16)【把】苹果洗洗。

3.动词是动结式、动趋式,如:

(17)你【把】饭吃完。

(18)【把】花拿到窗台上

4.动词+动量(时量)宾语,如:

(19)老师【把】作业又说了一遍。

(20)小王【把】书拿走了三天。

5.动词+介词短语,如:

(21)姐姐【把】画挂在墙上。

(22)【把】衣服放在床上。

6.动词+得+情态补语

（23）【把】小王笑得眼泪都出来了。

（24）【把】小李听得只点头。

7.动词前有修饰成分

（25）别【把】废纸满地扔。

（26）小王【把】水往小李身上泼。

由于研究视角不同，学者们对介词"把"字句下位分类的观点也有很大差异。从对外汉语教学的角度看，从形式入手比较容易，在形式的讲解过程中辅以语义的解释利于外国学生接受。崔希亮（1995）就指出介词"把"字句的核心是VP，VP是介词"把"字句的语义焦点。他还进一步指出在VP中以V为中心，一切变化都是围绕动词V进行的，主要有三种情况：

a.在动词V前加状语；

b.在动词V后加补语或宾语；

c.改变动词本身，即重叠。

这种分类言简意赅，揭示了VP构成的核心。黄自然、肖奚强（2012）的习得研究就是以崔希亮（1995）"VP为核心"的观点进行介词"把"字句下位句式划分的。其分类如下。

1.状动式

S_1：N_1+把+N_2+状语+V

S_2：N_1+把+N_2+一V

2.动补式

S_3：N_1+把+N_2+V到、在、给、向+N_3

S_4：N_1+把+N_2+V+结果补语

S_5：N_1+把+N_2+V+趋向补语

S_6：N_1+把+N_2+V+情态补语

S_7：N_1+把+N_2+V+数量补语[①]

---

① 黄自然、肖奚强（2012）是动量补语,实际上还应该包括是时量补语,所以本文更改为数量补语。

3.动宾式

S_8：N_1+把+N_2+V+N_3（间接宾语）

S_9：N_1+把+N_2+V成、作、为+N_3

4.动体式

S_{10}：N_1+把+N_2+V（一/了）V

S_{11}：N_1+把+N_2+V+了/着

5.致使式

S_{12}：N_1+把+N_2（施事）+V+其他成分

朴爱华（2010）以韩国人的视角对介词"把"字句的语法意义、宾语、动词谓语、状语、主语及与相关句式的转换进行了分析。但从其偏误分析，以及本书的语料考察来看，动词谓语部分的构成才是韩国学生学习的难点。因此，针对动词谓语部分的分析对教学来说更重要。郭圣林（2014）采取逐步分析的方法把介词"把"字句根据谓语部分的构成细分为无动式[①]，熟语式，复谓式，唯动式，状动式，动得式，动结式，动趋式，动副式，动介式，动宾式，动量式（包括重叠）和动体式。这样的分类方式回避了整个"把"字句大类句式的区分，更集中于VP核心的构成，直观上可能利于教学中的讲解。本章将大致采用郭圣林（2014）的分类方式考察韩国学生习得介词"把"字句的认知过程。

二、介词"把"与韩语格助词的对比[②]

学界对汉语介词"把"与韩语的对比研究成果不多。南圣淑（2007）从介词"把"字句语义类型的分类展开汉韩句式对应分析，发现表示因动作而发生位移或关系变化，以及产生某种结果的句式在韩语中有相关的

---

① 由于本书所考察的语料中没有无动式和动副式的例句，所以暂不讨论这些形式。

② 韩语格助词数量不多，但其使用是非常复杂的。往往是一个格助词兼有多种表意功能，视具体句子而定。比如宾格助词"-를（reul）"和"-을（eul）"在韩语句子中是必不可少的成分，只要涉及宾语就必须加这两个宾格助词。若以这两个宾格助词为检索条件去检索的话，会检索到数量庞大的例句，而这其中与介词"把"字句有关的只占一小部分。所以，虽然双向对比要优于单向对比（金基石，2013），但鉴于韩语格助词与汉语介词对应的复杂性，本书各个章节的汉韩对比研究只进行从汉语到韩语的单向对比研究。相关论述可参看本书的结语部分。

对应句式。但是句中主宾语的顺序，动词的表现形式等并不一致。她指出汉语介词"把"主要对应于韩语宾格助词"－를"和"－을"。金英实（2007）则对非受事"把"字句同韩语相关范畴的对比进行了分析，揭示特殊类别"把"字句在韩语中的对应情况。

王立杰（2009）以中韩作家的作品为依据对汉语介词"把"字句与韩语中相关句式的对应情况进行对比。虽然文章也从介词"把"字句的表意分类入手进行对比，但实际上最终还是要落实到句法形式上。王立杰（2009）总结了8类汉语介词"把"字句与韩语的对应形式，最后得出结论：在韩语中根本没有一个特定的句式跟汉语介词"把"字句来专门对应，而都是千篇一律用了受事宾语"－을/를"来表示。也就是说，只是把汉语介词"把"字句的受事宾语当作普通的被处置的受事，却不能把汉语介词"把"字句所表达的特殊句法、语义方面的意义直接表达出来。

从以往的研究可以看出汉语介词"把"对应于韩语的宾格助词"－를"和"－을"。其中"를"主要用于开音节之后，"－을"主要用于闭音节之后。众所周知，在韩语中格助词是必不可少的，所以这种对应只在形式上有一致性，其实质和内涵是不同的。本章从60万字的汉韩平行对比语料库中共检索到介词"把"490例，其与韩语的对应情况请见表1-1。

表1-1 介词"把"汉韩对应表

对应形式	数量
无对应（意译）	26
－를	174
－을	290

可以看出，汉语介词"把"的确绝大部分对应于"－를"和"－을"，但也有一部分在韩语中没有对应形式。汉韩语在介词"把"的对应方面并不是完全对等的。

如上文所述，介词"把"字句在使用时首先对其所引导的名词性成分有具体的要求，即必须是有定的成分，但在韩语中这个名词性成分可以是有定的，如：

（27）【把】那本书递给我。

저 책을 저에게 건네주세요.

那 本书（把）我（给）递给

（28）他【把】桌子上的花瓶打碎了。

그가 책상 위의 꽃병을 깨뜨렸다.

他 桌子 上的 花瓶（把）打碎了

也可以是无定的，如把例（27）改一下，汉语是不对的，而在韩语中
是没有问题的：

（27ʼ）*①把一本书递给我。

저에게 책 한 권을 건네주세요.

我（给）书一本（把） 递给

其次，介词"把"字短语后的动词必须是复杂成分，不能是光杆动
词。上文也据此对介词"把"的用法进行了下位分类，这些用法在韩语中
的对应情况如下。

1.熟语式

（29）他【把】那本书翻来翻去。

그는 저 책을 뒤적그렸다.

他 那书（把） 翻来翻去

（30）他从来不【把】考试当回事儿。

그는 시험을 문제 삼아 본적이 없다.

他 考试（把）当回事儿 从来 不

汉语中的熟语式在韩语中基本都能找到相应的表达。不过韩语中否定
词"不"的位置是位于句尾的，不像汉语那样需要位于介词之前。所以，
熟语式的介词"把"字句在韩语中基本都可找到相对应的表达方式，只是
否定副词的位置不同。

2.复谓式

（31）那个时候人们【把】自己家里的东西拿出来卖。

---

① 例句序号后加*号表示该例句不是正确的用例。

그때　　사람들이 자기　집안의　물건을　　내다　팔았다.

那个时候　人们　自己的房子　东西（把）拿出来　卖

（32）新娘【把】酒喂给新郎喝。

신부가 신당에게　술을　먹였다.

新娘　新郎（给）酒（把）喂喝

复谓式中若不含介词短语，在韩语中的对应顺序基本不变，如例（31）。但像例（32）这样含有其他介词短语时，韩语中的词语顺序可以有些调整。也可以不调整，即"신부에게"置于"술을"之后也是没问题的，因为韩语不是依靠语序来表意，而是依靠格助词来表明词语在句中的语法地位。

3.唯动式

（33）你【把】那个火点燃，那个火会怎样？

너는　저불을　붙였는데 저불은 어떻게　될　거야?

你　那个火（把）点燃，那个火　怎样　会

（34）如果你觉得热，你可以【把】温度降低。

당신이　덥게　느껴지면　온도를　　낮출 수 있습니다.

你　　热　觉得如果　温度（把）下降　可以

唯动式之所以能成立，是因为像"点燃、降低"等词语本身就含有结果义，与"把"字句的表意很切合。而在韩语中没有区分动词是否含有结果义的必要，比如例（34）中"낮추"（下降）。所以，韩语对唯动式的介词"把"的用法没有动词具有结果义的限制条件。

4.状动式

（35）我们【把】难度一步一步地往上加。

우리는　난이도를　차근차근　올렸다.

我们　　难度（把）一步一步地 往上加

（36）老师【把】这个词分开讲。

선생님이 이　단어를　나눠서 설명했다.

老师　　这个词（把）分开　讲

状动式在韩语中的语序也基本与汉语一致，因为韩中状语也置于动词之前。

5.动得式

（37）姑娘们都【把】自己打扮得很漂亮。

소녀들이 모두 자신을　예쁘게 꾸몄다.

姑娘们　都自己（把）　漂亮　打扮

（38）他用生动的语言【把】小猫描写得活灵活现。

그는 생동한 언어로 고양이를　생동감 있게 묘사하였다.

他　生动的 语言用 小猫（把）活灵活现　描写

动得式在韩语中没有一致的表达，因为汉语中的"得"字补语在韩语中是以状语的形式出现的。对韩国学生来说，汉语中的动得式是有标记的，而韩语的对应表达是无标记的。

6.动结式

（39）先【把】这两个词搞清楚。

먼저 이 두 단어를　잘 구분하세요.

先　这两个　词（把）搞清楚

（40）他一脚【把】这个东西踹飞了。

그는 이 물건을　　한발 걷어찼다.

他　这个 东西（把）一脚　踹

汉语中的动结式在韩语中也以词的形式来表现，其结果补语完全靠动词或词形变化来表达。所以，从韩语的角度看，韩国学生对汉语动结式的表达是以词语或词形变化为视角的，没有"动作+结果"的结构意识。

7.动趋式

（42）我们一定要【把】这个圈子绕过来。

우리는 이　매듭을　　반드시 풀어야 합니다.

我们　这个圈子（把）　一定　绕过来

（43）你【把】它整理出来。

당신이 그것을　정리해 놔요.

你　它（把）整理出来

可以看出，韩语中对于动趋式也是以词及词形变化来体现的。

8.动介式

（44）拖了三天，他才【把】作业交给我。

그는 삼일이나 끌던　숙제를　나에게 제출하였다.

他　三天　　拖了作业（把）我（给）　交

（45）他【把】钱放在桌上了。

그는 돈을　　책상위에　놓았다.

他　钱（把）　桌上（在）放了

对于介词"把"字句中包含其他介词短语的情况，韩语的处理方式还是用格助词，但在韩语中对应的两个介词短语的顺序并不固定。比如例（44）也可以说成"그는 저에게 삼일이나 끌던 숙제를 제출하였다"，其原因跟上文复谓式中说明的一样。

9.动宾式

（46）待会儿我【把】我的给你。

좀 이따가 나는　내　것을 당신에게 줄겁니다.

待会儿　我 我的（把）你（助）　给

（47）他【把】自己当作小孩子了。

그는 자기를　어린이로　봤다.

他　自己（把）小孩子（助）当了

动宾式在韩语中的表达相对简单，只需要把顺序调整成宾动式，宾语后加相应的助词即可，如例（46）的"-에게"和例（47）的"-로"。但"当作、看作"等在韩语中没有完全的对应形式，韩语中的词只对应汉语中的"当、看"。

10.动量式（包括重叠）

（48）大家【把】这一段再听一遍。

여러분이 이 단락을　　다시 한번 들어보세요.

大家　　这一段（把）再　一遍　听

（49）请你【把】课文读读。

당신이　본문을　읽어 보세요.

你　　课文（把）阅读

对于动量补语结构，韩语的处理方式是把动量补语提至动词之前，如例（48）。而对于动词重叠式，由于韩语没有相应的重叠形式，韩语的处理方式是直接用"动词+ 아/어/여 보다"等形式来代替。

11.动体式

（50）大雪【把】路封了。

큰 눈이 길을 막았다.

大 雪 路（把）封了

（51）他【把】盘子端着。

그는 접시를 들고 있다.

他 盘子（把） 端着

对于动体式，韩语的处理方式也是以动词形态变化来表达。例（50）里的"了"在韩语中的表现是过去时，此句中的动词原形是"막다"，"막았다"是过去式。例（51）里的"着"在韩语中的表现是进行时，此句中的动词原形是"들다""들고 있다"是进行时。

三、汉韩对比规律总结

1.汉语介词"把"在韩语中对应于宾格助词"-를"和"-을"。从表面形式上看，汉语"S+把（O）+V"句式符合韩语"S+O+V"的语序。但汉语介词"把"字句在使用上有很多限制，不是所有"S+V+O"语序的句子都能变成"S+把（O）+V"语序，即使是一些能够转换的句子在转换后，句中的"V"也都需要变化成上文所述形式中的一种，否则可能导致转换后的"把"字句不成立。

2.金道荣（2010）指出汉语和韩语在介词"把"字句使用时一个非常重要的区别是：如果句中有否定词或助动词时，其位置在汉语中应该置于介词"把"字短语之前，而在韩语中必须与动词紧密结合，也即置于介词短语之后。韩语格助词的使用规则符合Hulk（1991）所述的"联结项"原则，而汉语介词的使用规则不符合"联结项"原则。因此，对于韩国学生来说，这一差别的认知难度可能较高。

3.介词"把"字句中的处所名词①在韩语中需转变为指物/指人的名词，也即在韩语中没有处所词的对应表达。汉语中"名词+方位词"表达处所的方式，在韩语中基本都只用指物/指人的名词即可，如例（31）。

4.汉语中对于介词"把"后的宾语有定指性的要求，而韩语在使用相关句式时没有这一要求，韩语宾格助词"－를"和"－을"加在名词后就赋予了它定指性。因此，韩国学生对于介词"把"后宾语必须具有定指性也是陌生的，需要重新学习。

5.汉语介词"把"字句中动词的复杂形式，如动趋式、动结式、重叠式、动体式、动得式等，在韩语中基本都以动词的词形变化来体现，其规律与汉语不同。朴爱华（2010）就指出"倒、破、湿、掉"等不及物动词，在韩语中可以直接进入与汉语介词"把"字句对应的句式，但在汉语中它们只能作为补语的形式出现。

6.汉韩语在格式上基本一致的"把"字句式是熟语式、复动式、唯动式、状动式，但汉语对进入这些格式的动词都有一定限制，而韩语没有跟汉语一致的限制条件。比如唯动式，汉语中能进入该句式的只能是具有结果意义的动词，而对应的韩语中的动词并不一定具有结果义。再比如朴爱华（2010）指出韩语中可以把心理、认知动词，如"爱、喜欢、知道、看见"等，用到介词"把"字句中，因为韩语中没有像汉语介词"把"字句中那样的动词限制。

7.汉语介词"把"字句的动宾式和动介式在韩语中对应着不同的语序，且出现的名词后均需加格助词。所以，对于韩国学生来说，他们学习汉语的动宾式需要注意去掉宾语后的格助词；而学习动介式时则需要注意把格助词转化成相应的介词。

8.汉语介词"把"字句与韩语句式不对应的情况主要是韩语中可以用致使义"让"字句和被动句（南圣淑，2007）。从本文受限的汉韩对比语料中没有发现这样的用例，但在韩国学生的语料中发现了数例把"把"字句误代为"让"字句的情况，说明这种句式对应的困扰的确存在于韩国学生的汉语学习中。

---

① 关于汉语处所词的特点和构成规则请参看储泽祥（1997, 2006）的研究。

第二节　介词"把"的习得认知过程考察

一、课堂输入与输出情况的总体对比

本章依据历时两年半的一年级上下学期（下文简称一上和一下），二年级上下学期（下文简称二上和二下）和三年级上下学期（下文简称三上和三下）汉语听说课及口语考试录像转写而成的课堂/考试口语语料库①来考察教师课堂话语、韩国学生课堂话语及口语考试中介词"把"的使用情况，请看本章考察的课堂／口语考试话语输入与输出情况的具体数据表。

表1-2　介词"把"不同阶段输入与输出情况汇总表

学习阶段	教师课堂输入		韩国学生课堂输出		韩国学生口语考试输出	
	用例数	频率	用例数	频率	用例数	频率
一上	536	10.209	6	2.337	8	2.661
一下	1516	18.179	61	10.863	38	5.769
二上	1143	14.037	33	5.922	5	1.111
二下	904	12.920	18	3.234	11	2.517
三上	557	17.873	27	6.555	17	4.167
三下	342	14.206	24	5.986	12	2.335
合计	4998	14.601	169	6.157	91	3.287

注：表中频率都是万分位的。

从表1-2可以得知韩国学生口语语料库中介词"把"的使用频率是4.72/10000（（6.157+3.287）／2=4.72）；黄自然、肖奚强（2012）从60万字的韩国学生书面作文语料中检索到介词"把"的使用频率是5/10000。两个研究考察得出的使用频率接近，只是口语中的使用频率略低。但是跟教师课堂输入的频率比，韩国学生的输出频率还是相差太远。张宝林

① 本语料库包含3个子库，分别是教师课堂话语语料库（共3 425 314字），韩国学生课堂话语语料库（共274 489字）和韩国学生口语考试语料库（共276 827字），各学习阶段的字数分布请参看绪论部分。

（2010）利用北京语言大学424万字的HSK动态语料库检索到不分国别高水平学生的介词"把"的使用频率是8.29/10000。比黄自然、肖奚强（2012）及本章的考察得出的使用频率都要高很多，这可能是由于国别和语料的差异导致的。但即使以张宝林（2010）的数据与教师的课堂输入相比，学生的输出频率也是远低于教师课堂输入频率的。可见，相对于教学的输入，外国学生的输出是严重不足的。

把表1-2中的输入、输出频率数据录入SPSS22.0进行多因素方差分析检验不同变量的差异性[①]，在类别变量上统计得出$F=74.301$，$P=0.000<0.05$；在学习阶段变量上统计得出$F=6.002$，$P=0.008<0.05$，均拒绝虚无假设。这说明类别和学习阶段两个变量的差异性都是显著的，也即教师课堂输入频率与韩国学生课堂及口语考试输出频率之间存在显著差异；同时，不同学习阶段上的使用频率也存在显著差异。

对类别变量的事后分析发现，教师课堂输入频率与韩国学生课堂输出频率之间的差异显著性$P=0.000<0.05$，教师课堂输入频率与韩国学生口语考试输出频率之间的差异显著性$P=0.000<0.05$，说明教师课堂输入频率与韩国学生在不同语境下的输出频率都存在显著差异；韩国学生课堂输出频率与韩国学生口语考试输出频率之间的差异显著性$P=0.007<0.05$，说明韩国学生在不同语境下的输出频率也存在显著差异。

把表1-2中的频率数据转化成图1-1，可以清楚地看到不同类别的频率在不同学习阶段上的变化趋势。

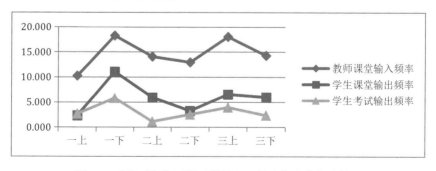

图1-1 介词"把"不同阶段输入、输出频率变化趋势图

---

① 关于SPSS在二语习得中的应用及统计方法的说明请参看Larson-Hall（2010）。

结合表1-2和图1-1可以清楚地看出，教师课堂输入频率与韩国学生输出频率的差别较大，教师课堂输入远高于韩国学生课堂和口语考试中的输出，而且口语考试中的输出频率在各个阶段都是最低的。这说明韩国学生在使用的过程中是比较谨慎的：越是在考试场景中，韩国学生使用得越少；也说明韩国学生在介词"把"的使用中可能的确存在回避现象。从图1-1还可以清楚地看到三个类别的使用频率波动图形基本一致。这说明韩国学生输出与教师输入的阶段性变化趋势是一致的，其差异只是数量上的差异。这也是对上文SPSS统计结果直观地反映。

韩国学生的输出数量远低于教师的课堂输入，那么不同阶段韩国学生输出的正确率情况如何呢？请看表1-3：

表1-3　介词"把"不同阶段输出正确率汇总表

阶段	韩国学生课堂输出				韩国学生口语考试输出			
	总用例数	正确用例	偏误用例	正确率	总用例数	正确用例	偏误用例	正确率
一上	6	2	4	0.333	8	5	3	0.625
一下	61	48	13	0.787	38	30	8	0.789
二上	33	29	4	0.879	5	4	1	0.800
二下	18	16	2	0.889	11	6	5	0.545
三上	27	21	6	0.778	17	9	8	0.529
三下	24	18	6	0.750	12	11	1	0.917
合计	169	134	35	0.793	91	65	26	0.714

注：表中正确率是百分位的。

将表1-3中的正确率转化成图1-2，就可以清楚地看出不同学习阶段韩国学生介词"把"输出正确率的变化轨迹：

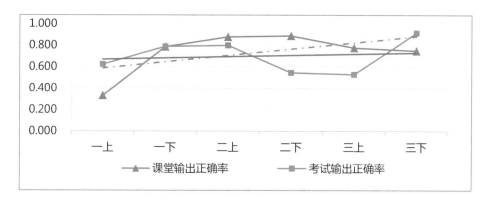

图1-2 介词"把"不同阶段输出正确率变化趋势图

从图1-2的线性趋势看,韩国学生介词"把"使用正确率是不断上升的。韩国学生在课堂上的正确率变化基本呈倒"U"形分布,说明在课堂上韩国学生介词"把"字句的使用并不是平稳发展的。而韩国学生在口语考试输出中的正确率变化则呈曲线波动。主要原因是二下和三上口语考试中韩国学生的正确率突然下降。虽然这是习得过程中很常见的现象,并不影响和改变韩国学生正确率向上发展的趋势,但这说明韩国学生在介词"把"字句的掌握方面还是存在不少问题的。

从总体上看,韩国学生介词"把"字句的习得是随着学习阶段的变化不断提高的。第一节也论述过,介词"把"字句在使用时有不同的句法要求,其核心是进入句式的动词有很多限制,这些动词的句法限制是韩国学生习得介词"把"字句的重点和难点。要想了解韩国学生对介词"把"的习得认知过程就必须分学期考察他们对不同动词形式的使用情况,以揭示他们是如何逐渐掌握"把"字句不同句法形式的。所以,下面就分学期、分句式详细考察韩国学生介词"把"字句的习得认知过程。

二、分阶段的输入、输出及互动情况考察

（一）一年级

首先看一下一年级上下学期介词"把"不同用法在课堂和口语考试中的输入与输出情况汇总表。

表1-4　一年级介词"把"不同用法输入、输出情况汇总表

阶段	用法类别	教师课堂输入		韩国学生课堂输出					韩国学生口语考试输出				
		数量	频率	正例	误例	合计	正确率	频率	正例	误例	合计	正确率	频率
一上	1熟语式												
	2复谓式	9	0.171										
	3唯动式	14	0.267										
	4状动式	2	0.038										
	5动得式	16	0.305	1		1	1.000	0.390					
	6动结式	157	2.990		1	1	0.000	0.390	1		1	1.000	0.333
	7动趋式	76	1.448	1		1	1.000	0.390					
	8动介式	142	2.705						2		2	1.000	0.665
	9动宾式	80	1.524										
	10动量式	9	0.171						1		1	1.000	0.333
	11动体式	7	0.133						1		1	1.000	0.333
	其他①	24	0.457		3	3	0.000	1.169		3	3	0.000	0.998
	合计	536	10.209	2	4	6	0.333	2.337	5	3	8	0.625	2.661
一下	1熟语式	3	0.036										
	2复谓式	23	0.276										
	3唯动式	21	0.252	2		2	1.000	0.356					
	4状动式	11	0.132										
	5动得式	40	0.480	1		1	1.000	0.178	1		1	1.000	0.152
	6动结式	344	4.125	13	3	16	0.813	2.849	9	1	10	0.900	1.518
	7动趋式	181	2.170	2		2	1.000	0.356	3		3	1.000	0.455
	8动介式	354	4.245	14		14	1.000	2.493	4		4	1.000	0.607
	9动宾式	198	2.374	9	1	10	0.900	1.781	6	1	7	0.857	1.063
	10动量式	211	2.530						5		5	1.000	0.759
	11动体式	75	0.899	7	1	8	0.875	1.425	2	3	5	0.400	0.759
	其他	55	0.660		8	8	0.000	1.425	3		3	0.000	0.455
	合计	1516	18.179	48	13	61	0.787	10.863	30	8	38	0.789	5.769

注：表中输入和输出频率都是万分位的，正确率是百分位的。

---

① 本章表1-4、1-5、1-6中的其他，对教师输入而言是指教师在教学过程中对学生偏误的纠正、相关
语言点的讲解等；对韩国学生而言是指其输出中无法归入四类偏误类型的用例。

把表1-4中介词 "把" 不同用法的输入、输出频率转化成图1-3，可以清楚地看到一年级上下学期介词 "把" 输入、输出频率的变化趋势。

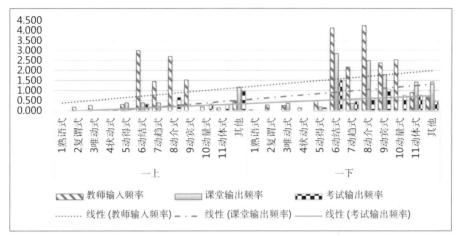

图1-3 一年级介词 "把" 不同用法输入、输出频率变化趋势图

从图1-3可以清楚地看出教师输入与韩国学生输出有明显的差别，无论是一上还是一下教师课堂输入频率都远高于韩国学生的输出频率。另外，无论是输入还是输出，一下都要好于一上。这说明一上到一下的输入、输出都在加强。尤其是韩国学生课堂输出中的变化最大，说明一下韩国学生在介词 "把" 的输出上进步较大。

将表1-4中的正确率数据转化成图1-4，可以看到一年级上下学期韩国学生介词 "把" 不同用法正确率的变化趋势[①]。

从图1-4可以看出，韩国学生输出的正确率普遍较高，只有个别句式的正确率较低。但口语考试中正确率的浮动比课堂上正确率的浮动要大。这说明韩国学生对介词 "把" 用法的掌握并不稳定。因为在课堂上，韩国学生的输出有模仿和参照教师、教材输入及其他学生输出的可能；而口语考试完全是对已习得知识的输出，且思考的时间也比课堂上少。所以，应以口语考试中的正确率为主要参考标准。另外，正确率还需结合学生的使用频率来看才有意义，因为有些用法的输出量非常低，有模仿和格式化输出的可能。

---

① 不同用法的正确率中没有考虑无法归类的偏误用例，只考虑属于某种用法的用例情况。

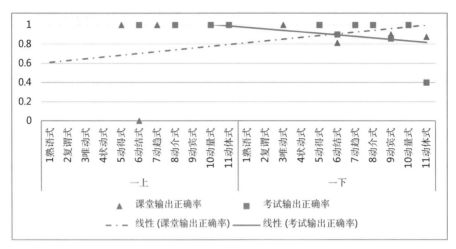

图1-4　一年级介词"把"不同用法正确率变化趋势图

1.一年级上学期

从表1-4和图1-3可以很清楚地看到，教师输入与韩国学生输出在一上的反差非常大。但从总体上看，教师的输入在一上是比较克制的。虽然除了熟语式以外，其他各类用法教师都输入了，但大部分用法的输入频率都是六个学习阶段中最低的。在一上，韩国学生还没有开始全面接触和学习介词"把"，所以韩国学生无论是在课堂上还是口语考试中的输出量都无法与教师的输入量相提并论，输出的介词"把"用法的类型分布更是相差甚远。韩国学生输出频率比教师课堂输入频率高的唯一类型是其他类，也即相对来说韩国学生输出中的偏误比教师的讲解和纠错要多得多。这从另一个方面说明在此阶段韩国学生对介词"把"的习得还处于理解和吸收的初级阶段。

从数量上来看，动结式、动介式、动趋式和动宾式是教师输入中重点涉及的，其输入量都在70例以上，如：

（52）【把】错的写正确，这叫改一改，每天写错的汉字自己改一改。

（53）保存是指你【把】东西放在我这，当然还是你的啊！

（54）妈妈【把】所有东西都买回来了。

（55）然后服务员【把】菜单给你了，然后你做什么？

其他形式输入得都很少，大部分在10例以下。只有唯动式和动得式的输入量稍多一些，但也只有十几例，如：

（56）就是【把】那个错误的句子改正。

（57）布置一般是要【把】东西弄得漂亮，弄得好。

从教师的用例看，一般都是对某些语言现象或某个交际场景进行解释和说明时必须使用的介词"把"。

另外，在教师的课堂输入中有24例是对韩国学生使用介词"把"的引导和讲解，如：

（58）我【把】钥匙……，后面还有吗？

（59）比如说，我【把】这个东西，这样，就叫递给他，我【把】这个东西递给了板元。

例（58）是教师引导韩国学生把不完整的介词"把"字句表达完整。例（59）是对"把……递给……"的讲解。这些输入对于韩国学生加深对介词"把"字句语义和句法构成的理解是很有帮助的。

此阶段，韩国学生在课堂上输出的只有动得式、动结式（无正确用例）、动趋式，但没有一个用法的输出数量超过2例。这说明韩国学生还处于对介词"把"用法的吸收阶段，使用也仅处于萌芽阶段，根本达不到初现率（emergence criterion）的标准[①]。且韩国学生在课堂上使用的动得式、动结式（偏误用例）、动趋式，基本都是对教材或教师输入的模仿，如：

（60）【把】中国有名的地方都……

（61）你能不能【把】……你的自行车借给我？

韩国学生在口语考试中也仅输出1例动结式、2例动介式、1例动量式和1例动体式。韩国学生在课堂上与口语考试中输出有交叉的也仅有动结式，但课堂输出与口语考试输出加起来也达不到初现率的标准，只能说明韩国学生有一点儿介词"把"字句式的使用意识，但均达不到习得的状态。

纵观一上的输入与输出，虽然输出远没有输入频率高，但教师高频输入的用法大部分在韩国学生的输出中也都出现了，说明教师的输入对学生

[①] "初现率标准"是以某一个语法现象在中介语中第一次"有系统"的和非"公式化"的出现和使用作为参数来确定这个语法现象习得过程的开始（Meisel, Clahsen和Pienemann, 1981; Pienemann, 1984; Larsen-Freeman和Long, 1991; 张燕吟, 2003）。

的使用是有一定影响的。不过影响的程度到底有多大，还需要详细考察。另外，由于韩国学生基本都是模仿性的用例输出，所以除了不完整表达的句子以外，其他输出的少量介词"把"的用法几乎都没有偏误，正确率很高。因此，一上的正确率参考价值不大。

2.一年级下学期

随着一下教学中介词"把"用法的引入，教师课堂话语中介词"把"的输入量也成倍增加。教师话语中动结式、动介式、动趋式和动宾式仍然是输入最多的几类。另外，用于课堂指令的动量式也大量增加，猛增到了211例，如：

（62）谁来【把】这个故事复述一下。

（63）这个错的，【把】错的先订正一下。

动体式也大量增加，出现了75例，如：

（64）大家写这些字，【把】拼音盖着。

（65）哦，我【把】她的蛋糕吃了，全吃了。

其他用法，除了熟语式（3例）和状动式（11例）以外，大多在20例以上，其中动得式达到了40例。

教师对于介词"把"字句讲解和用法引导的输入也成倍增长，达到了55例，如：

（66）【把】什么什么加一个动词和了，或者"着"。

（67）"【把】……放到……地方"，【把】馅儿放在中间。

这一阶段，教师直接在输入中说明某种情况下要用介词"把"字句，大量教授和练习介词"把"字句的一些格式，如"把……放在/到……地方、把……当成/看成/听成……、把……递给……"等，这对韩国学生理解和掌握介词"把"用法的句法规则很有帮助。

随着教师输入的不断增加和深入讲解，韩国学生的输出在一下不仅在频率上提高不少，而且有了初步的倾向性。从输出的情况看，韩国学生在课堂上的输出频率高于口语考试中的输出频率，这是因为教师课堂上的输入对韩国学生的输出有一定的诱发作用，而口语考试输出的内容大部分是韩国学生习得结果的直接反映。

这一阶段韩国学生课堂输出中的动结式、动介式、动宾式及动体式都纷纷达到并超过了初现率的标准，如：

（68）天气还很冷，不要【把】毛衣脱掉。

（69）我想【把】菜放在桌子上。

（70）他【把】老朋友当成自己的女朋友。

（71）天气预报说，今天下雨，【把】雨伞拿着。

动得式、动趋式仍没达到初现率的标准，只出现1、2例。另外，一上没有出现的唯动式在此阶段也实现了零的突破，出现了2例。韩国学生在口语考试中输出的介词"把"的用法有动得式、动结式、动趋式、动介式、动宾式、动量式和动体式，除了动得式以外都达到了初现率的标准。说明韩国学生在一下已经开始习得介词"把"的很多用法了。

其中动量式在课堂话语中没有出现，但在口语考试中出现了5例，如：

（72）今天天气很好，我们【把】被子晒一晒吧。

（73）我们【把】教室布置一下吧。

其中例（72）这样的句子出现了4例，属于重复性的话语输出。所以，动量式是否真正习得还需进一步考察。

从课堂话语和口语考试输出结合来看，动趋式也达到了初现率的标准，如：

（74）他小心地【把】礼物包了起来。

（75）因为我【把】我的东西带进来。

可以看出，到一下韩国学生对介词"把"字句的习得才真正开始。随着韩国学生的输出数量纷纷达到、超过初现率标准后，其偏误也逐渐显现出来，不再像一上那样几乎没有偏误，正确率开始有所下降。此时，结合一定使用量的正确率才开始有参考价值。

（二）二年级

首先看一下二年级上下学期介词"把"不同用法在课堂和口语考试中的输入与输出情况汇总表。

表1-5　二年级介词"把"不同用法输入、输出情况汇总表

阶段	用法类别	教师课堂输入		韩国学生课堂输出					韩国学生口语考试输出				
		数量	频率	正例	误例	合计	正确率	频率	正例	误例	合计	正确率	频率
二上	1熟语式	6	0.074										
	2复谓式	23	0.282										
	3唯动式	32	0.393										
	4状动式	19	0.233										
	5动得式	30	0.368	1		1	1.000	0.179					
	6动结式	225	2.763	5		5	1.000	0.897					
	7动趋式	158	1.940	1		1	1.000	0.179	1		1	1.000	0.222
	8动介式	226	2.775	15		15	1.000	2.692		1	1	0.000	0.222
	9动宾式	145	1.781	2		2	1.000	0.359	3		3	1.000	0.666
	10动量式	125	1.535										
	11动体式	40	0.491	2		2	1.000	0.359					
	其他	114	1.400		7	7	0.000	1.256					
	合计	1143	14.037	26	7	33	0.788	5.922	4	1	5	0.800	1.111
二下	1熟语式	5	0.071	1		1	1.000						
	2复谓式	26	0.372										
	3唯动式	20	0.286										
	4状动式	23	0.329										
	5动得式	14	0.200										
	6动结式	221	3.159	3		3	1.000	0.539	4	1	5	0.800	1.144
	7动趋式	144	2.058										
	8动介式	175	2.501	7		7	1.000	1.258	1		1	1.000	0.229
	9动宾式	104	1.486	4	1	5	0.800	0.898					
	10动量式	88	1.258						1		1	1.000	0.229
	11动体式	46	0.657	1		1	1.000	0.180					
	其他	38	0.543		1	1	0.000	0.180		4	4	0.000	0.915
	合计	904	12.920	16	2	18	0.889	3.234	6	5	11	0.545	2.517

注：表中输入和输出频率都是万分位的，正确率是百分位的。

把表1-5中的输入和输出频率转化成图1-5，可以清楚地看到二年级上下学期介词"把"不同用法输入和输出频率的变化趋势。

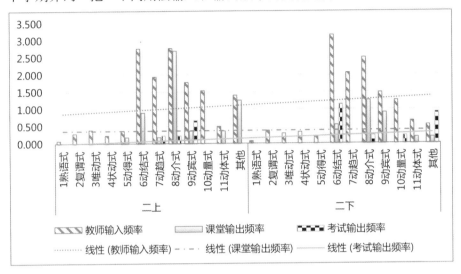

图1-5 二年级介词"把"不同用法输入、输出频率变化趋势图

从图1-5可以看出，二年级上下学期的输入与输出频率变化趋势不像一年级那么大，基本都接近水平的线性趋势，只是口语考试中输出频率的变化大一些。说明在二年级韩国学生的输出是相对平稳的。

将表1-5中的正确率数据转化成图1-6，可以看到二年级上下学期韩国学生介词"把"不同用法正确率的变化趋势。

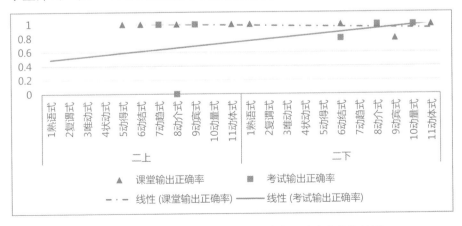

图1-6 二年级介词"把"不同用法输出正确率变化趋势图

从图1-6可以看出，韩国学生在二年级课堂上的正确率依旧好于口语考试中的正确率，不过正确率的数据仍然不足。

1.二年级上学期

二上教师的输入量较一下有明显的下降，但仍维持在平均水平上。使用频率最高的几种形式基本可以确定下来了，那就是动结式、动趋式、动介式、动宾式和动量式，其输入量都在100例以上。在此阶段，教师对介词"把"的引导使用与讲解仍在增长，且达到了六个学期的峰值，共有79例，而且绝大多数都是对介词"把"用法的直接提醒和讲解。这说明教师在此阶段更加有意识地教授"把"字句，如：

（76）这个句型呢，是用了一个【把】字结构，这个把字结构怎么用呢？

（77）用这个动词的时候会用把字句，小李【把】小王逗哭了，他【把】妹妹逗笑了……

另外，分析教师的话语发现由于受到教材内容的影响，教师会对教材中出现的句式进行教授。因此在输入中出现了教材中呈现的"看把你+形+得"句式，共有35例，如：

（78）注意这个，它是一个句型的延伸和变形，这叫作"看【把】你……得"。

（79）它和"看【把】你高兴得，看【把】你开心得"应该是一个意思。

受教材和教师输入的影响，韩国学生此阶段在课堂输出中也出现了3例"看把你+形+得"的句子，如：

（80）看【把】你给急得。

（81）看【把】你累得。

韩国学生的这些用例都是教师输入中出现的句子，出现的形容词也只有"急、累"这两个。因此，可以断定韩国学生仅是模仿使用这种介词"把"字句式。

二上韩国学生的输出没有维持一下时较大的输出量，只是对动介式（15例）和动结式（5例）的输出量较大，但也未突破一下的规模，如：

（82）他【把】东西放在那里，然后就走了。

（83）老师，那说信用卡的时候，这个用"透支"的意思是用，

【把】钱用光的意思吗?

出现的其他介词"把"的用法,如动得式、动趋式、动宾式和动体式等也都只有1、2例,输出量非常低。

口语考试中也只有动宾式超过了3例,结合它在韩国学生课堂输出中出现了2例,综合来看达到了初现率标准,说明韩国学生应该开始习得和掌握动宾式"把"字句了,如:

(84)我的学校【把】这种情感误认为爱情。

(85)因为工作环境好,薪水高,人们往往【把】我们这些人称为白领。

另外,在口语考试中动趋式和动介式也都各出现1例,输出频率很低。说明韩国学生在一下习得的介词"把"相关用法在日常交际中使用得仍然很少。这也是韩国学生回避使用介词"把"字句的一个证据。

2.二年级下学期

到了二下,教师的课堂输入在数量上和类别上都没有太大的变化,跟二上差不多。至此可以总结出教师输入较多的是动结式、动趋式、动介式、动宾式、动量式和动体式。这也是课堂上和日常交际中韩国学生接触最多的几种介词"把"字句式。

此阶段教师输入中对介词"把"的用法讲解和引导比二上减少了一半,共出现了34例。同时,"看把你……得"的输入也剧减,只出现了4例,而在韩国学生的输出中"看把你……得"的用法则完全没有出现。这说明韩国学生没有吸收和习得介词"把"的这种用法,二上出现的几例仅是韩国学生的模仿使用,只是输出受输入影响的短暂现象。换句话说这一用法根本没有出现在韩国学生的习得序列中。这说明如果教师的输入不符合学生的习得序列,其输入的作用并不大。

在此阶段韩国学生的课堂输出集中在动结式、动介式和动宾式三种用法上,其用例数都在3例以上,如:

(86)这个技术完全是他一手【把】我教会的。

(87)她以为丈夫为了自己的命,【把】妻子推向海里……

(88)【把】旅游景点变成购物中心,这让很多游客失望而归。

熟语式和动体式在课堂上虽有出现,但都只出现1例。

在口语考试中韩国学生只比较集中地输出了动结式，共有4例，如：

（89）【把】所有该处理的问题都处理完了，心里真爽。

（90）这件衣服太脏了，我要【把】这件衣服洗干净。

动介式和动量式也都只出现1例。

此阶段韩国学生在课堂和口语考试中交叉输出的介词"把"字句式很少。而且涉及的句式也比较少，一些在一下和二上习得的介词"把"字句式也没有再出现，说明韩国学生对介词"把"字句式的使用是比较局限的。虽然韩国学生的输出量比教师的输入量低得多，但输出的句式基本都是正确的，而且整个输出中不完整表达的频率在降低。这说明韩国学生对介词"把"字句的输出是比较谨慎的，同时对介词"把"字句用法的掌握也在提高。

（三）三年级

首先看一下三年级上下学期介词"把"不同用法在课堂和口语考试中的输入与输出情况汇总表。

表1-6　三年级介词"把"不同用法输入、输出情况汇总表

阶段	用法类别	教师课堂输入		韩国学生课堂输出					韩国学生口语考试输出				
		数量	频率	正例	误例	合计	正确率	频率	正例	误例	合计	正确率	频率
三上	1熟语式												
	2复谓式	14	0.449										
	3唯动式	11	0.353										
	4状动式	11	0.353										
	5动得式	30	0.963						1		1	1.000	0.245
	6动结式	102	3.273	3	2	5	0.600	1.214					
	7动趋式	97	3.113	2		2	1.000	0.486					
	8动介式	94	3.016	13		13	1.000	3.156	5	2	7	0.714	1.716
	9动宾式	61	1.957	1		1	1.000	0.243	1	1	2	0.500	0.490
	10动量式	63	2.022	1		1	1.000	0.243					
	11动体式	59	1.893	1		1	1.000	0.243	2	1	3	0.667	0.735
	其他	15	0.481	0	4	4	0.000	0.971	0	4	4	0.000	0.981
	合计	557	17.873	21	6	27	0.778	6.555	9	8	17	0.529	4.167

第一章　介词"把"的习得认知过程研究　　37

续表

阶段	用法类别	教师课堂输入		韩国学生课堂输出					韩国学生口语考试输出				
		数量	频率	正例	误例	合计	正确率	频率	正例	误例	合计	正确率	频率
三下	1熟语式												
	2复谓式	19	0.789										
	3唯动式	8	0.332										
	4状动式	3	0.125										
	5动得式	11	0.457						1		1	1.000	0.195
	6动结式	81	3.364	8	1	9	0.889	2.245	2		2	1.000	0.389
	7动趋式	46	1.911	2		2	1.000	0.499					0.000
	8动介式	65	2.700	1		1	1.000	0.249	4		4	1.000	0.778
	9动宾式	55	2.285	5		5	1.000	1.247	4		4	1.000	0.778
	10动量式	40	1.661	2		2	1.000	0.499					0.000
	11动体式	8	0.332					0.000					0.000
	其他	6	0.249		5	5	0.000	1.247		1	1	0.000	0.195
	合计	342	14.206	18	6	24	0.750	5.986	11	1	12	0.917	2.335

注：表中输入和输出频率都是万分位的，正确率是百分位的。

把表1-6中的输入和输出频率转化成图1-7，可以清楚地看到三年级上下学期介词"把"不同用法输入和输出频率的变化趋势。

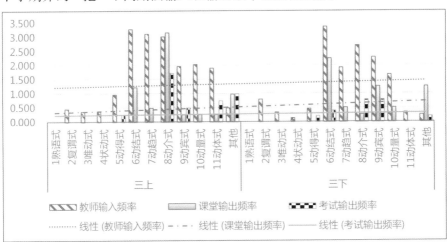

图1-7　三年级介词"把"不同用法输入、输出频率变化趋势图

从图1-7可以看出，三年级上下学期输入与输出频率的线性趋势更趋平缓。说明三年级的输入与输出已经非常稳定了。

将表1-6中的正确率数据转化成图1-8，可以看到三年级上下学期韩国学生介词"把"不同用法正确率的变化趋势。

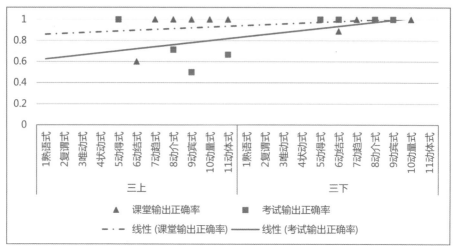

图1-8　三年级介词"把"不同用法输出正确率变化趋势图

从图1-8可以看出，韩国学生在三上的正确率变化较大，而三下要明显好于三上。

1.三年级上学期

在三上，教师在课堂上仍保持较高的输入频率，各种用法的输入在数量上也比较均衡。动结式、动趋式、动介式、动宾式、动量式和动体式维持一贯的高频率输入，同时动得式在三上也得到了较多的输入，如：

（91）能不能【把】空调调得温度低一点儿。

（92）五颜六色的彩灯，【把】南京的夜晚装饰得非常漂亮。

在此阶段熟语式完全没有出现在教师的课堂输入中。不过纵观韩国学生的输出，即使在一下到二下教师输入熟语式的用法时，韩国学生也几乎没有输出熟语式的介词"把"的用法。结合上文考察的"看把你+形+得"的输入与输出情况可以得出，教师输入的语言项目若超出了学生的习得范围，学生或许会受输入的影响而暂时输出相关语言项目，但这些语言项目一般不会成为学生的习得对象。

同时，教师输入中对介词"把"用法的讲解与引导的数量也在下降，共出现15例。多是对韩国学生的疑问进行解答，或对错误进行纠正，说明教师的教学策略也在不断地变化，如：

（93）这个"以……为"就是"【把】……认为是"的意思，所以有"把"的话，最好把这个"把"替换成"以"。

（94）我【把】书拿？还少什么？

韩国学生的课堂和口语考试中都以动介式的输出为最多，分别出现了13例（无偏误用例）和7例（包括2例偏误），如：

（95）结婚的时候人们一边……，一边【把】大豆洒在房间里和院子里。

（96）吃过饭后，我们先【把】孩子送到奶奶家，然后找个地方去玩。

动宾式在课堂上只出现1例，但口语考试中出现2例，都是"把……当作"的用法，如：

（97）但是最近很多人【把】短信当作贺年片，所以现在寄贺年片的人越来越少。

（98）以前【把】饮食消费当作最重要的消费活动。

动体式在课堂上也只出现1例，但口语考试中出现了3例，如：

（99）然后还有我们吃那个【把】紫菜和米饭装着，像寿司一样的食物。

（100）虽然我【把】商店的东西弄坏了，但是服务员对我从容地笑着。

因此，综合来看，动宾式和动体式虽保持一定量的输出，但数量都不太多，说明韩国学生是谨慎使用这两种句式的。

动结式和动趋式在课堂上分别出现5例和2例，不过在口语考试中都没有出现，如：

（101）我路上走得太快【把】鸡蛋都磕破了。

（102）我先【把】水缸里的水都拿出来，然后新的水，放进去。

动量式和动得式虽都有输出，但它们分别只在课堂和口语考试中出现1例。说明韩国学生对它们的使用仍然很少。

2.三年级下学期

到三下，教师的课堂输入比三上有所下降，但仍基本保持在平均水平上。三下教师对复谓式的输入增加了，出现了19例，但输入的增加仍然没有影响韩国学生的输出。韩国学生在课堂和口语考试中对复谓式仍然是零输出。这也印证了教师输入的语言项目若超出了学生的习得范围，对学生习得影响很小的观点。

在三下，韩国学生对于常用的几类用法都有了一定量的输出。其中动结式在课堂和口语考试中共输出11例（包括1例偏误），如：

（103）我们不敢大声说话，生怕【把】她吵醒。

（104）自己说什么，就【把】自己说的那个事情啊东西啊都自己办好。

动宾式在课堂和口语考试中共输出9例，如：

（105）我说咱俩能不能【把】咱们的那些经历写成一本书呢？

（106）相信我们齐心协力，可以【把】我们的地球变成美好家园。

动介式在课堂和口语考试中共输出5例，如：

（107）【把】调味料放在菜里，

（108）分配专业时，【把】我安排到仓库。

但动趋式和动量式都只在课堂上输出了2例，口语考试中均没有出现用例，如：

（109）希望早点儿有个家，【把】父母接过来。

（110）这个烤玉米就是【把】玉米烤一烤，然后⋯⋯

动得式则仅在口语考试中出现1例。

纵观韩国学生的输出情况，他们仅对介词"把"用法中的动结式、动趋式、动介式、动宾式有较多输出，而对于其他用法的输出都是比较谨慎的。韩国学生对介词"把"字句输出的谨慎不仅体现在频率上，而且体现在正确率上。韩国学生在口语语料中对介词"把"字句式输出的数量少，而且正确率都比较高。这说明他们对没有把握的介词"把"的用法极少输出，存在回避使用"把"字句的迹象。

第三节　介词"把"的动态偏误考察

根据前人及本章的分析可以发现介词"把"字句在使用过程中有三个限制条件：①句中的NP2必须是有定的（或专指的），②控制NP2的VP必须能处置这个NP2，③且这个VP不能是单独的动词，必须有其他成分。那么这些限制条件会不会成为韩国学生习得介词"把"用法时的障碍，韩国学生会在介词"把"字句使用中的哪些部分出现偏误呢？这将是本节要讨论的问题。

首先看一下不同学习阶段韩国学生课堂输出和口语考试输出中介词"把"字句的偏误类型汇总表1-7。

表1-7　介词"把"不同阶段偏误类型汇总表

学习阶段	输出环境	误代	误加	遗漏	错序	其他	合计
一上	课堂			1		3	4
	口语考试					3	3
一下	课堂	2		5		6	13
	口语考试	1	1	4	1	1	8
二上	课堂					4	4
	口语考试					1	1
二下	课堂			1		1	2
	口语考试	1				4	5
三上	课堂			2		4	6
	口语考试	1		3		4	8
三下	课堂	2		1		3	6
	口语考试					1	1
总计		7	1	18	1	34	61

注：表中"其他"指介词"把"字句错误使用但无法归入四类偏误类型的用例，包括不完整表达。

从表1-7可以看出，介词"把"字句其他类偏误的数量最多，占了整个介词"把"字句偏误的一半以上。说明韩国学生对介词"把"字句使用的掌握有较多问题。在正常介词"把"字句的使用中，遗漏偏误最严重，其次是误代，而误加和错序数量都极少，可忽略不计。

一、一年级韩国学生介词"把"偏误的动态分析

在一年级阶段，韩国学生的输出量很低，所以虽然韩国学生的偏误数量不多，但其偏误率是很高的，其中不完整表达等无法归类的偏误用例较

多。如一上时，韩国学生在课堂上共输出6例，其中4例是偏误用例，偏误率达到66.7%。偏误用例中有3例是不完整表达，如：

（111）*有的时候【把】你，你的自己的满意，你的自己的满意不满意……

还有1例是介词"把"的遗漏，如：

（112）*先去我的家，∧你的行李放好。

韩国学生在口语考试中共输出8例，其中3例是偏误用例，偏误率37.5%，全都是不完整表达的偏误，如：

（113）*我……我要【把】……打扫，擦……

（114）*我【把】衣服，啊，我想住在海边晒太阳。

学生在一上已经有使用介词"把"的愿望，但对介词"把"的使用规则还很不清楚，所以基本都是半途而废。

从表1-7可以看出，到一下，韩国学生的偏误数量猛增。这是因为该阶段韩国学生无论是在课堂上还是口语考试中的输出量都成倍增长，其偏误数量也大幅增加就不足为奇了。但其偏误率是呈下降趋势的，这说明学生的习得是进步的。如韩国学生在课堂上的偏误数量是14例，占输出总量（61例）的23%，比一上下降明显。韩国学生的偏误仍然主要集中在其他类，共出现6例，都是想用介词"把"字句，但又无法正确使用介词"把"字句，最终都放弃了，如：

（115）*我【把】我的，我，那么在这儿工作，可以吗？

（116）*他说，你【把】…不知道，忘了。

其次是遗漏，共出现5例，主要是介词"把"的遗漏，及VP构成成分的遗漏，如：

（117）*老师，刚才我，∧这个东西给她，这个茶，中国茶。

（118）*他的球……∧窗户∧坏了。

还有介词"把"误代了其他词语的偏误用例，共出现2例，如：

（119）*觉得他痛苦，他的女朋友【把】小猫痛苦。

（120）*【把】鱿鱼炒菜。

例（119）用"把"误代了"让"，例（120）用"把"误代了

"用"。这些都是韩国学生对介词"把"使用泛化的表现，即，他们只注重形式上宾语后要加的格助词可以对应于介词"把"，而不注意语义上是否适用。

口语考试中的偏误有8例，占输出总量（38例）的21.1%，也比一上有所下降，其偏误类型主要集中在遗漏上，全部是VP构成成分的遗漏，如：

（121）*还有，他们【把】东西∧走了，以后，所以我也……

（122）*你【把】书买∧。

金道荣（2010）就指出韩国学生不像欧美学生那样容易遗漏介词"把"，因为韩语中有相当于汉语介词"把"的宾格助词。所以，介词"把"的遗漏只会出现在初始阶段，此时韩国学生还没有把介词"把"与韩语宾格助词对应起来。等到韩国学生对介词"把"有了初步的认识之后，他们一般就不会出现简单的介词"把"的遗漏了。而VP构成成分的遗漏多是受韩语相关句式不需要动词性成分具有结果义影响的。

其他偏误形式在一下虽也出现了，但都只有1例，不太具有规律性，暂不分析。不过值得注意的是，一下韩国学生的偏误数量相对较多，其偏误类型也呈现多样性的特征。这说明大样本的考察对于揭示习得规律是很有作用的。由于本章的考察受到语料的限制，对于某些规律的揭示达不到很完整的程度。因此，只能说韩国学生的习得和偏误呈现某种倾向性，至于其规律性还需要以后有更大语料样本进行验证。

二、二年级韩国学生介词"把"偏误的动态分析

到二上，韩国学生在课堂上的偏误数量是4例，占输出总量（33例）的12.1%，比一下又有了明显地下降，全部都是一些表达不完整的句子，如：

（123）*爸爸，鞋子破了，干脆【把】∧扔了，反正买双新的也不贵。

（124）*然后……【把】饼一个一个∧。

口语考试中的偏误数量是1例，占输出总量（5例）的20%。偏误率没有下降，但相对数量少，是遗漏的偏误：

（125）*他们不要吃（饭）的钱，他们∧吃（饭）的钱省（下）用

（在）别的地方。①

这个韩国学生想表达的意思是他们（乞丐）把吃饭花的钱省下来用在别的地方，由于他的表达水平有限，若不加上括号中的词帮助理解的话，很难明白学生想表达的意思。这个句子反映了该学生的汉语水平还是比较低的。

到二下，韩国学生在课堂上的偏误数量是2例，占输出总量（18例）的11.11%，相对数量少，偏误频率也不高，是韩国学生对介词"把"的误用和句中VP构成成分的遗漏，如：

（126）*所以我们【把】所有的事，对所有的事是这样。

（127）*【把】这个火车道改造∧了自行车的路……

例（126）中学生已经在接下来的表达中对"把"的错误进行了自我纠正。说明该学生对介词"把"与"对"的使用是能够区分的，所以才能在表达中及时纠正其错误。只是在使用时不注意的话会产生混用。

口语考试中的偏误数量是5例，占输出总量（11例）的45.5%，数量和频率双升。基本都是韩国学生在表达中想用介词"把"字句，但因不能完整表达，后来又改用其他句式，如：

（128）*他们就【把】孩子，叫他们学了很多辅导班，学了弹钢琴啊，什么语言啊。

（129）*我要【把】……打扫，擦桌子。

另外，此阶段韩国学生在口语考试中出现了1例误代，是用"被"误代了"把"：

（130）*这个孩子【被】父母累坏了，一有什么不满意就大哭不停，离家出走。

这类偏误是韩国学生受韩语被动与主动表达的互换影响导致的，第二章将有具体分析。简单来说，韩语中主动与被动的转换主要靠主语和宾语后的格助词来体现。汉语介词"被"与"把"在韩语中对应的格助词是比较模糊的，且不是影响句子意思的主要成分。所以，韩国学生在初学介词

---

① 学生用例中加括号的词语是学生口语表达中不清楚或遗漏的成分，转写时根据语义表达添加的。

"把"与"被"时容易混淆两者的使用。

此阶段韩国学生在口语考试这种强制性的语境下比课堂表达中爆发出了更多的介词"把"字句的使用问题，这与两种语境下的语言监控（Krashen，1985）不同有关；另一个比较明显的倾向是韩国学生在可以用其他形式替换介词"把"字句时，他们一般会采取谨慎和回避的策略。

三、三年级韩国学生介词"把"偏误的动态分析

到了三上，韩国学生在课堂输出中的偏误数量是6例，占输出总量（27例）的22.22%，比二年级阶段略有上升。不完整表达的情况仍然存在，共出现4例，占整个偏误数量的一半以上，用例不再赘举。

而另一个有规律的偏误仍然是遗漏，多是VP构成成分的遗漏，如：

（131）*我突然觉得它们鱼缸的水有点脏，所以我决定【把】它们的水换∧。

（132）*就是∧信息放在两个电脑∧。

例（132）不单纯是"把"的遗漏，而是对整个"把"字句式的遗漏。这是韩国学生对"把"字句的构成和使用存在问题的一个表现。

韩国学生在口语考试中的偏误数量是7例，占输出总量（16例）的43.8%，频率也非常高。不完整表达也有4例，占整个偏误数量的一半以上。有规律的偏误也仍然是遗漏，多是VP构成成分的遗漏，如：

（133）*我知道【把】那个孩子供∧外国去上学，那样的话也得花钱，很多钱。

（134）*他们不能【把】工作∧到外面。

到三下，韩国学生在课堂上的偏误数量是6例，占输出总量（24例）的25%。仍有一半是不完整的表达。剩下的3例是遗漏和误代，如：

（135）*如果我的朋友∧她的东西弄坏了，然后，她说没事，没事。

（136）*我【把】他深受其害吗?

例（136）是用"把"误代了"让"，这是受南圣淑（2007）所总结的韩语中可以用致使义"让"字句和被动句来代替"把"字句的影响。

口语考试中的偏误数量只有1例，占输出总量（12例）的8.3%，是介

词"把"的误用。综合上文其他类偏误的变化趋势，到三年级阶段韩国学生还一直存在介词"把"的误用，仍然会在语言表达中中止介词"把"字句，然后选择其他表达方式。在所考察的十个介词中，"把"字句的其他类偏误是持续时间最长、频率最高的，这说明介词"把"字句对韩国学生来说是最难的。

第四节　介词"把"的习得规律及教学建议

一、介词"把"的习得规律

（一）不同用法的习得认知过程

很多对外汉语教学界的老前辈都很注重介词"把"字句的教学研究，比如程相文、周翠琳（1992）就进行了介词"把"字句的课堂教学研究，但其研究是粗线条的。介词"把"字句教学离不开习得研究的支持，熊文新（1996）的考察得出学习阶段与介词"把"字结构的学习有很大关系：随着学习阶段的提高，学生使用频率增加，偏误率降低；而且语义模式与汉语课本有趋同性，留学生受课文影响巨大。他还发现留学生在学习介词"把"字结构的过程中，可能存在内在大纲。因为课本中没有强调的介词"把"字结构类型在学生的使用过程中出现得并不少。高小平（1999）考察得出外国学生汉语介词"把"字结构习得的认知顺序是：从语法结构到语用条件，从总体的语序安排到局部词语的选择和搭配；在句法结构的习得顺序上，从结构固定、扩展性小的句式到扩展性强、复杂多变的句式；在语用上，从常用的句式到罕用的句式。

林载浩（2001）提出了三点影响韩国学生习得介词"把"字句的因素：处置性程度，指进行动作后受动对象发生变化的程度；近义结构，指意义相近的不同结构，如重叠式和动量式；以及介词"把"字句内部结构的难度。高红（2003）则对韩国学生习得汉语不同类型介词"把"字句内部结构成分的言语加工策略进行了详细分析。这些研究大大丰富了介词"把"字句的习得和教学研究。而本章主要关注的是介词"把"字句内部结构的难度及韩国学生对这些不同结构的习得认知过程[①]。从分学习阶段的考察来看，韩国学生对介词"把"字句的习得存在自然习得顺序（Bailey，Madden和Krashen，1974；Ellis，2015），也即内在大纲（build-in-syllabus），这个顺序不受教师课堂教学顺序的影响。韩国学生对介词"把"不同用法的习得认知过程存在明显的规律。纵观三个年级六个学期的习得状况，可以发现在一上，韩国学生很明显表现出对于介词"把"的初识，只在课堂和口语考试中使用了几例介词"把"字句，到一下开始习得介词"把"字句。一下到二上是介词"把"字句习得和使用的高峰，但二下除了个别用法，其他的使用频率都有所下降，直到三年级韩国学生对相关介词"把"字句的使用也并不多，即使是一些已经习得的项目也出现了零输出。这说明韩国学生对介词"把"字句的使用是比较谨慎的，有回避的可能性。

具体用法的习得认知情况请参看表1-8。

表1-8 介词"把"不同用法习得认知过程汇总表

语言项目	习得状况	习得认知过程描述
1熟语式	未习得	仅在二下出现1例，可认定为未习得项目。
2复谓式	未习得	三个年级均未出现，属未习得项目。
3唯动式	未习得	仅一下出现2例，可认定为未习得项目。
4状动式	未习得	三个年级均未出现，属未习得项目。
5动得式	未习得	三个年级均未出现2例以上的输出，可认定为未习得项目。
6动结式	一下习得	一上课堂上和口语考试中仅出现2例，且一半是偏误。一下输出量爆发，已完全习得。二上数量下降进入使用的平稳期。其偏误间歇性地出现。
7动趋式	一下习得	一上出现用例，一下才达到初现率标准并习得，但之后的用量一直不多，学生的输出也没有偏误出现。说明韩国学生的使用非常谨慎。

[①] 学习难度一直是学界的研究热点之一，比如周小兵（2004）关于学习难度的测定与考察，肖奚强等（2009）对外国学生汉语句式习得难度与排序的研究等。学习难度与分级排序研究是密不可分的，也是认知习得过程研究必不可少的部分。本书关注习得认知过程，将主要关注语言项目标记性所产生的认知难度。

续表

语言项目	习得状况	习得认知过程描述
8动介式	一下习得	一上的口语考试中出现用例,一下数量骤增且无偏误出现,已完全习得。之后的几个学习阶段一直维持较高的输出量,且偏误较少。
9动宾式	一下习得	一下初现并习得,偏误数量不多。之后各学习阶段均有少量使用,但大都处于初现率的边缘,偏误不是很严重。说明韩国学生的使用非常谨慎。
10动量式	一下习得	一上口语考试中出现1例,一下的口语考试中超过初现率标准,可认定为习得的语言项目。但二上没有用例出现,整个三年级的用量也非常少,且无偏误。说明韩国学生的使用非常谨慎。
11动体式	一下习得	一上口语考试中出现1例,一下数量骤增,完全习得,但考试中的偏误明显多于课堂上,说明韩国学生隐匿的问题较多。之后几个学期,韩国学生对动体式只是零星使用,且模仿的可能性较大,没有达到自由表达的水平,因为为数不多的用例都出现在课堂上,二年级整个学年的口语考试中都是零输出,三下则完全没有输出。

(二)动态偏误规律

韩国学生使用介词"把"时最大的问题是口语表达的不完整。这反映出介词"把"的使用对于韩国学生来说难度的确比较高,学生在口语表达中不能输出完整的介词"把"字句,往往到VP构成部分就出现问题,导致表达中断,从而选用其他表达方法的情况。这种不完整表达的偏误在六个阶段出现的数量都比较多,所占的比例一直居高不下,说明介词"把"字句的使用对于韩国学生来说认知难度的确比较高。

韩国学生使用介词"把"字句时最大的问题是遗漏。介词"把"的遗漏大多出现在初学阶段,这是因为韩国学生还没有把介词"把"与韩语宾格助词完全对应起来。到了中高年级,只会零星出现介词"把"的遗漏,带有一定的偶然性。一下之后,遗漏的基本都是VP构成成分,而不是介词"把"。VP构成成分遗漏在此后的所有学习阶段都有体现,说明韩国学生对于介词"把"字句中VP的构成规则掌握存在很多问题。

韩国学生对介词"把"字句使用中的误代间歇性地出现在一下和三年级。在一下时韩国学生会把介词"把"误当作其他词,如"让""用""被"等来使用;到了三年级基本都是与"让"的误代。这说明韩国学生容易把介词"把"当作致使义的动词来使用。这是受韩语影响导致的，具体原因可参见南圣淑（2007）的论述。

韩国学生对介词"把"字句的使用基本不存在错序和误加的问题。说明介词"把"字句的语序对于韩国学生来说不存在问题。韩国学生不会像过度使用介词"对"（详见第五章）那样去泛化使用介词"把"，反而可能会出现回避使用介词"把"的问题。

二、介词"把"的教学建议

综合以上论述，韩国学生在一下就基本习得了介词"把"字句的动结式、动趋式、动介式、动宾式、动量式和动体式。其他用法即使到了三年级，韩国学生仍然没有习得。所以，对于介词"把"字句的教授，在一下就可以基本完成了。教学中重点介绍和教授的介词"把"字句形式为韩国学生成功习得的句式即可。对于韩国学生没有习得的，且在汉语母语者语料中很少出现的用法可以不用教授。这样可以减轻韩国学生学习介词"把"字句的心理压力。因为从本章的研究来看，韩国学生对介词"把"字句的使用存在回避现象。若在教学中集中教授一些常用、易于接受的"把"字句或许可以减少韩国学生的回避现象。

在整个教学过程中，介词"把"字句的表意和构成教学十分重要。从韩国学生介词"把"字句的动态偏误来看，韩国学生有时想用介词"把"字句，但对介词"把"字句的表意和构成不是十分清楚，所以最终选择弃用介词"把"字句。这种现象在所有学习阶段都存在。

另外，在使用介词"把"字句的过程中，由于受到韩语的影响，加上对于汉语介词"把"字句中动词的限制条件不是十分了解，韩国学生会出现较多遗漏和误代偏误，教学中要注意这方面使用规则的讲解。还有介词"把"与致使义动词"让"以及其他介词的区别在教学中也要注意讲解，因为这些大多是韩语中没有区别对应的成分，韩国学生很容易混淆。

第二章　介词"被"的习得认知过程研究

第一节　介词"被"与韩语相应成分对比分析

一、介词"被"的使用规则[①]

介词"被"构成的"被"字句也是现代汉语常用的特殊句式，一直是学界讨论的热点，论著颇多。对于介词"被"字句的句法、语义和语用功能，学者们都进行了比较深入细致的描写，如李临定（1986），李珊（1994），李润桃（1996），范晓（2001），刘月华（2001），游舒（2005），李允玉（2007）等，这些研究成果为对外汉语教学中的介词"被"字句习得研究奠定了良好的基础。近年来，介词"被"字句的习得和偏误研究也得到了较全面的发展，主要体现在以下三个方面：一是分国别的介词"被"字句偏误和习得情况考察成为许多学者关注的热点，如柳英绿（2000）和王振来（2004）对韩国学生习得"被"字句的偏误分析，黄月圆等（2007）从情状类型的角度对母语为英语的学生习得介词"被"字句情况的考察。这些研究发现了不同国别学生在习得汉语被字句时的规律，对国别化的教学很有帮助。二是关于意义被动句、"叫/让/给"字被动句与介词"被"字句之间习得顺序的考察，如吴门吉、周小兵（2004，2005），周文华、肖奚强（2009）等的研究。这些研究成果与教学实践相结合，对教学都有一定的参考价值。三是介词"被"字句的习得顺序考察，但研究得还不够深入，一些有关介词"被"字句的研究，如吴门吉、

---

① 对学界成果的梳理在周文华、肖奚强（2009）的基础上有所扩充。

周小兵（2004，2005），黄月圆等（2007）等都未对介词"被"字句进行下位类的习得顺序考察。这方面考察比较全面的是刘红燕（2006），但刘文在介词"被"字句分类方面还有值得商榷的地方，而且中介语语料的规模不够大，所考察句式中有许多在中介语语料中没有用例，这些都影响了文章结论的可靠性。彭淑莉（2008）仅考察了动词带宾语的介词"被"字句，其用例仅占介词"被"字句的一小部分，还有更多的"被"字句式没有考察。要全面考察外国学生"被"字句的习得情况，就要对介词"被"构成的句式进行详细划分和考察，才能了解外国学生是如何一步步掌握介词"被"的用法的。很多学者对"被"字句进行过分类，这些分类多数只有细疏之分，没有原则性的分歧。现只列举部分学者的分类如下：

对介词"被"字句分类最详细的当数李临定先生的《现代汉语句型》（1986），共分了32种情况，描写得非常细致，但不易用于对外汉语教学。所以，在对外汉语教学界比较通行的是刘月华等在《实用现代汉语语法》（2001）中的分类，他们把介词"被"字句分为四大类：

（1）介词"被"后有宾语。

（2）介词"被"字后无宾语。

（3）"被……所……"式。

（4）"被……给……"式。

刘红燕（2006）在北京语言学院句型研究小组（1989）分类的基础上，合并其第二大类中的下位类，同时增加一类动词为"双音节动词"的句式，把介词"被"字句分为以下10类。

（1）主‖"被/给"+动+其他成分

（2）主‖"被/让/叫/给"宾+动+"了"

（3）主‖"被/让/叫/给"宾+动+补

（4）主‖状+"被/让/叫/给"宾+动+其他成分

（5）主‖"没（有）/不"+"被/让/叫/给"宾+动+其他成分

（6）主‖（状）+"被/让/叫/给"宾+状+动+其他成分

（7）主‖"被/让/叫/给"宾+双音节动词

（8）主‖"被/为"宾+"所"+动

（9）主‖"让/叫/被"宾+"给"动+其他成分

（10）主‖"被/让/叫/给"宾+动$_1$+（宾$_1$）+动$_2$（+宾$_2$）

刘红燕（2006）的分类存在两个问题：其一，分类中所谓的"其他成分"令人不解。其分类中的"了"、补语、宾$_1$等是不是"其他成分"？如果是，那么再分出这三类有何意义？如果不是，那么"其他成分"指的是什么成分？回答不了这两个问题就说明这种分类是交叉的。

其二，第6类把带状语列为一种句式恐怕不妥，因为状语不是必有成分，并不能成为构成一种句式的形式标记。

既然是句式的划分，就要从句式的主要构成成分入手，以句法标记为着眼点进行分类。本章借鉴以往的研究成果，并结合对汉语母语者和中介语语料的考察，可以发现在介词"被"字句中会引起句式变化的主要是介词"被"后宾语及动词后加成分两大部分，所以周文华、肖奚强（2009）按这两部分的组合关系把介词"被"字句分为以下6类[①]，本章继续延用这一分类。

S$_1$：Np$_1$+被+Np$_2$+Vp ，如：

（1）其声音【被】钢铁的船板阻挡，根本传不出去。

（2）因为她本身这件事情不愿意【被】别人谈论，而他偏要去说。

S$_2$：Np$_1$+被+Np$_2$+Vp+Np$_3$ ，如：

（3）到目前，他共创作诗歌1200余首，【被】当地群众称为"农民诗人"。

（4）人都喜欢【被】别人戴高帽子，因为听起来很好听。

S$_3$：Np$_1$+被+Np$_2$+Vp+C（C为补语，下同），如：

（5）伤了的崔和有再次【被】冯妈救起，后到乡下务农去了。

（6）这个孩子【被】爸爸妈妈惯坏了，一有什么问题就大哭，就离家

[①] 在汉语母语者语料中，存在"被……所"句和少量的"被……给"句。但中介语语料中没有出现这两个句式；而且这两个句式是受文言文影响较重的格式，都可以用其他"被"字句代替；所以本章不把这两个句式列入考察范围。另外，在语料中出现的少量动词后既出现宾语又出现补语的句式，因其在中介语语料中出现得非常少，所以本章也不做详细分析。对于此类"被"字句本章按补语和宾语出现的先后顺序归类。

出走。

S$_4$：Np$_1$+被+Vp，如：

（7）这样的一个学校为什么不【被】承认，我百思不得其解。

（8）所以我们要保护，保护这些树木不【被】乱砍滥伐。

S$_5$：Np$_1$+被+Vp+Np$_2$，如：

（9）有的诗歌已【被】谱了曲，在延安流行。

（10）在中国如果老师打孩子，这个老师会【被】取消教师的资格。

S$_6$：Np$_1$+被+Vp+C，如：

（11）新娘父亲的"山羊胡"【被】冻成了一撮，看上去有点滑稽可笑。

（12）约束就是你好像【被】绑起来了一样。

下文的汉韩对比及习得考察将在此6类的基础上展开。

二、介词"被"与韩语格助词的对比①

首先，在韩语中没有与汉语介词"被"完全对应的格助词。因为韩语主要是靠助词和词尾黏着在句子的主要成分上，把句子从主动句变成被动句来实现被动意义的表达。另外，韩语中形成被动还有一些其他形式，例如词本身就有被动含义，或者仅表示指向性就能有被动含义的。因此，被动句在韩语中的表现形式主要有三种：

1.在动词词根上加上表示被动的词缀"-이"，"-히"，"-리"，"-기"来构成被动。例如：

싸다（包）——싸이다（被包）；섞다（搅和）——섞이다（被搅和）

잡다（抓）——잡히다（被抓）；읽다（读）——읽히다（被读）

밀다（推）——밀리다（被推）；팔다（卖）——팔리다（被卖）

쫓다（追）——쫓기다（被追）；빼앗다（夺走）——배앗기다（被夺走）

---

① 如第一章所述，鉴于韩语格助词与汉语介词对应的复杂性，本章的对比研究只进行从汉语到韩语的单向对比研究。本节主要内容以《중한 인터넷 언어의 표현형식에 관한 연구》（《汉韩语被动表达对比分析》）"为题发表于《한중경제문화연구》（韩中语言文化研究）2017年第9期。

2.很多以"하다"结尾的动词，通过把"하다"换成"되다""받다""당하다"等来构成被动态，表示主语遭受了什么。实际上"되다""받다""당하다"三者之间选择哪一个没有特别的规定，主要是看和"하다"结合的动词的语义。其中"-되다"被动句是数量最多的。不过"받다""-당하다"被动句不仅表达被动含义，还表达较强的"遭受、受到"的含义。特别是"-당하다"构成的被动词表达了非常强的"遭受"义，常常带有否定或者负面的含义。例如：

감동하다（感动）——감동되다（被感动）

체포하다（逮捕）——체포당하다（被逮捕）

3.动词词干后添加惯用型"-게 되다"及"-아/어/여지다"形成被动。例如：

전하다（传递）——전해지다（被传递）

변하다（变化）——변해지다（被变化）

在韩语中，一个谓语句既含有施动者又含有受动者，可以根据表达的需要选用主动句式或被动句式：或者将原来的主动句变为被动句，或者将原来的被动句变为主动句。但受到语言环境的制约，究竟是用主动句还是被动句仍应该依据上下文的实际情况来判断。例如：

（13）어머니가 아기를 업었다.

    妈妈   孩子   背   ——   妈妈背孩子。

这个句子是主动句，主语妈妈是背这个动作行为的发出者，也就是施动者；如果把这个句子改为被动句，句子就变成：

（14）아기가 어머니에게 업혔다.

    孩子   妈妈   背（被）——   孩子被妈妈背。

那么在这个被动句中作主语的孩子是背这个动作行为的接受者，也就是受动者。韩语中施动者和受动者都是通过词尾助词来决定的。

根据上面的分析，可以总结出韩语中把主动变成被动有以下几个步骤：

第一，把主动句的宾语变成主语，通过词尾助词将主宾语调换，如例（14）。

第二，把主动句主语的主格助词"-가/이"以属格助词"-에/에게"

代替，比如"어머니가"在被动句中要换成"어머니에게"。

第三，通过把作为谓语的动词变成相应的被动语态词。比如主动句里的"업었다"变为被动形式就是在动词词根上加上表示被动的词缀"-히"变成"업혔다"。

但是如果原来的主动句中已经有助词"-에/에게"或者"로"存在的话，被动句中则不能出现"에게"，而要用"-에 의해（서）"代替。例如：

（15）이씨가　정씨에게　　차를　팔았다.（李先生把车卖给了郑先生。）

　　　　李先生　郑先生（给）车（把）卖了

把例（15）变成被动句的话，就不能像例（14）那样主语和宾语互换，并在宾语后加"-에게"的方法翻译成"차가 이씨에게 정씨에게 팔렸다"的形式。正确的变法是"차 가 이씨에 의해 정씨에게 팔렸다"。

上文列举的都是韩语主动句与被动句互相转换的情况，不过在韩语中主动句与被动句并不都是一定能互相转换的。例如在一些由他动词[①]构成谓语的句子中，若宾语由无生命名词[②]构成的情况下变成被动句的接受度很低。例如：

（16）a.진이가 책을　다 읽었다.（真一把书都读完了。）

　　　　真一　书（把）都 读完了

b.（？）책이 진이에게 다 읽혔다.（书被真一读完了。）

　　　书　真一　　读（被）完了

（17）a.진이가 문고리를 잡았다.（真一抓住了门把手。）

　　　　真一　门把手　抓住了

b.（？）문고리가 진이에게 잡혔다.（门把手被真一抓住了。）

　　　　门把手　真一　抓住（被）了

像上面的例句变为被动句以后也能够表达应有的意思，不过"书"和"门把手"都是没有生命的物体，所以听起来不如主动句顺耳。

---

① 　关于韩语他动词的论述请参看吴丽娟（2010）。

② 　生命度的论述请参看王珏（2004）。

还有一些是无论用什么样的形式都不能变成被动句的，例如：

（18）이씨가 정씨에게 길을 물었다.（李先生向郑先生问路。）

      李先生 郑先生向　路　问。

（19）그는 누구에게나 영어를 쉽게 가르쳤다.（他无论教谁英语都简单易懂。）

      他　无论谁　英语（把）简单易懂　教。

还有一些与前面所叙述的相反的，即，只能用被动句表达，而不能用主动句表达，例如：

（20）바람이 문을 열었다. ——风吹开了门。（主动句）

      风　　门　吹开了

（21）문이 바람에 열렸다. ——门被风吹开了。（被动句）

      门　风　　吹开了（被）

在这两个句子中，无生命名词都作为他动词的主语，因此与主动句相比用被动句显得更加自然。

还有一些用对应的主动句则是完全不符合常理而只能用被动句表达的句子。例如：

（22）가족들이 모두 감기에 걸렸다. ——全家人都感冒了。

      全家人　都　　感冒　得了

（23）날씨가 많이 풀렸다. ——天气好转了。

      天气　好转了

例子中的"걸렸다"和"풀렸다"是"得了"和"变好"的意思，在韩语里都是被动词。像"感冒"或者"天气的好转"这样的事情很难设定是谁的意志决定的，也很难找出动作行为的施动者，所以只能用被动句表现。这些在汉语中都是无标记被动句。

综合来看，汉语介词"被"字句的6种下位句式在韩语中的对应关系如下。

S_1：Np_1+被+Np_2+Vp ，如：

（1′）其声音【被】钢铁的船板阻挡，根本传不出去。

그 소리가 선박철판에 의해 차단됨으로써 밖으로 전달하지 못한다.

  其　声音　钢铁的船板　　阻挡被　　　出去　传　　不

（2′）她不愿意这件事情【被】别人谈论，而他偏要去说。

그녀는 이 일이　남에게　　이야깃거리가 되고 싶어 하지 않는다.

她　　这件事情 别人（给）谈论　　　　被　愿意 不

S$_2$：Np$_1$+被+Np$_2$+Vp+Np$_3$，如：

（3′）他共创作诗歌1200余首，【被】当地群众称为"农民诗人"。

그는 시가 1200 여수를 창작하여 현지 주민으로부터 "농부시인"으

他　诗歌　1200余首　　创作　当地 群众　　　　 "农民诗人"

로 불린다.

被 称为

（4′）人都喜欢【被】别人戴高帽子，因为听起来很好听。

사람은 남으로부터 아첨을　받는 것을 듣기　좋아하게 때문이다.

人　　　别人　　戴高帽子 被 它 听起来 好听　　因为

S$_3$：Np$_1$+被+Np^2+Vp+C（C为补语，下同），如：

（5′）受伤的崔和有再次【被】冯妈救起。

다친 최화유는 다시 한번 봉씨 아줌마로부터 구조되었다.

受伤 崔和有　再次　冯　阿姨　　　救起被

（6′）这个孩子【被】爸爸妈妈惯坏了。

이 아이는 엄마 아빠 때문에 버릇이 나빠졌다.

S$_4$：Np$_1$+被+Vp，如：

（7′）这样的一个学校为什么不【被】承认，我百思不得其解。

이런 학교가 왜 인정받지 못하는지 나는 도저히 이해할 수 가 없다.

这个学校　为什么 承认 不能　　绝不是 理解　我 不能。

（8′）……所以我们要保护，保护这些树木不【被】乱砍滥伐。

그래서 우리가　이 나무들을　남벌로부터　보호해야 한다.

所以　我们　　这些树木　　乱砍滥伐 被 保护　要

S$_5$：Np$_1$+被+Vp+Np$_2$，如：

（9′）有的诗歌已【被】谱了曲，在延安流行。

일부　시가에 곡을　붙이게 돼서 연안에서 유행했다.

一部分　诗歌　歌曲　　谱被　　　　延安在　流行。

（10'）在中国如果老师打孩子，这个老师会【被】取消教师的资格。

중국에서 선생님이 학생을 때리면 교사자격을 취소당할 수 있다.

在中国　老师　　孩子　打如果 教师资格　取消 被　会

S₆：Np₁+被+Vp+C，如：

（11'）此外，新娘父亲的"山羊胡"【被】冻成了一撮，看上去有点滑稽可笑。

신부 아버지의 염소수염이 한 줌으로 얼어버려서 웃겨　보인다.

新娘　父亲的　山羊胡子　　一撮　冻成了被　　可笑　看上去

（12'）约束就是你好像【被】绑起来了一样。

속박은 묶는　것과 비슷하다.

约束　绑起来了被　一样

三、汉韩对比规律小结

柳英绿（2000）总结出汉韩语被动句的不同之处：

（1）韩语中的NP₁可以是不确指的体词，但汉语中的NP₁一定要由确指的体词来充当。

（2）汉语中的NP₁可由处所词充当，但韩语中的NP₁不能由处所词充当（多出现在动词后带宾语的情况，因为汉韩语序不同）。NP₁和NP₃是领属关系时，韩语中NP₃可以置后。

（3）韩语中由于结构需要，不能加NP₂的，一定不能加，但汉语中没有这样规定。

（4）而汉语中，若动词是认知动词（看见、听见、知道、想到、学……），不能省去NP₂，韩语则可以。

本章的考察也基本得出了一样的结论。此外，本章还总结出韩语对于被动表达的特殊词形变化规律：

（1）加词尾"-이，-히，-리，-기"的被动句是最典型的韩语被动句。能加词尾变被动的动词必须满足两个条件：首先这个动词要是他动词，其次这个动词需要是韩语固有动词。

（2）以"하다"结尾的动词，通过把"하다"换成"되다，받다，당하다"来构成被动态，表示主语遭受了什么。

（3）"-아/어/여지다"型被动是由连接语尾"-아/어/여"和动词"지다"组合而成的。在韩语中充当助动词，可以接在动词词干后表示被动，也可以接在形容词词干后面，使形容词变成自动词，表示状态渐变的过程，也就是变得怎么样。

这些规律表明韩语对于被动表达与汉语介词"被"的使用不存在严格的对应关系。尤其不能把汉语介词"被"简单地对应于韩语的某个（或几个）格助词。在韩语被动表达中，格助词仅是表明它所附着的名词在句中的语法地位，即主语还是宾语，与被动表达无关。韩国学生在学习汉语介词"被"时基本上是需要重新学习的，不能从母语中直接照搬某些用法过来。

第二节　介词"被"的习得认知过程考察

一、课堂输入与输出情况的总体对比

本章依据历时两年半的一年级上下学期（下文简称一上和一下），二年级上下学期（下文简称二上和二下）和三年级上下学期（下文简称三上和三下）汉语听说课及口语考试录像转写而成的课堂/考试口语语料库[①]来考察的教师课堂话语、韩国学生课堂话语及口语考试中介词"被"字句的输入与输出情况，具体数据请看表2-1。

---

① 本语料库包含3个子库，分别是教师课堂话语语料库（共3 425 314字），韩国学生课堂话语语料库（共274 489字）和韩国学生口语考试语料库（共276 827字），各学习阶段的字数分布请参看绪论部分。

表2-1 介词"被"不同阶段输入、输出汇总表

学习阶段	教师		课堂		口语考试	
	用例数	使用频率	用例数	使用频率	用例数	使用频率
一上	123	2.343	24	9.348	4	1.331
一下	174	2.086	10	1.781	34	5.161
二上	249	3.058	23	4.128	13	2.888
二下	214	3.058	15	2.695	18	4.119
三上	152	4.877	25	6.069	7	1.716
三下	22	0.914	7	1.746	6	1.168
总计	934	2.727	104	3.789	82	2.962

注：表中频率都是万分位的。

从表2-1中可以得出韩国学生口语语料中介词"被"字句的使用频率是3.37/10000（（3.78+2.962）/2=3.37）；周文华、肖奚强（2009）考察中介语书面语料得出介词"被"的使用频率是2.9/10000。本章考察得出的教师课堂话语中介词"被"的输入频率是2.727/10000；周文华、肖奚强（2009）考察汉语母语者书面语语料中介词"被"的使用频率是14.277/10000。可见，无论是口语语料，还是书面语料韩国学生的使用频率都远低于汉语母语者。

把表2-1中的使用频率录入SPSS22.0进行多因素方差分析检验各个变量的差异性：在类别变量上统计得出$F=1.029$，$P=0.392>0.05$；在学习阶段变量上统计得出$F=0.766$，$P=0.595>0.05$。均接受虚无假设，说明在类别和学习阶段上的差异性都是不显著的，也即教师课堂输入频率与韩国学生课堂及口语考试输出频率不存在显著差异；同时，在不同学习阶段上输入与输出频率也不存在显著差异。

对类别变量进行的事后分析发现，教师课堂输入频率与韩国学生课堂输出频率之间的差异显著性$P=0.241>0.05$，接受虚无假设，说明两者之间不存在显著差异；韩国学生课堂输出与口语考试输出之间的差异显著性$P=0.995>0.05$，接受虚无假设，说明两者之间也不存在显著差异；教师课堂输入频率与韩国学生口语考试输出频率之间的差异显著性$P=0.243>0.05$，接受虚无假设，说明两者之间也不存在显著差异。

把表2-1中的输入和输出频率转化成图2-1，可以很清楚地看到教师课

堂输入频率与韩国学生输出频率的对比情况：

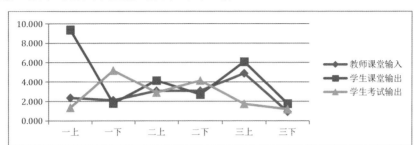

图2-1　介词"被"不同阶段输入、输出频率变化趋势图

从图2-1可以很明显看出，教师课堂输入与韩国学生课堂输出和口语考试输出的频率曲线几乎是重合在一起的。但这与周文华、肖奚强（2009）书面语考察得到的结果不一致。尤其是教师在课堂上的使用频率（2.727）与汉语母语者语料中的频率（14.277）差距很大，这很可能是口语与书面语的差异导致的。韩国学生在口语考试中的输出频率要低于课堂上的输出频率，但是跟韩国学生书面语表达中的频率比较接近。这说明从韩国学生的角度看，口语考试与书面语的差别不大。从曲线变化看，不像第一章介词"把"字句那样有较大的频率差别，而是纠缠在一起。这也印证了上文SPSS统计得出的结论，介词"被"字句的输入与输出没有显著的差异。

从学习阶段的输入频率与输出频率变化情况来看，教师在一年级到二年级阶段的输入频率是相对稳定的。只有三年级上、下学期有较大的波动：三上的输入频率是最高的（4.877/10000），三下的输入频率是最低的（0.914/10000）。而韩国学生在课堂上的输出则是大起大落的：一上的输出频率最高，不过韩国学生的用例中有很多偏误用例，尤其是不完整的表达；一下的输出频率骤降；二年级时输出频率有所回升；三上时再次达到一个高峰；三下时又出现骤降。说明课堂上韩国学生对介词"被"的使用不太稳定。而韩国学生在口语考试中的输出频率基本呈正态分布，一下到二下的输出频率较高，一上和三年级的输出频率较低。

另外，韩国学生在输出过程中的正确率是必须要考察的，因为正确率和使用频率一样，是考查学生输出效果的重要标准。请看韩国学生各学习阶段介词"被"的输出正确率汇总表。

表2-2　介词"被"不同阶段输出正确率汇总表

学习阶段	课堂				口语考试			
	输出总量	正确用例	偏误用例	正确率	输出总量	正确用例	偏误用例	正确率
一上	24	10	14	0.417	4	4	0	1.000
一下	10	8	2	0.800	34	15	19	0.441
二上	23	13	10	0.565	13	11	2	0.846
二下	15	10	5	0.667	18	13	5	0.722
三上	25	20	5	0.800	7	5	2	0.714
三下	7	5	2	0.714	6	5	1	0.833
合计	104	66	38	0.635	82	53	29	0.646

注：正确率=正确用数/输出总量，正确率是百分位的。

把表2-2中的正确率数据转化成图2-2，可以很清楚地看到不同学习阶段韩国学生使用介词"被"的正确率变化趋势。

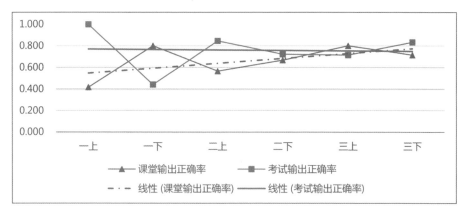

图2-2　介词"被"不同阶段正确率变化趋势图

从图表2-2的正确率总体情况来看，韩国学生在课堂上的总体正确率是0.635，在口语考试中的总体正确率是0.646，两者的正确率都不高，但比较接近。从正确率在各阶段的分布来看，韩国学生的课堂输出正确率高低起伏不定：一上的正确率最低；一下有所回升，正确率达到0.8；二上下降，正确率低于0.7；二下后慢慢开始回升，到三上才又达到0.8。韩国学生在口语考试中的正确率只在一下出现比较反常的现象（正确率才0.441，这也是导致口语考试的正确率低于课堂上的正确率的一个主要原因），其他阶段的正确率都在0.7以上。

不管是在课堂还是口语考试中，韩国学生对于介词"被"的使用都在一上、一下及二上有较大的波动和反复，二下以后的正确率基本是稳定向上发展的。从发展的角度看，韩国学生对于介词"被"的掌握还是逐步提高的。

二、分阶段的输入、输出及互动情况考察

从上文的使用频率和正确率考察来看，韩国学生在课堂教学环境下对介词"被"习得的变化较大。但韩国学生介词"被"不同用法的习得认知过程的构建还需要分学期地详细考察。下面看一下不同学习阶段韩国学生的习得认知过程是如何变化的。

（一）一年级阶段

先看一下一年级介词"被"不同用法在课堂和口语考试中的输入与输出情况汇总表。

表2-3 一年级介词"被"不同用法输入、输出情况汇总表

阶段	用法类别	教师课堂输入		韩国学生课堂输出					韩国学生口语考试输出				
		数量	输入频率	正例	误例	合计	正确率	输出频率	正例	误例	合计	正确率	输出频率
一上	S1	31	0.590	2	7	9	0.222	3.506					
	S2	1	0.019										
	S3	22	0.419	3	2	5	0.600	1.948	4	0	4	1.000	1.331
	S4	24	0.457	4		4	1.000	1.558					
	S5	5	0.095										
	S6	10	0.190	1		1	1.000	0.390					
	其他①	30	0.571		5	5		1.948					
	总计	123	2.343	10	14	24	0.417	9.348	4	0	4	1.000	1.331
一下	S1	50	0.600	1		1	1.000	0.178	7		7	1.000	1.063
	S2	4	0.048										
	S3	27	0.324	1		1	1.000	0.178	7	2	9	0.778	1.366
	S4	45	0.540	6	2	8	0.750	1.425					
	S5												
	S6	44	0.528						1	1	2	0.500	0.304
	其他	4	0.048						16		16		2.429
	总计	174	2.086	8	2	10	0.800	1.781	15	19	34	0.441	5.161

注：表中输入和输出频率都是万分位的，正确率是百分位的。

---

① 本章表2-3、2-4、2-5中的其他，对教师输入而言是指教师在教学过程中对学生偏误的纠正、相关语言点的讲解等；对韩国学生而言是指其输出中无法归入四类偏误类型的用例。

　　把表2-3中介词"被"不同句式的输入和输出频率转化成图2-3,可以清楚地看到一年级上下学期介词"被"不同句式输入和输出频率的变化趋势。

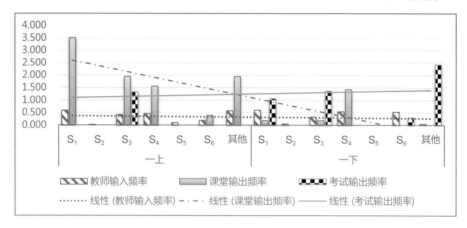

图2-3　一年级介词"被"不同用法输入、输出频率变化趋势图

　　将表2-3中的正确率数据转化成图2-4,可以看到一年级上下学期韩国学生介词"被"不同句式正确率的变化趋势。

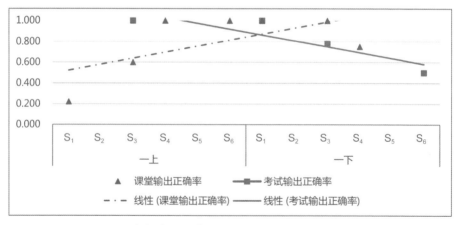

图2-4　一年级介词"被"不同用法输出正确率变化趋势图

　　从以上图表可以看出,教师的输入与韩国学生的输出在总体上是一下多于一上,但介词"被"不同用法的输入与输出是不平衡的。尤其是韩国学生在课堂上及口语考试中对介词"被"不同用法的输出很不平衡,有极强的集中性。课堂上的输出频率在一下锐减,出现这种情况的原因详见下文分析。从输出的正确率线性趋势看,韩国学生在课堂上的正确率呈上升的趋势，而在口语考试中则呈下降的趋势，正好与输出频率的变化趋势相反。这印证了Schachter（1974）的观点，学生使用得越多，其出错的可能性越高。韩国学生在课堂和口语考试中使用频率与正确率都呈现相反的线性趋势，说明此阶段韩国学生对于介词"被"的输出存在较多问题。

1. 一年级上学期

在一上，教师的输入主要集中在S_1、S_3和S_4上，其输入数量分别是31例、22例和24例，用例如：

（24）哎，你们有没有【被】别人误会的时候？

（25）那比如说，小王【被】老板派到西藏去了。

（26）……，你会【被】罚款。

而S_6、S_5和S_2，尤其是S_2出现的频率非常低，只有1例。教师在此阶段使用的动词从频率上看主要是"偷、打碎、打破、撞、罚、误会、借、批评"等常用于介词"被"字句的动词。

同时，教师在这一阶段对介词"被"的用法讲解及韩国学生偏误用例的纠错也都集中在S_1、S_3和S_4上，如：

（27）重视也可以用被，重视什么东西，……健康生活越来越【被】人们重视。

（28）那个故事【被】妈妈说？注意一下，这个句子还是有问题的。

（29）"【被】他唱"，这个不可以，"【被】他唱了几遍"没有问题，"水【被】他喝"这个不可以，"水【被】他喝了"可以，没问题。

（30）【被】谁，【被】谁怎么样？【被】谁，就是相当于英语里面的by。

（31）不是我【被】挂了，是我得挂了。

（32）马【被】踢我？

教师的用例主要是讲解介词"被"字句的使用规则，涉及进入介词"被"字句的动词及介词"被"字句的语序等问题。这些都是韩国学生在使用中容易出现偏误的地方。

韩国学生在课堂上输出的大都是S_1（9例），S_3（5例）和S_4（4例），S_6只出现1例，跟教师课堂输入频率相当。且句中使用的动词多集中在"批评、误会、借、撞、偷和吃"等，与教师输入中使用的动词重合度很高。韩国学生在使用这些熟悉的词语时很少出错，如：

（33）我【被】妈妈批评了。

（34）我的一辆自行车【被】偷了。

（35）我的做菜【被】吃完了。

但在使用那些不熟悉的其他动词时则会出现偏误，详见下节动态偏误考察部分。说明此阶段，韩国学生对介词"被"字句的使用仍处于模仿阶段。

口语考试中韩国学生使用的介词"被"字句非常单调，虽有4例（都是S_3的用例），但其实只有两个句子"被妈妈批评了一顿"和"被自行车撞了一下"（这个句子就出现了3例）。这些都是教材和教师输入中出现过的例子，仍属于机械式地套用。韩国学生基本没有独立地使用介词"被"字句。所以，虽然输出时没有偏误用例也不能说明此阶段韩国学生的掌握情况很好。

另外，在此阶段韩国学生的语料中出现一些表达不完整的句子。这说明韩国学生对介词"被"的使用还不熟练，多数是对"被"后动词的使用产生疑惑，如：

（36）学生：那个故事【被】……，那个故事【被】妈妈……

老师：被什么？

学生：那个故事【被】妈妈说。

（37）学生：【被】她哥哥被……，哭了。

老师：被她哥哥哭了？

学生：对。

教师对学生的表达中断采取了不同的教学策略：例（36）是追问式的，不过学生对其后动词的选择本来就不清楚，所以在教师追问下选择的动词仍然不对；例（37）是复述式的，即把学生不连贯的或想要表达的复述一遍，学生本来就不知道应该怎么正确地表达，所以想当然地认为教师复述的句子是正确的。以上两例说明，一上时韩国学生对介词"被"字句的使用一头雾水，教师追问式和复述式的教学策略起到的作用不大。尤其是复述式，还会让学生加深对错误表达的印象。

2.一年级下学期

一下时，教师除了加大了S_1，S_3和S_4的输入以外，对于S_6的输入量增加最多，从一年级上的10例增加到了44例，具体用例如：

（38）他说手绢【被】夹在钱包里了。

（39）什么时候信会【被】退回来？

然而韩国学生在课堂上的输出丝毫没有受到教师输入的影响，不仅没有出现S_6的用例，就连一上输出较多的S_1和S_3也都只出现了1例，仅涉及动词"咬、抬（到）"，如：

（40）老人买【被】虫子咬的菜。

（41）桌子【被】我们抬到了那里。

剩下的全是S_4的输出，但正确用例中的动词只局限于"偷"，如：

（42）不好意思，我的钱包【被】偷了。

（43）你好，我的自行车【被】偷了，所以你帮助我。

教师在课堂上对介词"被"字句的讲解和纠错仍集中在S_1、S_3和S_4，但数量不如一上多。

一下口语考试中的输出以S_3（9例）和S_1（7例）为主，其句中动词主要涉及"批评、偷、借、咬、啃、捉、弄丢、淋湿、拿走、修理"等，比一上时丰富了很多，如：

（44）我的手套【被】我的弟弟弄丢了。

（45）我【被】蚊子给咬了。

但在一下的口语考试中突然大量出现表达不完整，以及不该用"被"而用的句子，说明韩国学生在开始大量使用介词"被"字句时出现的问题也比较多，详见下文偏误分析部分。

课堂输出与口语考试输出两相结合可以发现，韩国学生的输出仍集中在S_1、S_3和S_4、S_6。在此阶段还没有大量输出，仅在口语考试中出现2例，且只有1例是正确的。

考察此阶段韩国学生的语料，还会发现一个比较奇怪的现象，那就是韩国学生输出的句子中大部分都加了助词"给"，如：

（46）我的书【被】他给拿走了。

（47）我的自行车【被】弟弟给偷了。

这种情况在其他阶段都没有出现，为什么会出现这种现象呢？我们从教师的输入中寻找到了答案：此阶段教师的输入中也出现较多含助词"给"的介词"被"字句，而且教师还特别强调要加助词"给"，如：

（48）衣服【被】我给弄脏了，在动词前面加一个"给"。

（49）他们帮他们忙，结果反而【被】别人给杀了。【被】……给，记得吗？

这充分说明对于一些语言现象，教师的课堂教学输入是会对学生的输出产生强化作用的，学生会吸收和输出教师的课堂输入。但这种影响可能不是立刻显现出来的，因为学生的吸收和内化还需要一个过程。所以韩国学生在课堂上并没有大量输出，但在口语考试中就大量输出了。

种种迹象表明，韩国学生在一下时，尤其是口语考试时开始较多地使用介词"被"字句，但由于掌握得还不太理想，所以出现的偏误也比较多。

（二）二年级阶段

先看一下二年级介词"被"不同句式在课堂和口语考试中的输入与输出情况汇总表。

表2-4　二年级介词"被"不同用法输入、输出情况汇总表

阶段	用法类别	教师课堂输入		韩国学生课堂输出					韩国学生口语考试输出					
		数量	输入频率	正例	误例	合计	正确率	输出频率	正例	误例	合计	正确率	输出频率
二上	S_1	33	0.405	1	2	3	0.333	0.538					
	S_2	5	0.061	1		1	1.000	0.179					
	S_3	43	0.528	2		2	1.000	0.359					
	S_4	77	0.946	3	2	5	0.600	0.897		1	1	0.000	0.222
	S_5	23	0.282	3		3	1.000	0.538					
	S_6	64	0.786	3		3	1.000	0.538	11		11	1.000	2.444
	其他	6	0.074	0	6	6	0.000	1.077		1	1	0.000	0.222
	总计	251	3.082	13	10	23	0.565	4.128	11	2	13	0.846	2.888

续表

阶段	用法类别	教师课堂输入		韩国学生课堂输出					韩国学生口语考试输出				
		数量	输入频率	正例	误例	合计	正确率	输出频率	正例	误例	合计	正确率	输出频率
二下	S_1	44	0.629	1	1	2	0.500	0.359	1		1	1.000	0.229
	S_2	2	0.029										
	S_3	38	0.543	2		2	1.000	0.359	5		5	1.000	1.144
	S_4	65	0.929	5	1	6	0.833	1.078					
	S_5	9	0.129	1		1	1.000	0.180					
	S_6	54	0.772	1		1	1.000	0.180	7		7	1.000	1.602
	其他	2	0.029		3	3	0.000	0.539		5	5	0.000	1.144
	总计	214	3.058	10	5	15	0.667	2.695	13	5	18	0.722	4.119

注：表中输入和输出频率都是万分位的，正确率是百分位的。

把表2-4中介词"被"不同句式的输入和输出频率转化成图2-5，可以清楚地看到二年级上下学期介词"被"不同句式输入和输出频率的变化趋势。

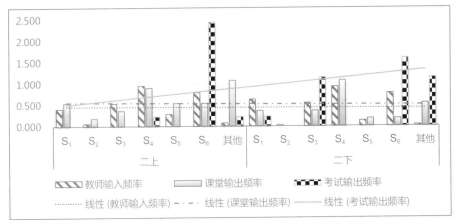

图2-5 二年级介词"被"不同用法输入、输出频率变化趋势图

从总体上看，教师在二年级的输入比较全面，各种用法都涉及了，只是S_2仍然非常少。对介词"被"的用法讲解以及偏误纠错也减少了很多。韩国学生在课堂上输出的用法类型多，但各种用法的数量比较少，而在口语考试时输出的用法类型则比较集中。

　　将表2-4中的正确率数据转化成图2-6，可以看到二年级上下学期韩国学生介词"被"不同句式正确率的变化趋势。

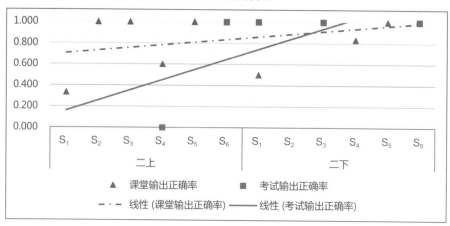

图2-6　二年级介词"被"不同用法输出正确率变化趋势图

　　从正确率的线性趋势可以看出在二年级，韩国学生在课堂上及口语考试中的正确率都呈上升趋势，一改一年级正确率线性趋势向下交叉的状况。另外还可以看出，口语考试中的正确率上升幅度比课堂上的大，说明韩国学生在介词"被"的输出正确率方面有较大的提高。

　　1.二年级上学期

　　在二上的课堂上，教师对于介词"被"各种用法的输入是相对平衡的，只有S_2的输入较少以外，其他用法数量都不少，且其动词的使用不再仅局限于比较典型的遭受义动词。教师在课堂上对介词"被"的用法讲解和纠错也较一年级有明显下降，只有4例，集中在S_1和S_4两种用法中，如：

　　（50）不是【被】，是受，受我爸爸的影响。

　　（51）要么用被，这个寿司可以【被】很多人吃，要么就可以给很多人吃。

　　此阶段也是韩国学生对于介词"被"的各种用法课堂输出最全面的阶段，涉及所有用法，只是数量都不多，比如S_1和S_2都只有1例。但此阶段出现在介词"被"字句中的动词明显比一年级丰富许多，有"指定、弄糊涂、惯坏、批评、宰、牺牲、冲掉、花、淋坏、溅、骗、污染"等，具体用例如：

（52）如果我们不保护环境，环境就会【被】污染。

（53）1982年雪岳山【被】联合国教科组织指定为韩国第一个人生物圈保护区域。

（54）他【被】爸爸妈妈惯坏了。

（55）他【被】批评了，是吗？

（56）这座山1970年【被】指定为国立公园。

（57）这么浪费，就是一座金山，早晚也会【被】花空的。

韩国学生输出中的不完整表达和误用现象还比较多，甚至比一年级还多（共有6例），占到使用总量（23例）的26.1%。这说明韩国学生在使用介词"被"字句时还有较多问题。另外，在一下时出现的介词"被"字句中加助词"给"的用法到此阶段完全没有出现，说明一下时韩国学生加助词"给"的用法可能只是教师输入短暂影响的结果，不是韩国学生真正习得的语言项目，不具有习得的持续性。

二上的口语考试中，韩国学生没有像课堂上那样输出介词"被"的各种用法，比较集中地输出了S_6的用法，但动词丰富度有所下降，只局限于"卷入、偷、花空、挖空"，且以"花空、挖空"最多。这可能是受口语考试话题的影响，学生都是在谈论关于浪费的问题，如：

（58）这么浪费，就是有一座金山，早晚也会【被】花空的。

（59）他们怎么好意思这么浪费，就是有一座金山早晚也会【被】挖空的。

可以说到了二上韩国学生对介词"被"S_6的用法有了突破性的输出，达到了习得的标准。至于其他用法，都没有正确用例输出。

2.二年级下学期

在二下时，教师的课堂输入仍集中在S_1、S_3、S_4和S_6，且数量都比较多，使这几种用法的输入得到了加强。而教师的讲解和纠错几乎消失，仅出现2例，可以忽略不计。

此阶段韩国学生课堂输出数量不多，但使用的动词比一年级丰富得多，且与二上没有什么重复，主要有"吸引、惯坏、盖住、称赞、罚款、改变、栓、偷、戏弄、誉为"等。用例类型除S_2没有涉及外，其他用法均有涉及，只是S_1、S_5、S_6都只出现了1例，S_4仍然是输出数量最多的，其用例如：

（60）我比较喜欢【被】称赞。

（61）所以我也【被】华清池的景观吸引了。

（62）我还喜欢冬天，因为下雪的时候，路面【被】白雪盖住了，每棵树都堆满雪。

（63）听说华清池【被】誉为天下第一温泉。

（64）有过一次【被】关在电梯里的经历后，他落下很多恐惧的病。

说明韩国学生使用介词"被"字句的意识增强，但受语言表达和水平的限制，使用量还达不到比较高的水平。另外，韩国学生不完整表达及误用还有3例。

此阶段口语考试输出中只出现了S_1、S_3和S_6的用例，其中S_6的数量最多，出现了7例，且都是正确用例，如：

（65）……但却可能碰到山洪暴发而【被】活活淹死。

（66）对于风雨，逃避它，你只有【被】卷入洪流。

S_3出现了5例，也都是正确用例，如：

（67）这个孩子【被】父母惯坏了，一有什么不满意就大哭，就离家出走。

（68）以前我听过我的朋友在公共汽车里，【被】小偷偷走了，他的钱包里有学生证。

S_1只出现1例。在此阶段的口语考试中介词"被"的误用偏误仍然有5例。加上课堂上的其他类偏误3例，共有8例，说明韩国学生在使用中的问题还比较多。

（三）三年级阶段

先看一下三年级介词"被"不同句式在课堂和口语考试中的输入与输出情况汇总表。

表2-5　三年级介词"被"不同用法输入、输出情况汇总表

阶段	用法类别	教师课堂输入		韩国学生课堂输出					韩国学生口语考试输出				
		数量	输入频率	正例	误例	合计	正确率	输出频率	正例	误例	合计	正确率	输出频率
三上	S_1	46	1.476	2	1	3	0.667	0.728	1		1	1.000	0.245
	S_2		0.000						1		1	1.000	0.245
	S_3	5	0.160	2	1	3	0.667	0.728	1		1	1.000	0.245
	S_4	89	2.856	14	1	15	0.933	3.641	1	1	2	0.500	0.490
	S_5	1	0.032	1		1	1.000	0.243					
	S_6	10	0.321	1		1	1.000	0.243	1		1	1.000	0.245
	其他	4	0.128		2	2	0.000	0.486					0.245
	总计	155	4.974	20	5	25	0.800	6.069	5	2	7	0.714	1.716
三下	S_1	13	0.540				0.500	0.499					
	S_2	1	0.042						1		1	1.000	0.195
	S_3	2	0.083	1		1	1.000	0.249	3		3	1.000	0.584
	S_4	4	0.166	2		2	1.000	0.499	1		1	1.000	0.195
	S_5		0.000										
	S_6	2	0.083	1		1	1.000	0.249					
	其他				1	1	0.000	0.249		1	1	0.000	0.195
	总计	22	0.914	5	2	7	0.714	1.746	5	1	6	0.833	1.168

注：表中输入和输出频率都是万分位的，正确率是百分位的。

把表2-5中介词"被"不同用法的输入和输出频率转化成图2-7，可以清楚地看到三年级上下学期介词"被"不同句式输入和输出频率的变化趋势：

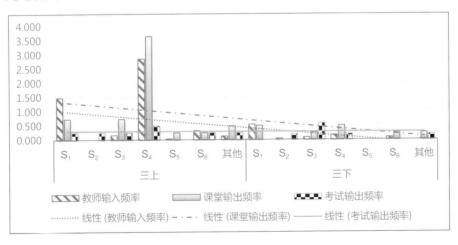

图2-7　三年级介词"被"不同用法输入、输出频率变化趋势图

将表2-5中的正确率数据转化成图2-8，可以看到三年级上下学期韩国学生介词"被"不同句式正确率的变化趋势。

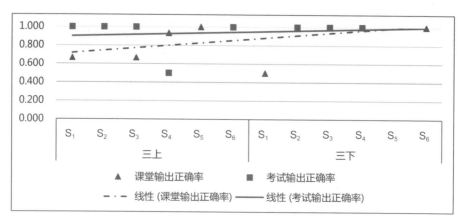

图2-8 三年级介词"被"不同用法输出正确率变化趋势图

从表2-5和图2-7可以看出，教师的课堂输入量在上下学期有明显的差异，上学期明显高于下学期，同时对于各种用法的输入也很不平衡，有些用法根本没有出现，比如S_2和S_5。韩国学生课堂上的输出与教师输入有较高的相似性，其频率的线性趋势与教师输入趋同。他们的输出仍然集中在S_1、S_3和S_4，其他用法大都鲜有涉及。上下学期变化比较平稳的是韩国学生在口语考试中的输出，无论是类型还是数量都比较一致，所以其线性趋势线几乎是平的。同时，从图2-8可以看出在此阶段课堂及口语考试中的正确率走势一致性较高，说明韩国学生对介词"被"的掌握已经明显提高。

1.三年级上学期

在三上，教师的总体输入频率很高，不过主要集中在S_1和S_4，S_6、S_3和S_5的输入量非常低，S_2则完全没有输入。

三上时韩国学生在课堂上输出最多的是S_4，共输出了15例。其中有14例是正确的，在口语考试中共输出了2例，其中1例正确。使用的动词有"采访、感动、蒙、骗、偷、释放"，如：

（69）找一个容易【被】感动的朋友，和他一起出去，看他什么时候感动，哭和笑。

（70）我的丈夫很怕过愚人节，因为他怕【被】骗，……

S_1和S_3分别都输出了3例，涉及的动词有"炒鱿鱼、买（走）、喂（死）"，如：

（71）我上个星期【被】老板炒鱿鱼了，我没有打工了，所以没有钱怎么办?

（72）我到书店买一本书，到的时候书【被】别人买走了。

S_5和S_6分别只输出了1例，涉及的动词有"当作、扰乱"，如：

（73）所以一直【被】当作日本粮食供给地。

（74）我小的时候不要这个东西，然后要让我的孩子【被】束缚住，然后长大之后就……

另外，在三上时，韩国学生在课堂上使用了非典型的被动表达法，如：

（75）他【被】辞职了。

（76）我爸爸【被】退休。

这些被动表达与传统表达不同，是新出现的介词"被"的新用法，其存在有一定的合理性（详见王灿龙，2009）。这些新用法一般不会出现在课堂教学中，但韩国学生使用了，说明韩国学生也会在日常交际中习得一些语言项目。

口语考试中介词"被"只出现了5例正确用例，分布在S_1、S_2、S_3、S_4、S_6等五种用法之中，涉及的动词有"扰乱、陷害、吸引、释放、问（到）"等，如：

（77）社会的生产是不能【被】……扰乱，各行各业必须保证生产运行。

（78）他【被】人家陷害成替罪羊了，但是事实证明他的清白，于是，他【被】释放了。

（79）可能一些智能游戏的原因，他们【被】这些吸引住了。

（80）如果是可能【被】问到一些老公的工资，可能是自己的工资，可能也是隐私。

2.三年级下学期

三下时，不仅教师课堂输入量小，韩国学生的课堂和口语考试输出量也很小，韩国学生在课堂上只输出了S_1、S_3、S_4和S_6，数量都只有1、2例，涉及的动词有"对待、惯坏、拉平、吸引、限制"等，如：

（81）这样不好的会让他们有感觉【被】父母分别对待的。

（82）这个孩子【被】父母惯坏了，一不满意就大哭，就离家出走；

（83）那些渴望金钱的人幸福得多，收入形成的绝对差，差距【被】拉平了。

（84）这个孩子【被】惯坏了，如果有什么地方不满意，一直大哭，就离家出走。

韩国学生同时输出了像例（82）和（84）这样的例子，说明他们对于S_3和S_6的用法掌握达到了比较灵活的程度，可以在使用中自由转换两种用法。

口语考试中输出的用法主要是S_2、S_3和S_4，出现的动词也只有"陷害、叫醒、偷（走）、吸引、释放"，与三上及之前的输出有较多重复。但其正确率是可圈可点的，除了1例不完整表达以外，韩国学生在口语考试中输出的介词"被"的各种用法都是正确的，没有偏误用例。这是韩国学生介词"被"使用进入平稳期的一种表现。

综合上述六个学期的分析可以看出，无论是教师还是韩国学生在不同介词"被"字句的输入和输出上都是不平衡的。教师的输入主要集中在S_1、S_3和S_4上，一下到二下出现较多S_6的输入。韩国学生的语料中也鲜有S_2和S_5的输出。可见，无论是在教师课堂输入还是韩国学生的输出，都是以S_1、S_3、S_4和S_6为主，鲜有涉及S_2和S_5的情况。这一点教师在教学安排中应适当注意。从韩国学生在不同阶段介词"被"不同用法的正确率线性趋势来看，一年级有较大浮动，二年级开始呈逐步上升的趋势，三年级课堂与口语考试的正确率线性走势基本一致。这说明韩国学生对于介词"被"不同用法的掌握逐步加强，课堂环境下的习得效果也很明显。

第三节 介词"被"的动态偏误考察

韩国学生在习得的过程中，偏误是不可避免，但不同语言项目的偏误规律不同。揭示这些不同语言项目的偏误规律对于认清韩国学生的习得认

知过程非常重要。下面考察韩国学生介词"被"使用时的不同类型偏误汇总及阶段变化的情况,请看表2-6:

表2-6 介词"被"不同阶段偏误类型汇总表

阶段	输出环境	误代	误加	遗漏	错序	其他	总计
一上	课堂	2		3	4	5	14
	口语考试						0
一下	课堂			2			2
	口语考试	4	5	2	1	7	19
二上	课堂	6	1	1		2	10
	口语考试		1		1		2
二下	课堂	3	1	1			5
	口语考试		3			2	5
三上	课堂	1	1	1		2	5
	口语考试			1		1	2
三下	课堂	1				1	2
	口语考试					1	1
合计		17	12	11	7	20	67

从表2-6的总计数可以看出,韩国学生介词"被"使用偏误主要出现在一年级,一下达到高峰,之后呈逐渐下降趋势。

从合计数量来看,无法归类的数量最多,这主要是因为二年级之前韩国学生的不完整表达较多导致的,这是口语表达中比较常见的现象。这种不完整表达也是一年级较多,二年级之后快速下降。这些不完整表达阶段性特征很明显,是初级阶段教学中教师应该注意的问题。

韩国学生介词"被"使用时的偏误从数量上来看,从高到低依次为误代、误加、遗漏和错序。不像介词"把"偏误那样呈现比较集中的现象。这说明韩国学生在介词"被"使用时涉及的问题要比介词"把"多。那么这些偏误类型在韩国学生习得介词"被"的过程中是如何变化的呢?

一、一年级韩国学生介词"被"偏误的动态分析

一年级是韩国学生介词"被"使用偏误的高发期,从数量上看,一上

有14例，一下有21例，呈上升趋势。

在一上，韩国学生在课堂上的输出频率较高，而在口语考试中的输出频率非常低。因此在偏误用例的数量上也是课堂上较多，而口语考试中则没有出现偏误用例。韩国学生的偏误中出现较多的是无法归类的错误用例，共有5例，占上学期偏误总数（14例）的35.7%，如：

（85）*那个故事【被】……

（86）*【被】妈妈……

还有介词"被"的误用，多是韩国学生使用一些教师输入中没有涉及的动词时，如：

（87）*有人找我了，我【被】挂了。

（88）*这首歌【被】他唱。

教师在课堂输入中对于韩国学生的这种误用基本都及时给予直接纠正，如：

（89）不是我【被】挂了，是我得挂了。

（89）不是这首歌【被】他唱，这首歌由他唱，或这首歌他唱了。

数量居二的是错序，共有4例，占偏误总数（14例）的28.6%，如：

（91）*马【被】踢我。

（92）*妈妈【被】批评我。

韩国学生出现这种偏误，主要是受韩语母语的影响。上文汉韩对比时已经指出，韩语中被动句的主语和宾语前后顺序不重要，其后的格助词表明它们在句中是主语还是宾语，所以韩国学生若不注意"被"字句主宾语的前后顺序，就会造出这种错序的偏误句。

教师在课堂上对韩国学生的错序偏误多采取置疑语气的重复来提醒韩国学生，如：

（93）马【被】踢我？

（94）妈妈【被】批评我？

从语料看，韩国学生经教师的提醒后都会及时调整语序，所以这种语序偏误不是顽固性的偏误。

数量居三的是遗漏，共出现3例，占偏误总数（14例）的21.4%。在此阶段韩国学生的遗漏通常都是缺少动词或补语，如：

（95）*【被】她哥哥∧哭了。

（96）*先小王借的，然后……然后那张CD【被】小李借∧了。

教师对于这种情况也是采用置疑语气的重复来提醒学生，用例不再赘举。

在一下时，韩国学生的偏误分布产生了较大的变化，课堂上只出现了2例遗漏，而在口语考试中则出现了大量的各式偏误，其中无法归类的错句最多，有7例，占偏误总数（19例）的36.8%，表达不完整的用例仍然占多数，用例不再赘举。

但与上学期课堂输出中有所不同的是，口语考试中出现了大量介词"被"的误用现象，共出现5例，占偏误总数（19例）的26.3%，如：

（97）*韩国学生们【被】老师……给成绩单。

（98）*看起来，这件事他不【被】同意了。

以及"被"与其他词语的误代，共出现4例，占偏误总数（19例）的21%，如：

（99）*你【被】这瓶水给我。

（100）*我【被】这瓶水喝了。

例（99）（100）都是介词"把"误用成了"被"，这些例句充分说明韩国学生对于"被"的用法掌握存在明显的缺陷。同时也如第一章所述，韩国学生很容易混淆介词"把"与"被"的使用。

在此阶段韩国学生的遗漏也不少，课堂上和口语考试中加起来一共有4例，多是动词后成分的遗漏，如：

（101）*如果你手【被】烫∧，你不能动，……

（102）*我的自行车【被】朋友给借∧了。

例（101）遗漏了"了"，例（102）遗漏了补语"走"。韩国学生的这一偏误也是受母语的影响，因为韩国语中在表达被动句时不需要加助词"了"或补语成分。

二、二年级韩国学生介词"被"偏误的动态分析

二年级仍然是韩国学生介词"被"使用偏误的高发期，不过从数量上看，已经比一年级有了明显的下降：二上有12例，二下有10例。

在二上，不完整表达已经非常少，只在课堂上出现2例，口语考试中没有出现。韩国学生课堂输出中偏误数量最多的是误代，共有6例，占偏误总数（10例）的60%，如：

（103）*我的健康秘诀就是【被】我爸爸的影响。

（104）*首先，下雨的时候天空很阴暗，【被】我，我的心情越来越忧郁。

例（103）把"受"误用为了"被"，例（104）用"被"误代了"让"。这都是韩国学生受母语影响在使用介词"被"时极容易出现的偏误形式。针对这一情况，教师的纠错策略是直接指出偏误并予以纠正，如：

（105）不是【被】邻居怎么样，应该是让邻居怎么样。

误加在课堂和口语考试中共出现了2例，都是介词"被"的误加，如：

（106）*我喜欢背包旅行，因为是旅行团的旅行是定，【被】旅行社定出发时间、地点，背包旅行我自由旅行。

（107）*战争中【被】牺牲的人。

其他偏误，如遗漏和错序都只出现1例，如：

（108）*狗【被】拴∧了。

（109）*那时因为她隔三岔五我【被】欺负。

在二下，也只在口语考试中出现2例介词"被"使用的不完整表达。口语考试中介词"被"使用的偏误形式只有介词"被"的误用，共出现3例，占偏误总数（5例）的60%。另外课堂上也出现1例介词"被"的误加，如：

（110）*对于风雨，逃避它，你，只有【被】卷风雨，迎向它，你却能获得生存。

（111）*对于风雨……，你只有【被】……被……跑……

而在课堂上出现频率最高的是误代，也出现了3例，占偏误总数（5

例）的60%，都是句中动词使用不当，如：

（112）*早上六点左右，我们【被】服务员的声音<u>醒过来</u>。

（113）*因为那个【被】你<u>说</u>，OK，到时候你因为那个我换……

遗漏只在课堂上出现1例，错序在课堂和口语考试中均未出现。

三、三年级韩国学生介词"被"偏误的动态分析

到三年级时，韩国学生介词"被"的偏误呈明显下降趋势，从数量上看上学期共出现7例，下学期仅出现3例。

在三上，课堂上还出现了2例不完整的表达，在口语考试中没有不完整表达句子的出现。在偏误类型上，课堂表达中出现误加、误代和遗漏各1例，口语考试中出现遗漏和错序各1例，如：

（114）*社会的正常秩序不能【被】疫情<u>扰乱</u>。

（115）*然后那个不好的空气∧放到水里面，然后鱼吸了那个毒……

（116）*你出门前要锁好门，以免【被】<u>偷你的东西</u>。

到三下，课堂上和口语考试中均只出现1例不完整表达的句子。而在偏误类型上只有课堂上出现1例误代偏误。

综合以上偏误分析可以看出，韩国学生介词"被"的偏误主要集中在一上到二上三个阶段，从二下开始基本呈快速下降的趋势。在几种偏误类型中，不完整表达的其他类偏误一直存在，且数量最多，这与书面表达中的偏误不同，也是口语表达与书面表达不同的一个方面。除此之外，误代是韩国学生最容易出现的偏误，六个阶段全部出现，且呈正态分布，即一上到二上逐级上升，二下之后逐级下降。这说明，在韩国学生的表达中误代是比较顽固的偏误类型。误加和遗漏只出现在三上学习阶段之前，中间有上升或下降的曲折反复，数量虽不多，但也要引起教学的重视。错序基本只出现二上之前，而且教师在教学过程中的纠错策略基本都是提示性的，说明这种偏误韩国学生可以在习得的过程中自我修正。

第四节 介词"被"的习得规律及教学建议

一、介词"被"的习得规律

综合上文的实证分析可以看出，韩国学生在课堂教学环境下习得介词"被"的规律如下。

1.不同用法的自然习得顺序。韩国学生对于介词"被"不同用法的习得存在一定的自然顺序。他们首先在一上吸收和输出的是S_3和S_4，然后到一下的时候开始吸收和输出S_1，二上开始巩固S_1、S_3和S_4的输出，并开始吸收S_6和S_5，伴随少量输出。到三年级基本稳定为S_1、S_3和S_4的常规输出，及S_6和S_5的少量输出。韩国学生自始至终没有输出的是S_2，说明韩国学生根本没有习得S_2。

2.师生互动的影响。教师在教学中对某一具体语言现象的集中强化输入对韩国学生的输出有一定的影响，但不会影响韩国学生整体习得顺序。其明显的表现就是韩国学生在一下的输出中几乎都含有助词"给"，因为教师的课堂输入大多含"给"且教学时还会强调这一用法。但二上之后，韩国学生又会回到不含助词"给"的用法输出。

3.偏误的动态变化。口语表达中一个很明显的偏误现象就是不完整句子的输出，这在书面表达中是比较少见的。这是由两种输出方式的特点决定的。在几种常规的偏误类型中，韩国学生很明显地表现出以误代居多，并呈倒"U"形分布，这种偏误到三下都没有消失，说明其顽固性。错序最少，且集中在二上之前，在课堂上教师只需稍加提醒韩国学生即会意识到偏误并纠正，可见错序对于韩国学生来说是可以自我修正的偏误。

4.与书面语考察结果的对比。口语输出中的介词"被"的用法不如书面语中全面[①]，尤其是S_2在口语中几乎没有出现，但书面语中是出现的，且

---

① 对比数据来源于周文华、肖奚强（2009）。

到三年级的数量还不少。分析一下可以发现，S_2是动词后含宾语的用法，句法构成较复杂。对于口语表达来说，复杂的句子是较少出现的，所以导致S_2在口语表达中几乎没有出现。在偏误表现上，遗漏在书面语中大量出现，并成为介词"被"字句数量最多的一种偏误。而口语表达中不完整表达的大量出现，与书面语的遗漏有一定近似性。

最后将韩国学生介词"被"字句不同用法的习得认知过程总结如表2-7。

表2-7　介词"被"不同用法习得认知过程汇总表

项目	习得状况	习得认知过程描述
S_1	一下习得	一上的课堂上初现，但偏误率极高，正确用例仅2例，口语考试中没有出现用例；一下口语考试中超过初现率标准，可认定为习得的语言项目；之后仅在课堂上保持一定量，多个阶段的口语考试中都没有出现用例，且偏误始终存在。说明韩国学生对于S_1的掌握是有限的。
S_2	未习得	直到二上的课堂上才出现1例，三年级上下两学期的口语考试中各出现1例，暂认定为未习得项目。
S_3	一上习得	一上初现并习得，口语考试输出中的表现好于课堂输出。二上仅在课堂上出现，口语考试中未出现，但偏误消失；二下达到S_3习得的最佳状态，课堂上和口语考试中均出现较多用例，且无偏误。
S_4	一上习得	一上初现并习得，但只出现在课堂上，口语考试中无用例。直到三年级的口语考试中才出现正确的S_4用例。说明S_4进入韩国学生的自由表达是滞后于习得的。
S_5	二上习得	直到二上的课堂上才初现，并达到初现率标准，可认定为习得的语言项目。但之后仅在二下及三上的课堂上出现少量用例。口语考试中均未出现用例。可见，韩国学生对S_5的使用有限。
S_6	二上习得	一上的课堂上到一下的口语考试中初现，但均达不到初现率标准。二上的课堂上和口语考试中超过初现率标准，且无偏误，证明韩国学生已经完全习得该语言项目。到三年级使用频率下降，但无偏误，说明韩国学生对S_6的掌握较稳定。

二、介词"被"的教学建议

1.教学中应遵循韩国学生的自然习得顺序，顺势而为才能取得事半功倍的效果。因此，在教学中应以韩国学生自然习得语言项目的顺序为基本教学内容。从习得认知过程的考察结果来看，韩国学生对于介词"被"字句S_3、S_4和S_1的用法最先掌握，S_6和S_5位于其后，S_2几乎没有出现。但从认知的角度看，S_2并不是非常难以理解和接受的用法。在教学内容的安排上应突出S_3、S_4和S_1的用法，对于S_6和S_5以及S_2可以适当介绍。

2.在教学中对于一些不太常用的用法，比如加助词"给"的"被"字句用法可以不在教学中强调。让学生在交际过程中自然习得也不失为一种有效的方法。同时可以减轻韩国学生在习得过程中的压力。

3.根据介词"被"字句的动态偏误分析，介词"被"字句的表意和句法构成是贯穿教学始终的重点。因为韩语中没有与介词"被"完全对应的格助词，且韩语的被动表达与汉语在形式上不同。所以，介词"被"字句构成的各个方面都是教学中需要注意的。尤其是在初学阶段，帮助韩国学生掌握介词"被"字句构成的规则很重要，这样可以减少他们输出中的偏误。对于介词"被"与介词"把"等词的区别教学也应贯穿始终，以改善韩国学生的误代偏误。

第三章　介词"比"的习得认知过程研究①

第一节　介词"比"与韩语相应成分对比分析

一、介词"比"的使用规则

介词"比"是现代汉语中介引"差比"对象的重要手段，它可构成特殊的句式"比"字句。学界对"比"字句有很多的研究，其中研究最多的就是"比"字句的构成规律及语义特征，如任海波（1987），殷志平（1987），许国萍（1996），赵金铭（2002），邵敬敏、刘焱（2002），张勤（2012），李劲荣、杨歆桐（2015）等。另外，陈珺、周小兵（2005），王茂林（2005）和郑巧斐（2008）等还分别对"比"字句的下位分类进行过探讨，并在此基础上进行了"比"字句的习得顺序和偏误研究。

学者们对"比"字句的构成有不同角度的分析。综合学者们的研究，就句法成分而言，"比"字句在使用中除了介词"比"以外，还要涉及三个部分：比较对象，比较基准和比较的结果，整个句式可以码化为A（比较对象）+比+B（比较基准）+C（比较结果）。理论上，任何事物都可作为比较对象，与其相对等的事物就可作为比较基准，只是各国语言在词语的选择上有差异。

汉语介词"比"字句在具体使用时，对A和B两项的构成有语言形式上的要求，周文华（2011b）通过考察得出B项的构成可以是有生名词②或

---

① 本章的主体内容以《基于口语语料的韩国学生"比"字句习得认知过程考察》为题发表于《汉语学习》2018年第3期。

② 关于"生命度"请看看王珏（2004）。

代词，还可以是无生名词或代词，"的"字结构，甚至是动词性成分或小句，如：

（1）这个苹果比那个苹果大。

（2）我比你高。

（3）说的比做的漂亮。

（4）吸烟比喝酒更伤害身体。

（5）他学习比弟弟学习努力。

A与B两项构成的关键是两者的对等性，即，A和B两项所表示的事物在事理上必须是对等的。殷志平（1987）指出若比较项是短语，所包含的成分数可以是相等的，也可以是某一项省略其中一个或几个成分。但若是省略以后，A和B部分在事理上不对等，则不能同现，如：

（6）*他的狗比我大。

（7）*他比我的狗大。

"他的狗"与"我"，以及"他"与"我的狗"不是对等的比较对象，所以其比较是不成立的，要改成"他的狗比我的（狗）大"。另外，通过语料考察证实人类在语言的使用上具有一致的认知习惯，即，对于先出现的事物要以完整形式呈现，后出现的事物可用代词或简略形式。因此，"他的狗比我的大"是对的，而"他的比我的狗大"是不对的。

此外，A和B两项还可用统一的"一×"形式，如：

（8）天气一天比一天冷了。

（9）他的朋友一个比一个聪明。

其构成规则是：①主语一定要放在"一×比一×"等的前边，"一×"实为主语所表达相关事物的数量。②它们没有否定式。

因此，在使用"比"字句时，只要事理上是对等的，有时比较的内容在句中并不直接出现，如例（2）在语境的支持下听话人并不会产生误解，因为语句中的"高"就预示着比较的内容是"身高"。所以，在不产生歧义的情况下，比较内容往往可以省略，尤其是涉及一些动作时，比如例（5）可改为"他比弟弟学习努力"或"他学习比弟弟努力"。若改成"他比弟弟努力"，虽能成立，但需要语境来理解到底比较的是"学习""工作"还是其他方面。

作为比较结果的C项是"比"字句使用中最重要、最复杂的部分。学界讨论得也最多，比如任海波（1987）就把结论项（C项）分为AP、VP、AV、NP四大类型。C项的不同类型也是大部分"比"字句下位类的分类标准。比如陈珺、周小兵（2005），王茂林（2005）等都按C项的构成规则把"比"字句划分出多种下位类：

句式1：A比B+形容词

句式2：A比B+形容词+精确数量补语

句式3：A比B+形容词+模糊度量补语

句式4：A比B+动词（心理、能愿）+宾语

句式5：A比B+动词+程度补语

句式6：A比B+动宾+动+程度补语

句式7：A比B+提高类动词+数量宾语（王文把此类像句式2、3那样分成精确数量宾语和模糊数量宾语两种句式）

句式8：A比B+"多、少、早、晚"+动词+数量补语

句式9：A比B+更（还、再）+形容词/动词短语（王文认为若此类句式中包括动词短语会与句式4、5、6有交叉。因此王文的此类句式仅包括形容词）

句式10：A比B还B（王文中没有此类句式）

总结一下，从词性上看，多数是形容词或心理动词才能出现在C项[①]，且它们在具体的语言形式上有较多的限制：①C项可由基点和程度（包括数量）构成；②也可单由基点构成；③最重要的是C项不能出现绝对程度副词加形容词的形式，相对程度副词中也只有"还、更、越发"等可用于"比"字句；④可以出现形容词加程度补语的形式，因为程度补语相当于对比较结果的一个程度说明，无论从形式上还是认知上都符合要求。

从文献来看，学者们对"比"字句下位句式的划分存在不一致意见。从教学实际来看，在教学时可能也无法把介词"比"的句式分得如此之细，对于一些具有较大相关性的下位句式完全可以归并，比如任海

[①]　至于具体哪些形容词和心理动词能进入"比"字句，请参看邵敬敏、刘焱（2002）的分析。

波（1987）的四类分法。不过从语料考察来看，无论是教师输入还是学生输出，结论项为NP的"比"字句都非常罕见，而含"更、还"的"比"字句具有与其他句式不同的特征。因此，本书讨论的"比"字句分为以下四类。

1.C_1：A比B+形容词+（数量、程度等补语），根据形容词后是否有补语以及补语的类别共有三种情况，由简到繁依次为：

（10）南方比北方热。（光杆形容词）

（11）他比我高2厘米。（加数量补语）

（12）那件衣服比这件贵多了。（加程度补语）

其使用规则要注意的是：①数量词一定要放在形容词后，不可前置；②其否定式为"A不比/没有/不如B+形容词"[①]，后边一般不可再加数量补语；③形容词前一定不能有绝对程度副词"很、最、非常"等，而要把这些程度副词转化成补语。

2. C_2：A比B+"早、晚、多、少"+ 动词+（数量补语）+（宾），也有三种情况，由简到繁依次为：

（13）他比我晚到。（"早、晚、多、少"+光杆动词）

（14）他比我早走（了）十分钟。（"早、晚、多、少"+动词+数量补语）

（15）他比我少学（了）一个月汉语。（"早、晚、多、少"+动词+数量补语+宾语）

其使用规则要注意的是：①"早、晚、多、少"等一定要放在动词前，不能放在"比"前；②表示动作发生的语气助词"了"不是必有成分，但若出现一定要放在"走、学"等动词后边；③其否定式是"A不比/没有/不如B+早/晚/多/少+动"，且动词后不可加"了"和"数量补语"。

3. C_3：A比B+动词+"得+形"+（程度补语），有两种情况，由简到繁依次为：

（16）他比我跑得快。

---

① 不比与没有/不如表意上是有差别的，学界的讨论很多，具体请看看张勤（2012）。

（17）他汉字比我写得好多了。

其使用规则要注意的是：①形容词补语后边可加"得多""一点儿""一些""多了"等，但不能加"极了""死了"等表示极限程度的词，形容词前也不能加绝对程度副词"很""最""非常"等；②形容词补语后边不能再加表示具体数量的短语，如"十分钟、一小时"等；③否定式为"A不比/没有/不如B+动+得+形"，且形容词后不能再加任何补充成分。

4. C_4：A比B+"更、还"+形容词，是一种预设比较句，如：

（18）这个教室比那个更大。

（19）今天比昨天还冷。

（20）他比我跑得更/还快。

其使用规则要注意的是：①这个句式表示"B已经是比较（很）……，A更……"的预设义，②形容词后不能再加数量或其他表示程度的补语，③它的否定式为"A并不比B+'更、还'+形容词"。

$C_1 \sim C_3$中的下位形式在构成规则上具有相似性，虽然形式各不相同，但都是在同一个基本格式上扩展而来的，在教学上也具有统一性，并没有拆开单独教学的必须。因此，本书倾向于把它们放在一起讨论。

二、介词"比"与韩语格助词的对比分析[①]

介词"比"在韩语中有多种对应形式。本章对60万字的汉韩平行对比语料进行检索，以介词"比"为检索条件，共找到含介词"比"的句子250例。分析这250例中"比"与韩语的格助词的对应情况，发现介词"比"与韩语中7类16个格助词（包括不同语境情况下的变体形式）有对应，详细对应情况请看表3-1。

---

① 如第一章所述，鉴于韩语格助词与汉语介词对应的复杂性，本章的对比研究只进行从汉语到韩语的单向对比研究。

表3-1 介词"比"与韩语格助词对应表

韩语格助词形式	类型	数量
–보다	1	196
–보다는	1	8
–보다도	1	7
–와는/과는	1	2
–에 비해	2	19
–에 비하면	2	1
–에 비해서	2	1
–과 비교해	2	1
–만큼	3	6
–만한	3	1
–할 정도로	3	1
–이상가는	4	1
–이상으로	4	2
–이전과는	5	1
–대비	6	2
–에	7	1
合计		250

注：类型指韩语的助词各种变体形式的集合，各类型中第一个原型，其他为相应的变体形式。

从表3-1汉韩平行对比语料的对比考察可以看出，在16个韩语格助词的形式中，除了"-보다、-보다는、-보다도、-에 비해"和"-만큼"以外，另外11个的使用数量都非常少。在60万字的语料中只出现1、2例的对应情况，说明在实际使用中，这种对应几乎是可以忽略不计的，多是在一定语境中出现的特殊情况[①]。这说明韩语格助词在使用中是相对自由的，韩语更注重的是语义表达，而不是格式的选择。因此也导致汉韩对应关系比较复杂。若单从词的对比等级序列来看，从韩语格助词到汉语介词"比"是"合并"等级（Prator，1967），其难度等级是比较低的。若以此难度等级序列来推测韩国学生学习汉语介词"比"是相对比较容易的。但是韩语格

---

① 这种对应数量非常少的情况，在下文的讨论中暂时略去，以利于找出汉韩对比的主体规律。

助词与介词"比"完全对应的情况也非常少，Prator的对比难度等级并没有覆盖这种情况。本章觉得汉韩的这种不对应不至于造成韩国学生学习中的困扰。首先每种语言都有自己的规律，任何一个学习者的学习都不是一味地与自己的母语对应。简单的母语翻译一般只出现在初级阶段或部分有较强对应规律的语言项目。单就"比"这个介词来说，韩语中表示"比"的方法有很多，有用"보다"表示的，有用"보다"的变形来表示的，还有很多其他的表达方法。相较于汉语里一个"比"字，肯定是汉语的表达法更清晰易学。

下面分别分析一下介词"比"与不同韩语格助词的对应规律。

1. "-보다"多用于不同对象之间的比较，对于比较对象和比较基准之间的形式没有太多要求，跟汉语的要求一致，例如：

（21）秋天的租金【比】春天高。

가을 전세금은 봄【보다】높다.

秋天　租金 春天　比　　高

（22）在商业的世界，有很多【比】"兄长"强的"弟弟"。

비즈니스 세계에서는 형【보다】나은 아우도 많다.

商业的　　　世界在 兄长比　　强　　弟弟　多

（23）朝鲜半岛气温也会【比】现在提高5.7度。

한반도　　 기온도 현재【보다】5.7도나 오를　 것으로 예상됐다.

朝鲜半岛 气温也　现在　比　　5.7度　　　 提高　　　会

（24）这个方法的效果【比】想象的更好。

이 방법은 생각【보다】효과가 더 좋다.

这个 方法　想象比　　效果　更　好

（25）腰围【比】臀围还要长。

허리둘레가 엉덩이둘레【보다】길다.

腰围　　　臀围　　　 比　　长

"보다"与介词"比"不对应的情况大多是用于"而不是……，不是……而是，与其……"等句子中，它们都暗含比较和选择的关系，如：

（26）重要的是成长的质量，【而不是】大小。

중요한 건 성장의   양【보다】질이다.

重要的   成长的   大小而不是   质量

（27）【与其】快速奔跑，相安无事地跑完全程更加重要。

빨리 달리는 것【보다】무사히   완주하는 게   중요하다는거죠.

快速   奔跑   与其   相安无事   跑完全程   更加重要

另外，"보다+는=보다는" / "보다+도=보다도"不太常用，其转换规律是："보다는"可以换成"보다"，如：

（28）党【比】个人优先。

개인【보다는】당이 우선이다.

个人   比   党   优先

例（28）可以换成例（28′），

（28′）개인【보다】당이 우선이다.

　　个人　　比　　　党　优先

但"보다"换成"보다는"时，有的时候不成立。因为"는"是表示强调的词缀，"보다는"比"보다"的程度要更加强烈，它含有一点"至少""干脆""更"的意思。"보다"一般是单纯比较的时候用。另外"보다는"还包含了一点否定的意思。拿例（29）来说，表达的是有很多能使百姓幸福的方法，但是没有比这种方法更好的。而（29′）带有一点否定其他使百姓幸福方法的意思。也就是说，至少和其他的那些方法相比，还是这种方法更好。但确实是比较细微的语感上的差别。所以在一般的情况下这两种用法都是可以互换的。有一种情况下不能用"보다는"。例如：费用보다 더 중요한 것（比价钱更重要的），这一类的句子"보다——（으）ㄴ/는"修饰名词的时候不能替换。

（29）如果想让百姓幸福，没有【比】这更好的方法了。

국민행복을 위해 이【보다】좋은 방법은 없다.

百姓幸福   为了   这比   好   方法   没有

例（29）换成例（29′）的接受度不强：

（29′）? 국민행복을 위해 이【보다는】좋은 방법은 없다.

　　　百姓幸福 为了 这比   好 方法 没有

如上所述，"보다도"可以换"보다"，"보다"也可以换"보다
도"，只是"보다도"比"보다"程度要强一些，如：

（30）要【比】任何人都慎重发言。

누구【보다도】 신중하게 발언해야 　한다.

任何人　比　　　慎重的　　　发言　要

（31）这个方法的效果【比】想象的更好。

이　 방법이 생각【보다】 효과가 좋다.

这个 方法　想象的比　 　效果　好

2.与"比"对应数量较多的另一个韩语形式是"에 비해"，如：

（32）低收入家庭的负债也【比】去年有所增加。

소득이 낮은 가구들은 부채도 1년 전【에 비해】 증가했다.

收入　低　家庭的　负债也　去年　　比　　　增加

（33）这次【比】其他事件解决得更快。

다른 사건【에 비해】 훨씬 빨리 마무리된 셈이다.

其他　事件 比　　 更　　快　　解决　　一样

同时，"에 비해"还大量地与"比起、相比、低于、落后于"等比较
形式相对应，如：

（34）考生人数【相比】去年有大幅上涨。

응시율이　 예년【에 비해】 많이 올랐다.

考生人数　去年　　相比　　大幅　上涨

（35）欧洲的干部职位女性比例也远【低于】美国。

간부직 여성의　 비중도 미국【에 비해】　유럽이　 적다.

干部职位女性　比例也　美国　低于　　　欧洲的　远

（36）但是撰写过程的完成度好像【落后于】其他教科书。

집필 과정의 완성도가 다른 교과서【에 비해】떨어져 보인다.

但是　撰写　过程的　完成度 其他教科书　　落后于 好像

3."만큼"与"比"对应的情况也不少，如：

（37）没有【比】吃饭的问题【更】迫切的人道主义问题。

먹는　 문제【만큼】 절박한 인도적 문제는 없다.

吃饭的 问题 比　　迫切的 人道主义 问题　没有

（38）对于解决南北关系的僵局，没有【比】首脑会谈【更】具有效果的措施。

경색된 남북 관계를 푸는데　정상회담【만큼】효과가　　더 큰건 없다.

僵局　南北 关系的 解决对于 首脑会谈　比　具有效果的更 措施 没有

用"만큼"的时候后面应该加"更"，多用于否定句。另外，还有"이상으로"也会与"比"对应，如：

（39）从此可以知道朝鲜的情况【比】我们预期的【更】糟。

북의　형편이　우리가 생각하는【이상으로】악화해있음을 알 수 있다.

从此 朝鲜的情况 我们　预期的　　比更　　糟　　可以知道

可以看出，韩语更注重表意，只要是比较范畴即可，对于比较形式的选择并不太在意；而汉语在形式方面则比较重视。两种语言同是表达比较范畴，但使用的形式并不太一致。

单从词的角度对比，只是简单的、表面的形式化对比，涉及特殊句式时，其句式构成规则的对应情况才是对比的重点。

在"比"字句中A、B两项与韩语的对比情况不太复杂，汉语中名词、代词、数量词、动词、形容词及其短语都可充当A、B项，但在韩语中如果动词和形容词要在比较句中充当比较项，一定要附加依存名词"것"才能充当[1]，如：

（40）现实远【比】他们所想的悲观。

현실은 그들이 생각하는것【보다】비관적이다.

现实　他们　　所想的　　比　　　悲观

句子的动词"想"的原型是"생각하다"，如果直接用原型动词的话，句子不成立。如把例（41）改成以下形式是不对的：

（40′）*현실은 그들이 생각하다 보다 비관적이다.

对于汉语中比较特殊的"一×比一×"格式，在韩语中没有完全对应的格式。遇到这样的表达，在韩语中都是以其他格式表达的，如：

---

① 依存名词指必须依存于其他词语使用的不完全名词，是韩语语法中的一个概念。

（41）中国在东北亚地区的责任一天比一天艰巨。

동북아시아 지역에서 중국의 책임은【갈수록】막중해지다.

在东北亚　地区　　中国的　责任　　越来越　艰巨

韩语"갈수록"跟"越来越"有对应关系，所以汉语可以翻译成越来越。如果韩语一定要翻译成"一天比一天"的对应形式，句子是不成立的：

（41'）*동북아시아 지역에서 중국의 책임은　하루하루보다 막중하다

"比"字句中最重要的是C项的限制规则。这是"比"字句重要的对比内容。以上文所述的四类来看汉韩的对应情况：

1.A比B+形容词+（数量、程度等补语）在韩语中的对应情况，如：

（10'）南方比北方热。（光杆形容词）

남방은 북방【보다】덥다.

南方　北方　比　　热

（11'）他比我高2厘米。（加数量补语）

그는 나【보다】2센치 크다.

他　我　　比　2厘米　高

（12'）那件衣服比这件贵多了。（加程度补语）

저　옷이 이웃【보다】많이 비싸다.

那件衣服 这件　　比　　多　　贵

当C项为形容词时，汉语和韩语很大的不同存在于当形容词需要加数量和程度时，汉语采用的是补语的形式，而韩语采用的是数量和程度成分置于形容词之前的形式。

2.A比B+"早、晚、多、少"+动词+（数量补语）+（宾）在韩语中的对应情况，如：

（13'）他比我晚到。（"早、晚、多、少"+光杆动词）

그는 나【보다】늦게 도착했다.

他　我　比　晚　到

（14'）他比我早走十分钟。（"早、晚、多、少"+动词+数量补语）

그는 나【보다】10분이나 일찍 떠났다.

他　我　比　　十分钟　　早　走

（15′）他比我少学了一个月汉语。（"早、晚、多、少"+动词+数量补语+宾语）

그는 나【보다】중국어를 한달정도 늦게 시작했다.

他　我　比　　汉语　　一个月　少　学了

C项为"早、晚、多、少"+动词时，汉韩语的语序是一致的。但若其后加数量补语时，汉韩语序会出现差异：汉语的数量补语是后置的，而韩语的数量补语是前置的。

3.A比B+动词+"得+形"+（程度补语）在韩语中的对应情况，如：

（16′）他比我跑得快。

그는 나【보다】빨리 뛴다.

他　我　比　　快　　跑

（17′）他汉字比我写得好多了。

그는 나【보다】한자를 훨씬 잘 쓴다.

他　我　　比　　汉字　多　好　写

当C项为动词加"得"字补语时，韩语仍采用形容词置于动词之前的语序，但其表达中并没有"得"的对应形式，而是直接用形容词。

4.A比B+"更、还、再"+形容词在韩语中的对应情况，如：

（18′）这个教室比那个更大。

이　교실은 저　교실【보다】더 크다.

这个教室　那个　教室　比　　更　大

（19′）今天比昨天还冷。

오늘은 어제【보다】더 춥다.

今天　　昨天　比　　还　冷

（20′）他比我跑得更快。

그는 나【보다】더 빨리 뛴다.

他　我　　比　更　快　跑

"更、还"在韩语中都与"더"相对，是程度副词。与汉语一样都是置于其修饰的形容词前。在韩语中，"더"可以与具体的数量词共现，但汉语中"更"与数量词是不能共现的，如：

（42）나는 그보다　5센치 더 크다
　　　我　她比　5厘米更　高

至此可以总结出汉韩语在介词"比"使用时的最大差异，即，在韩语中所有表比较结果和程度的成分在比较句中都是可以置于形容词之前的，上文已有很多用例，不再赘举。甚至是所有的程度副词都可以置于形容词之前，如韩语中可以说：

（43）이 옷이　　저 옷 【보다】　훨씬 비싸다
　　　这件衣服　那件衣服　比　非常　贵

但汉语中"这件衣服比那件衣服非常贵"是错误的，汉语需要用程度补语来表达这种程度。

三、汉韩对比规律小结

1.汉语介词"比"与韩语多个格助词对应，从韩语到汉语是合并性的对应。因此，汉语介词"比"对于韩国学生来说认知难度不高。

2.但汉韩对应都是不完全对应，汉语介词"比"的使用规则在韩语中大部分都没有体现，其细节部分对于韩国学生来说有一定难度。

3.在语序方面，汉语介词"比"的位置没有特殊之处。但介词"比"字句中出现程度修饰语时的语序与韩语不一致。韩语是直接把程度修饰语以副词的形式加在形容词前，而汉语除了"更""还"等，大多是以补语的形式出现在形容词之后。

4.韩语不允许没有经过体词化的谓词性成分进入A、B两项，而汉语中的A、B两项可由谓词性成分充当。但如果体词化的谓词性结构是"NP+V"，那么在韩语中可以省去进入B项中的"V"，而汉语则不行，例如：

a.고기（를 먹는 것）보다 야채를 먹는것이 좋다.

b.肉　（吃）　　　比 蔬菜　吃　　好。

c.*多吃蔬菜比肉好。

这是受韩语的句法规则影响的：韩语中的述语位于句尾，句中其他成分都靠词尾与述语保持句法关系，所以若出现两个述语则可以省略前面那一个。可是汉语没有这样的句法规则，述语是必要成分，一般不能省略。

另外，A、B两项在汉语中的顺序是固定的，若A、B两项的顺序调整，其语义也跟着变化。而韩语中的A、B项前后顺序可以自由调整，对语义没有什么影响，因为A、B项后不同的格助词表明了它们在句中的语义关系。

第二节　介词"比"的习得认知过程考察

一、课堂输入与输出情况的总体对比

本章依据历时两年半的一年级上下学期（下文简称一上和一下），二年级上下学期（下文简称二上和二下）和三年级上下学期（下文简称三上和三下）汉语听说课及口语考试录像转写而成的课堂/考试口语语料库[①]来考察的教师课堂话语、韩国学生课堂话语及口语考试中介词"比"的使用情况，具体数据请看表3-2。

从表3-2可以得出，口语语料库中韩国学生介词"比"的使用频率是4.97/10000（（3.971+5.960）/2=4.97）；周文华（2011b）考察中介语书面语料得出不分国别外国学生的使用频率为6.587/10000。教师课堂话语中介词"比"的输入频率是3.05/10000；而周文华（2011b）考察书面语料得出汉语母语者介词"比"的使用频率是3.633/10000，汉语教材中的使用频率是4.113/10000。从使用频率的对比来看，韩国学生口语表达中的介词"比"字句的使用频率要高于汉语母语者的使用频率和教学输入频率。不过韩国学生的口语输出频率要低于不分国别学生的书面语输出频率。

---

① 本语料库包含3个子库，分别是教师课堂话语语料库（共3 425 314字），韩国学生课堂话语语料库（共274 489字）和韩国学生口语考试语料库（共276 827字），各学习阶段的字数分布请参看绪论部分。

表3-2 不同阶段介词 "比" 输入、输出情况汇总表

学习阶段	教师课堂话语		韩国学生课堂话语		韩国学生口语考试	
	用例数	频率	用例数	频率	用例数	频率
一上	189	3.600	7	2.727	25	8.317
一下	272	3.261	24	4.274	59	8.957
二上	299	3.673	28	5.025	10	2.222
二下	131	1.871	26	4.671	13	2.975
三上	77	2.484	7	1.699	24	5.883
三下	76	3.167	17	4.240	34	6.617
合计	1044	3.050	109	3.971	165	5.960

注：表中频率均为万分位的。

把表3-2的数据录入SPSS22.0进行多因素方差分析，在类别变量的差异性上统计得出$F=3.637$，$P=0.065>0.05$；在学习阶段变量的差异性上统计得出$F=0.762$，$P=0.597>0.05$。说明在类别和学习阶段上的差异性都是不显著的，也即教师课堂输入频率与韩国学生课堂及口语考试输出频率之间不存在显著差异；同时，这些频率在不同学习阶段上也不存在显著差异。

继而进行的事后分析发现，教师课堂输入频率与韩国学生课堂输出频率的差异显著性$P=0.496>0.05$，韩国学生课堂输出频率与韩国学生口语考试输出频率之间的$P=0.086>0.05$，说明它们两两之间也不存在显著差异。而教师课堂输入频率与口语考试输出频率的差异显著性$P=0.026<0.05$，说明两者之间存在显著差异。

把表3-2中的使用频率数据转化成图3-1，可以很清楚地看到输入与输出频率的对比情况。

从表3-2的综合数据与周文华（2011b）考察结果的对比来看，口语中介词 "比" 的使用频率要明显低于书面语中的使用频率，不仅教师课堂话语中 "比" 的使用频率要低于汉语母语者和教材的使用频率，而且韩国学生在口语表达（课堂及口语考试）中介词 "比" 的使用频率也要低于外国学生书面表达中的使用频率。这说明口语与书面语在介词 "比" 使用量上是有差别的，这可能受口语表达中多是短句、流水句的影响，对于一些该用介词 "比" 表达比较的地方改用其他句子代替。比如韩国学生想表达

"他的汉语水平比我高"时，口语中常会说成"他的汉语水平很高，我的不太高"。而在书面表达时，韩国学生往往就会选择"比"字句，以利于整个语篇结构的连贯性和紧凑性。

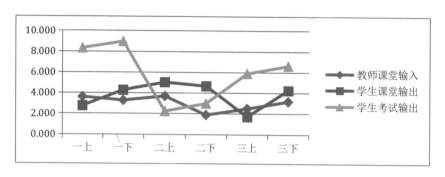

图3-1 介词"比"不同阶段输入、输出频率变化趋势图

从分阶段的使用频率来看，教师的口语输入相对均衡，只有二下和三上阶段使用量较低。而韩国学生无论是在课堂上，还是在口语考试中使用频率的阶段变化都比较明显。韩国学生课堂上的输出频率在一上较低，但从一下开始输出频率就快速增加，且一直比较稳定，只在三上时输出频率较低。除了个别阶段，如一上和三上的课堂上韩国学生的输出频率低于教师的输入频率以外，其他阶段韩国学生的输出频率都高于教师的输入频率。口语考试中的输出频率在一年级的两个学期都比较高，二年级时频率有所降低，三年级时又大幅提高，呈"U"形分布（Kellerman，1983），这在语言项目的习得过程中是很常见的。这表明韩国学生对介词"比"的掌握和使用存在一定的波动性，存在一个反复的习得认知过程，对于介词"比"的习得不是一蹴而就的。

韩国学生的输出频率较高，但他们在输出过程中的正确率如何呢？在二语习得研究中，正确率是考查学生输出效果的重要标准。因此，有必要考察一下韩国学生在口语表达时正确率的变化情况，请看韩国学生各学习阶段的输出数量及正确率变化情况表。

表3-3 不同阶段介词"比"输出正确率汇总表

学习阶段	韩国学生课堂输出				韩国学生口语考试输出			
	输出总量	正确用例	偏误用例	正确率	输出总量	正确用例	偏误用例	正确率
一上	7	4	3	0.571	25	16	9	0.640
一下	24	20	4	0.833	59	45	14	0.763
二上	28	19	9	0.679	10	7	3	0.700
二下	26	20	6	0.769	13	10	3	0.769
三上	7	5	2	0.714	24	15	9	0.625
三下	17	14	3	0.824	34	25	9	0.735
合计	109	82	27	0.752	165	118	47	0.715

注：正确率=正确用数/输出总量，正确率为百分位。

把表3-3的正确率转化成图3-2，可以很清楚地看到不学习阶段韩国学生输出正确率的变化趋势。

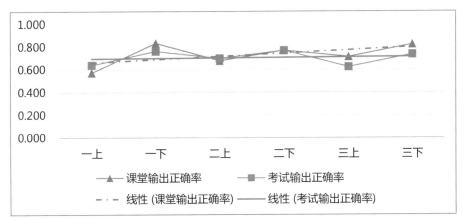

图3-2 介词"比"不同阶段正确率变化趋势图

从表3-3正确率的合计情况来看，韩国学生介词"比"的掌握情况并不算太好，课堂口语和口语考试的正确率才0.752和0.715。这说明韩国学生在使用中有较多的偏误。尤其是口语考试中的正确率不及课堂话语的正确率，虽然差别并不太大。这与考察的大部分介词的习得情况一致。另一方面，从使用频率的对比可知，韩国学生口语考试中的使用频率远高于课堂话语中的使用频率，这或许可从侧面说明韩国学生在课堂话语表达中会选择更有把握的介词"比"字句[①]。

从上文的分析可知，介词"比"在使用中主要涉及A、B两项的对称选择，C项的构成条件以及其否定形式的使用等问题。无论是哪种语言都会涉及这三项，这是人类认知所共有的，唯一的差异是不同语言的语序和表达方式可能不同。赵金铭（2006）就指出韩国学生母语"比"字句的顺序是"主体+基准+标记+结果"，而汉语的顺序是"主体+标记+基准+结果"，两者有明显的差异。不知这种明显的语序差异是否会对韩国学生的习得造成影响，有待下文考察。

就A、B、C三项的构成来讲，汉语中的A、B项可以是任何成分，从词语到短语甚至句子都可以。唯一要注意的是A项的省略限制要多于B项。所以相对来说，A项的难度高于B项。从汉韩对比来看，A、B两项的构成规律与汉语差别不大，其省略的规律也是B项的省略多，这符合人类普遍认知规律。即，先出现的是完整形式，后出现的成分可以根据语义表达进行省略。从韩国学生的语料考察来看，韩国学生在A、B项的使用方面几乎没有问题，只是韩国学生在使用中多使用简单形式，这符合一般语言学习者简化的认知学习策略。因此，A、B项的使用问题不是本章讨论的主线。另外，"比"字句的否定形式比较特殊，较多涉及语义否定，而且韩国学生的语料中"不比"没有出现足够的数量可以讨论（所考察的语料中只出现了3例），所以否定形式也暂不作为本章考察的内容。C项有不同的语言表现形式，规则复杂，是"比"字句习得的难点。从C项构成的角度，可以把"比"字句分为4种下位句式：C_1：A比B +形容词+（数量、程度等补语），C_2：A比B +"早、晚、多、少"+ 动词+ 数量补语+（宾），C_3：A比B + 动词+"得+（形）"，C_4：A比B+"更、还"+形容词。本章要考察韩国学生对C项不同结构形式的吸收和输出情况是否存在一定的次序，以及C项的偏误点集中于何处。

---

① Schachter（1974）的研究表明，学生会在使用的过程中选择自己熟悉的语言项目使用，对不熟悉的会采取回避的策略。

二、分阶段的输入、输出及互动情况考察

本节就从C项不同构成方式的维度，详细考察不同阶段课堂教学中韩国学生介词 "比" 的输入与输出情况。揭示韩国学生介词 "比" 的习得认知过程。

（一）一年级

首先看一下一年级上下学期介词 "比" 字句C项不同格式在课堂和口语考试中的输入与输出情况汇总表3-4。

表3-4 一年级介词 "比" 不同用法输入、输出情况汇总表

阶段	用法类别	教师课堂输入		韩国学生课堂输出					韩国学生口语考试输出				
		输入数量	输入频率	正例	误例	合计	正确率	输出频率	正例	误例	合计	正确率	输出频率
一上	C_1	157	2.990	4	2	6	0.667	2.337	15	3	18	0.833	5.988
	C_2	1	0.019										
	C_3	3	0.057	0	1	1	0.000	0.390	1	1	2	0.500	0.665
	C_4	26	0.495							1	1	0.000	0.333
	其他[①]	2	0.038							4	4	0.000	1.331
	合计	189	3.600	4	3	7	0.571	2.727	16	9	25	0.640	8.317
一下	C_1	226	2.710	20	1	21	0.952	3.740	23	6	29	0.793	4.402
	C_2	1	0.012						17	3	20	0.850	3.036
	C_3	5	0.060						1		1	1.000	0.152
	C_4	32	0.384	0	1	1	0.000	0.178	4	1	5	0.800	0.759
	其他	8	0.096		2	2	0.000	0.356		4	4	0.000	0.607
	合计	272	3.262	20	4	24	0.833	4.274	45	14	59	0.763	8.957

注：表中输入和输出频率都是万分位的，正确率是百分位的。

把表3-4中介词 "比" 字句C项不同格式的输入和输出频率转化成图3-3，可以清楚地看到一年级上下学期介词 "比" 字句C项不同格式输入和输出频率的变化趋势。

---

① 本章表3-4、3-5、3-6中的其他，对教师输入而言是指教师在教学过程中对学生偏误的纠正、相关语言点的讲解等；对韩国学生而言是指其输出中无法归入四类偏误类型的用例。

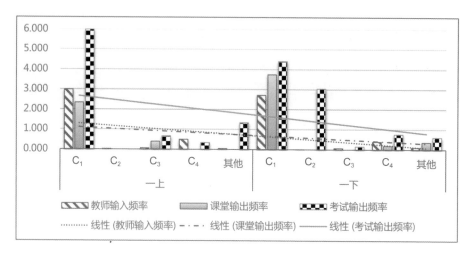

图3-3　一年级介词"比"不同用法输入、输出频率变化趋势图

可以看出，输入和输出都比较集中于C_1。在一下的口语考试中C_2的输出频率呈现异常现象，详见下文。同时，口语考试中出现的其他类最多。

将表3-4中的正确率数据转化成图3-4，可以看到一年级上下学期韩国学生介词"比"字句C项不同格式正确率的变化趋势：

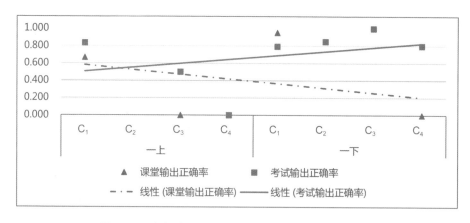

图3-4　一年级介词"比"不同用法正确率变化趋势图

结合频率和正确率数据的分布和线性趋势看，口语考试输出中的有效数据多，且呈向上提升的线性趋势；而课堂输出中的有效正确率数据少，且呈下降的线性趋势。说明韩国学生对介词"比"的习得是较缓慢的，在强制的环境下才会有限输出。

一上时，教师在课堂上的输入数量是189例，输入频率为3.6/10000，跟周文华（2011b）考察的汉语母语者使用频率差不多。从表3-4可以很清楚地看到，一上的课堂中教师在使用介词"比"时，以介词短语后加形容词为主，共出现159例（其中2例是对介词"比"用法的讲解）。教师的课堂输入中光杆形容词及加补语的用法都有，如：

（44）啊，价格【比】昨天贵。

（45）保加利亚队【比】捷克斯洛伐克队多两分。

（46）那现在应该【比】以前好多了。

对于介词"比"字短语后面出现动词的用法，教师的输入中不多，只出现了4例，如：

（47）那【比】计划提前多长时间？

（48）他喜欢早上【比】晚上吃得多。

但教师在使用介词"比"字句时有26例是加"还""更"以强调预设比较的，如：

（49）然后汉语说得非常好，【比】中国人【还】好。

（50）那你希望你的工作【比】原来【更】好吗？

从教师话语输入来看，教师对A、B两项的选择是比较随意的，没有刻意去使用简单的词语和形式。

在一上时教师的输入中经常出现用介词"比"来比较两个词用法的句子，如：

（51）"增加"和"加"的意思是差不多的，但是"增加"【比】"加"要正式。

（52）"出现"用的地方【比】"发生"的范围要大。

另外，教师也会对介词"比"的用法进行讲解和举例，如：

（53）比我们学过了，谁【比】谁怎么样。

（54）哎，不【比】什么什么怎么样，其实就是跟什么什么怎么样。

教师用于讲解和对比词语意思的以加形容词的句式居多，这种大量的呈现对于韩国学生的理解来说有一定帮助。分析韩国学生的语料发现，韩国学生在一年级上的课堂话语中只输出了7例"比"字句，其输出频率是

2.727/10000；其中正确用例4例，正确率为0.571，且都是C项为形容词的形式，光杆形容词和形容词加补语各占一半，说明两者难度相当，如：

（55）这个，【比】这个高。

（56）可能【比】南京好多了。

韩国学生在口语表达时经常是处于一定的语境中的。因此A项通常是省略的，直接以"比+B+C"的形式出现。这说明他们对于"比"字句中比较对象与比较基准的理解比较清楚，也明白A项在语境中是可以省略的。

对于C项为动词以及C项含"更""还"的用法，韩国学生在课堂上并未输出。

相对于课堂上的口语输出，韩国学生在口语考试中的输出要强一些。首先在数量上，一共输出了25例介词"比"的句子，其输出频率为8.317/10000，远高于韩国学生在课堂上的输出频率，甚至比教师的输入频率都高[①]。其中正确用例16例，正确率为0.64，也比课堂上的正确率稍高一点儿。其次从C项构成来看，15例是形容词形式，且绝大部分是简单形式，只有5例是形容词加补语的形式，如：

（57）外面【比】超市里冷多了。

（58）今天【比】昨天暖和一点。

另有1例C项为动词的正确用例，如：

（59）还有男人【比】女人赚得多。

"在接触到输入之后，学习者需要对输入进行加工，没有被加工的输入是学习过程中无意义的输入。"（戴运财、戴炜栋，2010）无论教师课堂上使用的"比"字句是有意输入还是无意输入，从韩国学生的语料来看，他们对于除了基本句式以外的"比"字句可能都是没有吸收的，其有利的证据是在一上韩国学生的课堂话语及口语考试中都没有出现教师大量输入含"更""还"的介词"比"字句。说明韩国学生在一上并没有习得含"更""还"的介词"比"字句。另外，C项为动词相关结构的"比"字句也未输出。

---

① 学生在口语考试时的输出频率高可能与口语考试的话题有关，因为在口语考试中经常会出现让学生谈论某个事物/事情，其中会大量涉及比较的内容。

到一下时，教师课堂话语中介词"比"字句出现272例，其输入频率为3.261/10000，比一上的输入频率低一点。其不同格式的占比情况与一上基本一致，也是形容词占比最高，出现226例，形容词加数量词的用例在这一阶段出现较多，如：

（60）我有两个哥哥，大哥【比】我大八岁，二哥【比】我大三岁，请问我【比】大哥小几岁？

（61）所以她又【比】我少5节课，所以我应该可以更慢一点。

含"还""更"的介词"比"字句有32例，如：

（62）我们看最后一组，看看你们能编的【比】他们【还】有意思，【更】有意思一点。

（63）因为现在有很多假的钻石，【比】真的钻石【还】要亮，好，请用真造句。

在本阶段，教师除了基本的介词"比"字句外，也使用了较多"不比"的句子，如：

（64）下面还有这个应该【不比】……差，【不比】……好。

（65）如果说两个人差不多，可以说他【不比】我好，或者说他【不比】我好。

除此之外，教师在课堂上针对韩国学生进行的纠错也明显增多，共出现8例，主要是针对韩国学生C项出现程度副词的偏误，如：

（66）我【比】你漂亮，不能说我【比】你很漂亮，我【比】你比较漂亮，这样不可以。

（67）不能够说【比】东部地区，呃，比较发达。

在一下时，韩国学生在课堂上使用介词"比"的频率大幅增加，使用数量是24例，使用频率为4.274/10000，正确率提高到0.833。这说明一下就是介词"比"使用爆发期的开始。结构上的表现是句式复杂度有了明显变化，形容词后加数量词的用例明显增多，如：

（68）香蕉【比】苹果贵一块钱。

（69）我的男朋友【比】我高十厘米。

但韩国学生的课堂输出中仍然没有出现介词"比"字短语后加动词的

用例。仅出现一例加"更"的介词"比"字句，而且是错误的。

口语考试中的输出数量为59例，输出频率为8.957/10000，正确率为0.763，都较一上有所提高，但仍比课堂话语中的正确率低。分析一下例句发现，介词"比"字句句式复杂程度较课堂输出高，C项的构成也更加复杂，出现较多"多+动词+补语"、动词+"得"字补语的用法，如：

（70）我【比】他多买了三小节。

（71）一般来说，南方的菜【比】北方的菜做得精致。

尤其需要指出的是C项为"多+动词+补语"的用法是从无到有，并且数量突增，达到了17例。这可能是受口语考试题目，比如"在外租房的优缺点"等的诱导，韩国学生大量产出这样的例句：

（72）第三，在外面租房子【比】住在学校多花几百块钱。

（73）第四，他【比】我早来上课。

这说明在口语课堂上韩国学生没有出现C_2句式的用例，并不代表韩国学生没有习得这种句式。他们完全有可能在其他汉语课，甚至是课外习得了相关的语言项目。在需要的交际环境中他们就会使用相关的语言项目。从韩国学生口语考试中的输出情况来看，C_2这种格式并不是难点，但韩国学生在使用这种格式时还会出现有规律的偏误，详见下文偏误动态分析部分。

总结一下，在一上时韩国学生对介词"比"的输出是比较少的，且正确率也比较低，习得状况不太理想。到了一下，韩国学生介词"比"的输出激增，且正确率提高，说明到了一下韩国学生介词"比"的使用开始要进入爆发期，习得状况也有所改善。

（二）二年级

首先看一下二年级上下学期介词"比"字句C项不同格式在课堂和口语考试中的输入与输出情况汇总表3-5。

表3-5 二年级介词"比"不同用法输入、输出情况汇总表

阶段	用法类别	教师课堂输入		韩国学生课堂输出					韩国学生口语考试输出				
		输入数量	输入频率	正例	误例	合计	正确率	输出频率	正例	误例	合计	正确率	输出频率
二上	C_1	233	2.861	13	1	14	0.929	2.513	5	1	6	0.833	1.333
	C_2	2	0.025										
	C_3	6	0.074	2	2	4	0.500	0.718					
	C_4	42	0.516	4	3	7	0.571	1.256	2	1	3	0.667	0.666
	其他	16	0.196		3	3	0.000	0.538		1	1	0.000	0.222
	合计	299	3.672	19	9	28	0.679	5.025	7	3	10	0.700	2.222
二下	C_1	87	1.243	12	1	13	0.923	2.336	8			0.889	2.059
	C_2												
	C_3	5	0.071	2		2	1.000	0.359					
	C_4	33	0.472	6		6	1.000	1.078	2		2	1.000	0.458
	其他	6	0.086		5	5	0.000	0.898		2	2	0.000	0.458
	合计	131	1.872	20	6	26	0.769	4.671	10	3	13	0.769	2.975

注：表中输入和输出频率都是万分位的，正确率是百分位的。

把表3-5中介词"比"字句C项不同格式的输入和输出频率转化成图3-5，可以清楚地看到二年级上下学期介词"比"字句C项不同格式输入和输出频率的变化趋势。

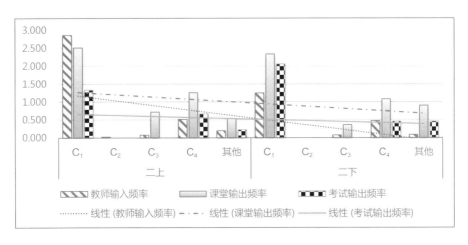

图3-5 二年级介词"比"不同用法输入、输出频率变化趋势图

可以看出，二年级韩国学生介词"比"字句的使用情况明显好于一年级，出现的用法比一年级多，且数量的差距也比一年级有所缩小。

将表3-5中的正确率数据转化成图3-6，可以看到二年级上下学期韩国

学生介词"比"字句C项不同格式正确率的变化趋势。

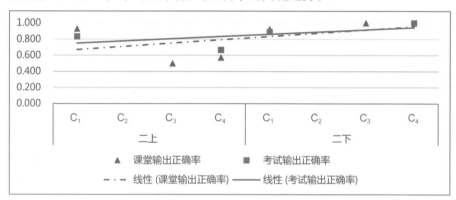

图3-6 二年级介词"比"不同用法正确率变化趋势图

从图3-6中可以看出，课堂上和口语考试中正确率的线性趋势都是呈上升趋势的。这说明韩国学生对介词"比"使用中的问题在改善。

二上时，教师课堂话语中出现的介词"比"字句有299例，频率为3.673/10000，为六个学期中的最高值。C项仍以形容词居多，C_1共出现233例；而含"更""还"的C_4出现42例，都呈增长趋势。另外，教师输入中复杂的介词"比"字句非常多，也比较少用于词语的讲解，多是对课文的讲解或交际的需要。出现了介词"比"前加副词修饰成分的情况，如：

（74）虽然坐火车是【比】坐飞机慢了点，可总【比】什么票都买不到回不去家好。

（75）你别看它是个旧的，效果还真不错，别看他个不高，干起活来可真不【比】谁差。

在这一阶段，教师在课堂上的讲解和纠错出现了16例，如：

（76）不能说【比】我大两年。

（77）不是【比】南方不一样，是跟南方不一样。

二上时，韩国学生在课堂上输出的介词"比"的数量是28例，使用频率为5.025/10000，也达到了六个学习阶段的最高值；但正确用例只有19例，正确率下降为0.679。在句法复杂度上没有较大的变化，但在介词"比"字短语后出现"得"字补语、"更"与"还"的用法上实现了零的突破，分别出现了4例和7例，如：

（78）我觉得【比】狗聪明得多，所以我就喜欢猫。

（79）如果女性更喜欢男性啊【比】男性【更】喜欢的时候，可以给他。

不过这些用例中有一半是偏误用例，说明C_3和C_4在二上开始被韩国学生使用，但并未真正习得，二上只是C_3和C_4习得的萌芽期。

二上时，口语考试中介词"比"只出现10例，使用频率仅为2.222/10000；其中正确用例7例，正确率为0.7，也比一下时有所下降，复杂度没有太大变化，仍以C_1为主，如：

（80）用信用卡去【比】自己带现金去买东西容易。

（81）在韩国有一个朋友，他【比】我大3岁，他是3年前得了癌症……

纵观课堂上的输入、输出情况，一上至二上的时间段内教师的输入比较多，这与教师需要用"比"字句来讲解一些词的意思或对比一些近义的词语意义有关；而韩国学生在课堂上并未完全吸收和接纳教师的输入，他们仍然按照内化的习得顺序去输出介词"比"字句，时进时退、由浅入深地习得和掌握介词"比"字句。

二下时，教师在课堂上使用的"比"字句为131例，输入频率为1.871/10000，是整个六个学习阶段的最低值。一个很明显的变化是C_1的出现量下降，C_4的出现量增加，但C_3也还是只有几例。在本阶段，教师的讲解还出现了6例，如：

（82）那怎么说，女生考研【比】男生的多，考研的女生【比】男生多，你这个A【比】B的必须是同一结构。

（83）我们其实学过这个句子：A【比】B强，我的汉语【比】的你强，是什么意思？

韩国学生在课堂上的输出数量是26例，输出频率为4.671/10000，比二上的输出频率略低，但仍然是高频率的输出。其中正确用例20例，正确率为0.769，比上学期提高不少。输出集中在C_1、C_4和C_3，值得一提的是C_4和C_3在此阶段没有出现错误用例。这说明韩国学生在二年级下应该已经能够掌握介词"比"字句中C_3和C_4的用法。

二下口语考试中介词"比"字句的输出数量是13例，输出频率为

2.975/10000，跟二上口语考试时输出频率差不多。其中正确用例10例，正确率为0.769。比二上也有提高，C项只出现C_1和C_4，仍以C_1为主，C_4虽只出现两例，但都是正确的。

（三）三年级

首先看一下三年级上下学期介词"比"字句C项不同格式在课堂和口语考试中的输入与输出情况汇总表3-6。

表3-6　三年级介词"比"不同用法输入、输出情况汇总表

阶段	用法类别	教师课堂输入		韩国学生课堂输出					韩国学生口语考试输出				
		输入数量	输入频率	正例	误例	合计	正确率	输出频率	正例	误例	合计	正确率	输出频率
三上	C_1	43	1.380	5	1	6	0.833	1.457	5	1	6	0.833	1.471
	C_2												
	C_3								5		5	1.000	1.226
	C_4	34	1.091						5	2	7	0.714	1.716
	其他		0.000		1	1	0.000	0.243		6	6	0.000	1.471
	合计	77	2.471	5	2	7	0.714	1.699	15	9	24	0.625	5.883
三下	C_1	44	1.828	5	2	7	0.714	1.746	12		18	0.667	3.503
	C_2												
	C_3	2	0.083										
	C_4	30	1.246	9		9	1.000	2.245	13		13	1.000	2.530
	其他				1	1	0.000	0.249		3	3	0.000	0.584
	合计	76	3.157	14	3	17	0.824	4.240	25	9	34	0.735	6.617

注：表中输入和输出频率都是万分位的，正确率是百分位的。

把表3-6中介词"比"字句C项不同格式的输入和输出频率转化成图3-7，可以清楚地看到三年级上下学期介词"比"字句C项不同格式输入和输出频率的变化趋势。

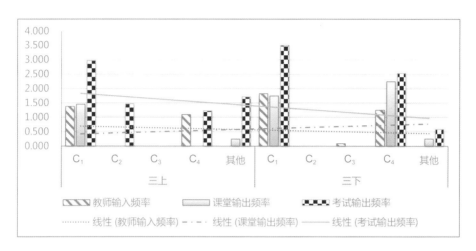

图3-7 三年级介词"比"不同用法输入、输出频率变化趋势图

将表3-6中的正确率数据转化成图3-8，可以看到三年级上下学期韩国学生介词"比"字句C项不同格式正确率的变化趋势：

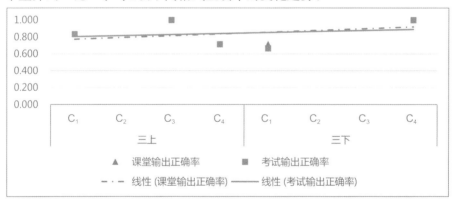

图3-8 三年级介词"比"不同用法正确率变化趋势图

在三上时，教师的输入数量是77，输入频率是2.471/10000。但仅输入了C_1和C_4两种格式，且C_1的数量继续下降，从数量上看仅比C_4多了9例。到此阶段，教师的输入中已经没有对介词"比"用法的讲解及对学生偏误的纠正了。

韩国学生的课堂输出数量为7例，输出频率仅为1.699/10000，为六个学期中的最低值。其中正确用例5例，正确率为0.714。正确率没有提高反而有点下降。这主要是因为输出数量太少，仅出现2例偏误就拉下了正确率。

此阶段韩国学生的输出全部是C_1。

口语考试中的输出数量是24例，输出频率为5.883/10000，比二年级的低输出频率有了很大的提高。但其中的正确用例只有15例，正确率为0.625，甚至比一上还低，这是比较反常的现象[①]。韩国学生的使用中C_1、C_3和C_4的数量基本一样，韩国学生对三种结构的使用出现少有的均衡现象。但C_4的偏误较多，与之前几个学期的情况不一致。这充分说明韩国学生的习得不是直线发展的，其中必然会出现反复。

三下，教师课堂输入数量为76例，输入频率为3.157/10000，接近教师课堂输入频率的平均值。跟上学期一样，C_1和C_4仍是输入的重点，C_3的输入量很小，只出现2例。这阶段也没有对"比"字句的讲解与纠错。

韩国学生课堂口语中"比"字句的输出数量是17例，输出频率提高至4.24/10000，高于平均值。其中正确用例14例，正确率提高至0.824，说明韩国学生到此阶段"比"字句的使用状况有明显提高。C_1和C_4是韩国学生输出的重点，且C_4的数量开始多于C_1的数量，且C_4没有出现偏误用例。

口语考试中的输出数量是34例，输出频率是6.617/10000，高于平均值。其中正确用例25例，正确率为0.735，高于平均值。可见，C_1和C_4同样是韩国学生输出的重点。偏误仍集中于C_1，C_4没有出现偏误。

从上文分析可以看到介词"比"字句C项不同格式的输入与输出情况，从总体看，教师的输入和韩国学生的输出大多集中在C_1和C_4，C_3的出现频率较低，而C_2则只是偶有出现。相对来说，教师的输入是比较稳定的：在二上之前，以C_1的输入为主，C_4的输入逐渐增多；二下以后，C_1的输入减少，C_4的输入占比加大。韩国学生的输出则不太稳定，但也呈现出一定的规律：C_1的输出占绝对优势，且具有持续性，而另外三种格式的输出都不具有持续增长性，频率忽高忽低；从总体看，一上的输出频率较低，一下开始进入输出频率的高涨期，并一直持续到二下。教师在教学中对韩国学生介词"比"使用的讲解和纠错集中于一上至二下四个学期，三年级两个学期都没有。讲解和纠错数量的变化是一上的数量较少，一下到二下的数量大

[①] 考察学生的语料发现，偏误用例中的大部分（6例）都与C项的使用无关，基本都是"比"与"跟"等词的误代。

增，且都集中在C_1上，这与韩国学生的总体偏误情况是一致的。

第三节 介词"比"的动态偏误考察

韩国学生在习得的过程中，偏误是不可避免的，但不同语言项目的偏误规律不同。揭示这些不同语言项目的偏误规律对于认清韩国学生的习得认知过程非常重要。下面考察韩国学生介词"比"使用时的不同类型偏误汇总及阶段变化的情况，请看表3-7。

表3-7 介词"比"不同阶段偏误类型汇总表

阶段	输出环境	误代	误加	遗漏	错序	其他	合计
一上	课堂	3					3
	口语考试	3			2	4	9
一下	课堂	1				2	3
	口语考试	7	1		1	4	13
二上	课堂	6	3			3	12
	口语考试					1	1
二下	课堂	1				5	6
	口语考试	1				2	3
三上	课堂	1				1	2
	口语考试	5		2		6	13
三下	课堂	1				1	2
	口语考试	9				3	12
总计		38	4	2	3	32	79

可以看出，韩国学生介词"比"的偏误类型呈现很明显的趋势，集中在误代和其他两类；误加、遗漏和错序偏误数量很少，可以忽略不计。误代主要是韩国学生用不该用的成分替代了该用的成分，其他类偏误主要是韩国学生介词"比"的误用或是不完整的结构。

一、一年级韩国学生介词"比"偏误的动态分析

在一上，韩国学生在课堂上出现3例误代偏误，有2例是C项为形容词格式时的偏误，如：

（84）*苏果下面的市场我觉得地方【比】别的地方比较方便，蔬菜很好。①

（85）*中国其他的城市【比】南京生活不好的。

例（85）用相对程度副词"比较"误代了程度补语。出现这样的偏误是因为汉韩语处理比较程度的方式不同，韩语用程度副词，汉语要有补语。以往涉及这方面的偏误时，大多都只指出程度副词不能用于比较句，有的则简单地把这种偏误处理为程度副词误加②。把这种偏误形式归为误代，而不是误加，主要是因为这样更符合学生的表达意愿：程度并非"比"字句的必有成分，学生加程度副词是为了表达比较的程度，删掉程度副词就人为改变了他们想表达比较程度的意愿。例（85）似乎是否定表达的错误。不过根据韩国学生的用例分析看，在此阶段韩国学生并未接触和掌握"比"字句的否定形式，所以此例极有可能是"差"与"不好"的误代。因为"不好"和"差"在表意上是接近的，韩国学生在使用时会随意选用他们比较熟悉的词语。若不是在"比"字句中，单独看"南京生活不好"也是可以的。但用在"比"字句中，因为出现了否定词"不"，所以是不行的，只能选用"差"来作为比较的结果。而且在韩语中，否定词"不"是可以出现此格式中的。这样双重影响就导致了韩国学生例（85）这样的偏误。

还有1例C项为动词格式的偏误：

（86）*南京【比】以前，变化的，很多了。

例（86）是课堂上在讨论"变化"这个词时一个韩国学生造出的句子。此阶段C项为动词格式的用法并未大量出现在学生的输出中，这是唯一的用例。说明韩国学生在一定语境下会有使用动词形式的冲动。不过对于形容词和动词之后的补语形式没有有效地区分。教师在课堂上对这一不合适的用法进行了纠正：

（87）我们说变化很大，可以说南京跟以前比变化很大，南京【比】以前变化大多了。

---

① 把这种偏误形式归为误代，而不是误加，主要是从学生表意出发的。这样更符合学生的表意。

② 相关论述请参看王茂林（2005），尹海良（2012）。

在口语考试中，韩国学生出现的偏误要明显多于课堂，共有3例是C项为形容词格式时的偏误，都是比较典型的绝对程度副词的误加，如：

（88）*因为我觉得，【比】韩国<u>很</u>贵。

（89）*上海【比】南京<u>非常</u>热闹。

韩国学生出现这样的偏误，很明显是受韩语影响的。上文韩汉对比已指出，韩语在进行比较时可以在比较结果中使用绝对程度副词。此外，还有2例介词 "比" 字句的错用，多属于表达中句式的临时更改，如：

（90）*不一样，我觉得首尔【比】，跟上海差不多。

（91）*我【更】喜欢南京，【比】上海。

例（91）是韩国学生一开始想用 "比" 字句，说完 "比" 后又发现是平比句，转而改用 "跟……差不多" 句。例（91）属于对前句比较项的补充说明，是口语表达中的常见现象。但此句含有副词 "更"，即使把介词 "比" 字短语改变位置仍然是偏误句。可以看出，韩国学生在口语考试时比课堂上要紧张，而且口语考试时言语输出是强制性的，遇到他们不熟悉或掌握不好的表达时就很容易在句式选择方面出现问题。

总的来看，一上时韩国学生的 "比" 字句输出量不高，偏误的数量不多。但可以明显看出他们在程度副词误加和句式选择时会出现一些问题。

一下时，韩国学生在课堂上的介词 "比" 字句多了起来，有了表达的愿望。但对句式的掌握还不够好，所以在表达中出现了一些介词 "比" 字句使用不完整的现象，或句式临时变换的现象，如：

（92）*我得，呃，我口语考试得了，呃，八十分，呃，我【比】，你，……

（93）*【比】城市的市民，农村的和城市的市民，他们的差别不太大，对吧？

此外，程度副词的误加偏误依然存在，如：

（94）*但是，妈妈【比】爸爸<u>非常</u>喜欢……

口语考试时也一样，如：

（95）*【比】我们的首尔、首都<u>很</u>大。

另外，口语考试时否定式形容词出现的问题也较多，如：

（96）*我的汉语水平【比】他说不太好。

（97）*但是，现在我的身体【比】以前不好，这就水平越来越不好。

否定形式在课堂中鲜有出现，说明韩国学生在课堂自由表达时还是比较谨慎的，会回避很多他们不会或不熟悉的表达方式。口语考试时的输出是强制性的，而且时间有限，韩国学生没有太多的时间思考，会出现与课堂表达中不太一样的偏误现象。否定形式在表达自由、语言监控较强的课堂上鲜有出现，而在时间有限、语言监控较弱的口语考试中出现了较多问题。说明到此阶段韩国学生已经有了表达否定式比较句的需求和愿望，但对于"比"字句的否定式还没有掌握，只能用否定式形容词来代替。这或许是韩国学生否定式"比"字句的萌芽期，但仍需要更多的语料考察验证。

不过总体来看，一下出现的偏误比一上多。这主要是因为一下韩国学生的表达逐渐丰富起来了，出现的偏误自然也较一上多。偏误规律的主线还是绝对程度副词的误加和句式的不完整表达。

二、二年级韩国学生介词"比"偏误的动态分析

二上时，韩国学生在课堂上的输出明显多于口语考试，出现的偏误也开始多样化，除了还容易在"比"字句中误加程度副词以外，如：

（98）*还有养狗太贵因为他们消费的时候，它们不能说话，所以【比】人的太贵。

（99）*我【比】弟弟打得非常好。

在表达时还出现了与"跟……差不多"混淆的情况，如：

（100）*额，她的个子【比】我差不多，啊……她的……面貌也跟我差不多……

在这个例子中前一小句用错了，但后一小句又用对了。但前后两个句子说明的是不同的方面，说明后一个句子不是对前一个句子的更正。出现这样的情况，说明韩国学生对于介词"比"与"跟"的使用还存在混淆的状况。

在口语考试时出现最多的是"比"字句使用不完整，或句式选择不对的情况，如：

（101）*信用卡的好处是，……【比】带现金，【比】带现金去买东西。

（102）*她的个子不【比】……不【比】高，大概158左右。

但此阶段没有出现程度副词误加的错误。

在二年级下的课堂上，韩国学生又出现了1例相对程度副词误用的情况：

（103）*【比】昨天比较好了。

同时，出现了较多不完整的句式，如：

（104）*排队特别长，【比】其他的人∧，所以我失望而归。

（105）*可是没想到他给我们看的报表，真的很专门的，还有【比】他的年纪和经验，我们还是小孩子一样。

例（104）应改为"比其他的队长"或"比其他的队人多"，例（105）是介词"比"字句的误用，应该用"跟……相比"句式，即，"还有跟他的年纪和经验相比，我们还是小孩子一样"。

口语考试时出现的偏误数量不多，大多都是表达不全的句子。

二下是韩国学生误代偏误输出的最低点，而且此后的课堂输出中也都极少有偏误。说明韩国学生的掌握达到了比较好的水平，在监控比较强的语境下很少出现问题。但在口语考试这样监控比较弱的情况下，韩国学生还是会出现比较多的问题。

三、三年级韩国学生介词"比"偏误的动态分析

在三上的课堂上，韩国学生只出现2例偏误用例，1例是程度副词的使用错误，1例是"比"字短语的位置错误：

（106）*【比】上海价格比较低。

（107）*……所以他们【更】喜欢【比】别人，尤其是公共场合，不希望被别人看到。

然而在口语考试时，韩国学生出现的偏误要多得多，而且偏误形式也多样化。有程度副词的使用错误，如：

（108）*然后服装那个方面呢，韩国【比】中国很重视这个问题，就

服装的问题。

（109）*韩国地那么少，五千万，肯定是【比】中国五千万<u>特别</u>少的人。

与介词"跟"的使用混淆偏误，如：

（110）*反正她们都觉得<u>【比】其他人不一样</u>的那个的，反正特别在乎那样观点。

（111）*他们的性格，他们的心情<u>【比】以前没有变化</u>，很温柔的，很好的。

例（110）应改为"……跟其他人不一样的那个"，例（111）应改为"他们的心情跟以前比没有变化"。

还有否定式的误用，如：

（112）*他们吃饭是不太那么重要，他们喝咖啡、喝酒、去玩【比】<u>吃饭不那么多</u>。

例（112）应改为"他们喝咖啡、喝酒、去玩比吃饭少"，这种否定式的误用可以从韩语中找到相关的解释，即，韩语中"不那么"的对应形式可以放在形容词"多"的前面。

到三下，课堂上出现的偏误仅剩下程度副词的误用，如：

（113）*所以我就觉得，他【比】别的爷爷<u>很</u>好。

口语考试中也仅剩下程度副词的误用，如：

（114）*脸上面没有表情【比】有微笑<u>很</u>难得到人的心，还有跟别人一起交流很难。

这充分说明韩国学生在介词"比"字句的使用过程中，程度副词的误用已经化石化，即使是高水平的韩国学生也会在介词"比"字句的使用中出现程度副词的误用。这主要是韩国学生受韩语影响导致的。

赵金铭（2006）从语言类型学的角度分析韩国学生的"比"字句偏误，发现很多具有类型学特点的偏误现象。比如韩国学生母语"比"字句的顺序是"主体+基准+标记+结果"，而汉语的顺序是"主体+标记+基准+结果"，两者有明显的差异。不过从本章的考察来看，韩国学生在课堂教学环境下并没有出现语序方面量化的偏误倾向。这种语序方面的偏误只少量出现在初级阶段，随着学习阶段的提高，韩国学生会很快纠正这种偏误。所以，汉韩语这种明显的语序差异不会对韩国学生习得汉语产生明显、持久的影响。

第四节　介词"比"习得规律及教学建议

一、介词"比"的习得规律

从韩国学生介词"比"字句的习得过程考察中，可以看出教师在课堂上的输入对于韩国学生习得的影响。介词"比"字句式中A、B两项的构成规律与韩语的差别不大，所以韩国学生也很少在A、B两项的使用上出现问题。C项才是介词"比"字句使用中的重点，对韩国学生来说也是难点。在C项的习得过程中以形容词为核心的C_1是最先习得的，其次是以动词为核心的C_2以及含"还""更"的C_4用法。

韩国学生对介词"比"字句中C项的习得认知过程可以总结如表3-8。

表3-8　介词"比"不同用法习得认知过程汇总表

项目	习得状况	习得认知过程描述
C_1	一上习得	一上的课堂上初现并习得，口语考试中的输出频率明显增加，一下达到使用的高峰，但C_1的使用偏误伴随始终。
C_2	一下习得	一下的口语考试中初现并习得。但之前和之后的课堂上和口语考试中均未出现用例，说明此用法的掌握对韩国学生来说并不难，但韩国学生并不会在自由表达中使用这种结构。
C_3	二上习得	一上初现，但直到二上才达到初现率标准并完全习得。二下和三上的使用数量虽不多，但均无偏误用例，说明韩国学生对C_3的掌握不错。
C_4	一下习得	一上的口语考试中初现，但都是偏误用例。直到一下的口语考试中才达到初现率的标准并习得。二年级时使用达到高峰。二下偏误一度消失，三上少量出现后，三下再度消失。

介词"比"的使用模型是A比B+C，在韩国学生的习得过程中，他们首先会对"比"字句有一个总体认知。因为他们大多是成年人，对语言结构的逻辑性有一定的认知能力，所以不会出现明显的成分残缺。在刚开始时，一些韩国学生会借助母语的表达来完成汉语句式的建模，然而这也要

看韩国学生的个人领悟能力，因为二语习得是具有个体差异的。一般来说，因为汉语和韩语比较基准的位置具有很明显的差异，具有较强推理能力的成年人不会对这种明显的差异熟视无睹，他们在使用中一般都会遵循汉语比较基准的位置，除非是粗心、马虎才会出错。所以，这种比较基准的错序基本上都是失误，很少具有规律性和延续性。

在整个习得过程中，绝对/相对程度副词的误加是个很突出的现象，并最终形成一个化石化的偏误现象。这其中一个重要的原因是韩国学生的母语可以把绝对/相对程度副词放在比较结果前，且韩语中没有补语的形式，其补语都是在动词或形容词前加其他成分。韩国学生出现这种偏误是为了避免较难的汉语表达（加补语），而采用和韩语近似表达方式导致的。因此，不能简单地把韩国学生出现绝对/相对程度副词的偏误全当作误加简单地删除。而是要尊重，且不破坏学生表达的本意，把它们解释为程度补语和程度副词的误代比较好。另外一些貌似否定结构的偏误实际也是受韩语的影响。比如韩国学生常出现的偏误句"我比他不好"，其韩语是可以表达为"내가 그보다 못하다"的，并非完全是韩国学生对汉语介词"比"字句的否定表达掌握不好所致。

韩国学生在口语表达中出现的不完整句式的错误也非常多。这些偏误往往是韩国学生在表达时不能完成介词"比"字句中C项的输出，从而中断表达，并选择其他句式来代替"比"字句。

二、介词"比"的教学建议

综合课堂教学中的输入与输出情况，以及韩国学生介词"比"的偏误规律，本章对介词"比"的教学提出如下建议。

（1）课堂教学及教材编写应以C_1为主，可以先从光杆形容词入手，加数量词和补语的情况随后出现，但要特别注意汉韩语在程度表达上的区别，强化韩国学生"比"字句中用补语表达程度的意识。

（2）C_2格式构成较C_1复杂，在日常交际中需求不高，韩国学生输出的也少，一下教授较好；C_4在日常交际中需求量很高，但韩国学生在一上阶段还不能掌握这种格式，到一下再教授这种格式比较合适。

（3）C_3在韩国学生的语料中出现很少，只到二上才习得。说明韩国学生掌握此格式可能比较困难，同时它在日常交际中使用量也不高，安排在二年级再教授比较合适。

（4）结合韩国学生“比”字句的动态偏误考察来看，“比”字句的教学首先要集中在C项构成规则，尤其是涉及补语成分的教学上，从而尽量避免韩国学生对介词“比”字句格式掌握不好导致的句式不完整表达，以及韩国学生在“比”字句中加程度副词表达程度的习惯。

第四章　介词"从"的习得认知过程研究

第一节　介词"从"与韩语相应成分对比分析

一、介词"从"的使用规则

介词"从"的研究很早就受到学者们的关注。只要有关介词的论著，如吕叔湘（1980），金昌吉（1996），傅雨贤、周小兵（1997），刘月华（2001），陈昌来（2002）等都涉及介词"从"的研究；关于介词"从"的单篇论文也有很多，如邢福义（1980），宋秀令（1980），崔应贤（1981），张爱民（1982），周小兵（1983），白荃（1992），胡彩敏（2008），李卫中（2009），袁舫（2014），崔云忠、何洪峰（2014）等，涉及其句法、语义以及语法化等多个方面。纵观学界的研究，学者们对"从"介引的宾语成分的研究比较重视，吕叔湘（1980）认为介词"从"主要有3种表意功能，即：

1.表示起点，常跟"到、往、向"等配合使用。又可以分为四小类：

（1）指处所、来源，跟处所词语、方位词语组合；

（2）指时间，跟时间词语、动词短语或小句组合；

（3）指范围，跟名词、动词短语或小句组合；

（4）指发展、变化，跟名词、动词、形容词和数量词组合。

2.表经过的路线、场所。常跟处所词语、方位词语组合。

3.表凭借、根据，跟名词组合。

金昌吉（1996）把"从"介引的成分阐述为十种，分别是处所起点、时间起点、事物起源、经由的路线和场所、某一范围的起点或出发点、发展变化的起始、取得的处所、凭借或依据、说话的着眼点或所依据的事理、动作行为的着眼点。此外，傅雨贤、周小兵（1997），陈昌来（2002）等还列举了"从"介引谓词性成分的用法。但这些谓词性成分都由陈述转化为指称，其作用就相当于一个体词性成分。他们的研究涵盖了介词"从"所有的介引功能，为对外汉语教学研究和实践奠定了很好的基础。

介词"从"在使用中另一个重要方面是介词框架的构成和使用。其中最突出的是"从……到……"，相关的研究有邢福义（1980），宋秀令（1980），崔应贤（1981），白荃（1992），陈昌来（2002）等。但对"从……+方位词、从……+名词、从……+准助词、从……+连词"等介词框架的研究还不够深入。

综合学者们的观点，为了进一步详细地考察韩国学生在课堂教学环境下习得介词"从"的认知过程，本章把介词"从"的表意分为四类：表时间、表地点、表范围和表依据，在文中分别标记为"从$_1$""从$_2$""从$_3$"和"从$_4$"。

1. "从$_1$"介引时间成分，表示时间的起点，如：

（1）有很多优势的东西是【从】古代继承下来的。

（2）她【从】大学的时候就一直减肥，晚饭只吃水果。

"从$_1$"在介引时间成分时，后面通常有"时/的时候、以后/之后、起"与之构成介词框架，一般还会有"就、一直、开始"等副词与之搭配。周文华（2011b）就指出能置于"从$_1$"介词框架中的成分可以是表时间的名词性成分、谓词性成分或小句。

"从$_1$"介引时间成分时，还可构成"从……到……"介词框架，如：

（3）【从】26号到30号，也就是从下个星期一到星期五你们出去语言实习。

2. "从$_2$"介引地点成分，可以是动作的起点，也可以是动作的经由地点，如：

（4）接送孩子，接是把孩子【从】学校带回家，送，是把孩子【从】家里带到学校。

（5）我【从】大槐树底下走过，树上鸦雀无声，我感到某种沉甸甸的分量。

表空间位置的词语分为两种：一种是典型的地点名词或代词，可以直接跟"从₂"构成介词短语，如例（4）；一种是表具体事物名称的普通名词，要加上方位词使其具有空间性，才能跟"从₂"构成介词短语，如例（5）。在汉语中使用方位词能使表具体事物名称的普通名词具有空间性，如"手"——"手里""家"——"家里"。

"从₂"介引地点成分时，也可与"到、往、向"等构成介词框架，如：

（6）【从】南京到北京，来回火车票要1000块钱。

（7）【从】上往下这样叫切。

3. "从₃"介引范围成分，主要是介引一些抽象成分，表示情况或状态的变化，如：

（8）一个东西【从】白的到慢慢地有颜色了，是变好了还是变坏了？

（9）有一点儿声响，他便立刻【从】梦中惊醒。

"从₃"最突出的特点是构成"从……中""从……里""从……上"和"从……到……"等介词框架。

4. "从₄"介引依据成分，多构成"从……来看/看来/来讲/来说/看/说/讲"等介词框架，说明说话人做出判断所依据的理由及看待问题的角度，如：

（10）【从】视觉角度来讲，"傍晚"是和黎明完全相反的过程。

（11）当然这个可以，【从】语法上讲就对了。

或句中有"体会""知道""明白"等心理动词，此时多不需要介词框架，如：

（12）【从】这篇课文，我们知道丁荣平时喜不喜欢运动？

（13）【从】他们的表情，我也大概明白了他们在说什么。

二、介词"从"与韩语格助词的对比分析①

介词"从"在句中介引的是状语，在韩语中对应的仍然是格助词。介

---

① 如第一章所述，鉴于韩语格助词与汉语介词对应的复杂性，本章的对比研究只进行从汉语到韩语的单向对比研究。

词"从"与韩语格助词的对应形式因其表意的不同而有一些差别。权宁美（2011）对介词"从"与韩语的对应进行过分析，不过她的研究仅限于列举，没有语料库的支持。下面看一下本章介词"从"不同语义分类与韩语对应情况的语料统计。

（一）"从₁"与韩语格助词的对应情况

本章对60万字的汉韩平行对比语料进行检索，共找到含介词"从₁"的句子285例。分析这285例中"从₁"与韩语的格助词的对应情况，发现介词"从₁"与韩语中5个格助词（包括不同语境下的变体形式）有对应。详细对应情况请看表4-1。

表4-1　介词"从₁"与韩语格助词对应情况表

韩语格助词	数量
无格助词对应	28
부터	201
에서	10
에게서	19
으로	13
로	14

从表4-1可以看出介词"从₁"与韩语格助词"-부터"的对应数量最多，与其他4个格助词对应的数量都不太多。从语料考察来看，介词"从₁"与韩语没有格助词对应的情况也不少，有28例。下面举例逐一说明。

1.与"-부터"对应

在汉语中"从₁"介引的既可以是确定的时间，也可以是不确定的时间。与之对应的"-부터"也有类似的特点，如：

（14）文物厅【从】本月1日的下午7~10点开始开放昌庆宫。

문화재청은 이달 1일【부터】오후 창경궁 7~10시에 개방하고 있다.

文物厅　本月1日　从　　昌庆宫　下午　7~10点　开放

（15）寒冷天气将会【从】周五下午开始慢慢地缓解。

추위는　　금요일 오후【부터】서서히　풀릴　것으로 전망된다.

寒冷天气　周五　下午　从　　慢慢地　缓解　将会

同样，韩语的助词"부터""까지"结合使用与介词框架"从……到/

至……"的表意对应，既可以用于确定时间，也可以用于不确定时间，如：

（16）【从】去年12月12日到3月15日，郑某打了700个电话。

지난해 12월12일【부터】3월15일까지 정씨는 전화 700통을 걸고.

去年　12月12日　从　　3月15日到　郑某　电话700个　打了

（17）我【从】早上六点到晚上12点一直努力地学习。

저는 아침 6시【부터】밤 12시까지 열심히 공부합니다.

我　早上六点　从　　　晚上12点到 努力地　学习

2.与"–에서"对应

在韩语中"–에서"一般只放于不确定时间之后。因此，它只对应于"从₁"介引不确定时间的用例，如：

（18）时间段也可以【从】上午、下午、晚上、隔日等进行选择。

시간대도 오전 오후 야간 격일제 등【에서】선택 할 수 있다.

时间段也 上午 下午 晚上　隔日　等 从　　选择　可以

（19）【从】1960年代的高价礼物，一度降级为土气形象的内衣。

내복은 1960년대　고가 선물【에서】한때 촌스러운 이미지로 격하됐던.

内衣　1960年代的高价礼物　从　　一度 土气　形象　　降级

同样的，韩语的助词"–에서""–까지"也可以与汉语介词框架"从……到/至"对应，如：

（20）【从】16世纪到18世纪，加勒比海的海盗……

16세기【에서】18세기【까지는】카리브해의……

16世纪 从　　18世纪 到　　加勒比海的海盗……

（21）韩国是68年前【从】日本帝国的殖民地解放出来的贫穷的新生独立小国。

68년 전 일제의 식민 지배【에서】해방된 가난하고 작은 신생 독립국이.

68年 前 日本帝国的 殖民地 从　　解放出来的贫穷而小的新生　独立国

3.与"–에게서"对应，如：

（22）【从】去年8月死亡的60多岁女性身上分离出了SFTS病菌。

지난해 8월 사망한 60대 여성【에게서】SFTS 바이러스를 분리했다고.

去年　8月 死亡的60岁 女性　从　　　SFTS　病菌　分离出了

（23）玛丽安【从】九岁开始跟妈妈学针织技艺，用旧毛线织了袜子。

마리안 아홉 살 때 엄마【에서】뜨개질을　배워 헌 털실로 양말을 짰다.

玛丽安　九岁时候　妈妈从　　针织技艺　学　用旧毛线　袜子　织了

4.与"-으로"对应，如：

（24）江南区关注中国医疗观光市场，【从】2010年访问北京和天津开始，在2011年访问了广州、上海等，致力于引进中国患者。

강남구는 중국 의료관광 시장에 주목해 2010년 베이징 과 톈진을 시작

江南区　中国 医疗观光　市场　关注　2010年 北京 和 天津

【으로】

开始　从

2011년 광저우，상하이 등을 방문해　중국인 환자 유치에 주력해왔다.

2011年　广州、　上海　等　访问了 中国患者　　引进　　致力于

（25）幸亏【从】2009年开始进军美国的高校选手极度减少。

다행히 2009년을 정점【으로】미국에 진출하는 고교 선수들은 급감했다.

幸亏　2009年　开始 从　　美国　　进军　高校选手　　极度减少

5.与"-로"对应，如：

（26）政府【从】1993年遣返李仁冒开始，遣返了63名非转向长期囚犯。

정부가 1993년 이인모 씨 송환을 시작【으로】63명의 비전향장기수를

政府　　1993年 李仁冒　　遣返 开始 从　　63名　非转向长期囚

북송한

遣返了

（二）"从₂"与韩语格助词的对应

本章对60万字的汉韩平行对比语料进行检索，共找到含介词"从₂"的句子171例。分析这171例中"从₂"与韩语格助词的对应情况，发现介词"从₂"与7个韩语格助词（包括不同语境情况下的变体形式）对应。详细对应情况请看表4-2。

表4-2　介词"从₂"与韩语格助词对应情况表

韩语格助词	数量
无格助词对应	15
-부터	30
-로 부터	15
-에서	89
-에게서	5
-에게	6
-으로	2
-로	9

从表4-2可以看出，与"从₂"对应的韩国格助词大多也与"从₁"对应，只有"-로 부터"和"-에게"是与"从₁"不对应的。在所有对应的形式中，"-에서"的数量最多，"-부터"位居其次，"-로 부터"位列第三，其他4个格助词使用的数量都比较少。

1.与"-부터"对应，如：

（27）【从】哪里撕开好呢?

어디【부터】찢어 줄까?

哪里　从　　撕开好呢

（28）同时还会推进【从】俄罗斯或日本引进受精卵的方案。

러시아 나 일본으로【부터】수정란을 들여오는 방안도 추진한다.

俄罗斯 或　日本　　从　　受精卵　引进　　方案　会推进

2.与"-로 부터"对应，如：

（29）但是其中一项难解的问题还有【从】宇宙飞来的放射线。

그럼에도 문제는　　우주【로 부터】날아오는 방사능이다.

但是　　难解的问题 宇宙　　从　　飞来的　放射线

（30）【从】日本政府得到了韩流偶像奖学金。

한류 아이돌 장학금을 일본 정부【로 부터】탄 셈이다.

韩流偶像　奖学金　日本政府　　从　　　得到了

3.与"-에서"对应，如：

（31）Mega Box【从】"高处"受了某种压力。

메가박스가 높은 곳【에서】모종의 압력을 받았다는.

Mega Box　　高处　　从　　某种　　压力　　受了

（32）风琴【从】小学校消失了。

풍금이　초등학교【에서】사라졌다.

风琴　　小学校　　从　　消失了

4.与"-에게"对应，如：

（33）国民银行因不返还【从】顾客那里多收的55亿贷款利息而被举报。

국민은행은 고객들【에게】더 받은 대출이자 55억 돌려주고 있다 적

国民银行　　顾客　从　　更多收到 贷款利息55亿　没有返还

발됐다.

被举报

（34）理事长涉嫌在过去2年里【从】大丘岭南高中学弟A某处取得6亿韩元。

이사장은 대구 영남고 후배인 A 씨【에게】2년간 6억여 원을 받은.

理事长　大丘岭南高中学弟　A某　从　　2年里　6亿韩元　取得

5.与"-에게서"对应，如：

（35）要【从】女性身上寻找这一新DNA。

그 새로운 DNA를 여성【에게서】찾아라.

这一新　DNA　　女性 从　　寻找

（36）协议会还告发了涉嫌【从】家长处定期接受钱财的该学校A某教师。

협의회는 학부모【에게서】정기적으로 돈을 받았다는 의심을 받고 있

协议会　　家长　　从　　定期　钱财 接受　涉嫌

는 이 학교

这所学校

A 교사도 함께 고발했다.

A教师 还　告发了

6.与"-로"对应，也表示动作经由的路线或地点，如：

（37）但他们还无法【从】长官办公室上下班。

하지만 이들은 아직도 장관 집무실【로】출근하지 못하고 있다.

但　他们　还　长官办公室　从　上下班　无法

（38）70年代【从】美国留学回来的军人最初引进了炮弹酒。

70년대 미국 유학을 다녀온 군인들이 폭탄주를 최초로 들여왔다고.

70年代　美国 留学　回来的　军人　　炮弹酒　最初 引进了

7.与"-으로"对应，表示动作经由的路线或地点，语料中的数量极少，如：

（39）或许左派阵营也在分析此现象是因为没有像"疯牛病【从】口而入的恐惧"一样可以刺激到大家的导火索。

아마도 좌파 진영은 입【으로】들어가는 광우병 공포처럼 감정을 자극할

或许　　左派阵营　口 从　　入的　疯牛病　恐惧　　刺激

격발 고리가 없기 때문이라는 분석을 하고 있을 것이다.

导火索　　没有 因为　　分析　　　在

（三）"从₃"与韩语格助词的对应

本章对60万字的汉韩平行对比语料进行检索，共找到含介词"从₃"的句子156例。分析这156例中"从₃"与韩语格助词的对应情况，发现介词"从₃"与5个韩语格助词（包括不同语境情况下的变体形式）对应。详细对应情况请看表4-3。

表4-3　介词"从3"与韩语格助词对应情况表

韩语格助词	数量
无格助词对应	11
-부터	22
-로 부터	1
-에서	98
-으로	14
-로	10

1.与"-부터"对应，如：

（40）【从】小韩国学生到米歇尔·奥巴马女士，每年来到这里的志愿者达到一万名。

초등학생【부터】미셸 오바마 여사에 이르기까지 이곳을 다녀가는

小韩国学生　从　米歇尔·奥巴马女士　　到　　这里　找寻

자원봉사자는 한 해 1만 명을 넘는다.

志愿者　　　每年　一万名　达到

（41）政府有必要慎重地【从】最要紧的问题开始，逐步地进行解决。

정부는 시급히 다뤄야 할 현안【부터】하나씩 차근차근 다뤄가는 신중함이

政府　　　　要紧的　　　　问题从　　逐步地　　　进行解决 慎重地

필요하다.

必要

"–부터…–까지"跟汉语的介词框架"从……到……"的意思和用法是一样的，如：

（42）【从】1880年到2012年的133年里，地球的平均气温上升了0.85度。

1880년【부터】2012년 까지 133년간 지구의 평균기온은 0.85도 상승했다.

1880年　从　　2012年　到　133年里地球的　平均气温　0.85度　上升了

（43）【从】去年1月3日到3月8日，郑某发了500个短信。

지난해 1월 3일【부터】3월 8일 까지 정 씨는 문자메시지 500개를 보냈다.

去年　1月3日　从　　3月8日到　　　郑某　短信　　500个　发了

韩语的助词"–에서…까지"也可与介词框架"从……到……"对应，表示场所的出发点和终点，如：

（44）【从】首尔【到】平壤的距离是220千米，只有2个半小时的车程。

서울【에서】평양【까지】220km 정도니 차로 2시간 반이면 닿는

거리다.

首尔　从　　平壤　到　　220千米　　　　车程 2个半小时　距离是

2.与"–로 부터"对应，如：

（45）【从】前总统全斗焕一家人处扣押的112个手表和宝石等在19日的拍卖中以9600万韩元的价格销售。

전두환 전 대통령 일가【로 부터】압류한 시계 와 보석　112점이 19일

全斗焕 前 总统　一家人　　从　　扣押　手表 和 宝石　112个　　19日

공매 에서 9600　만 원에　낙찰됐다.

拍卖 在 9600　万韩元价格　销售

3.与"–에서"对应，如：

（46）【从】MFS上科学"小苗"们的认真模样，能看出韩国科学的未来并不暗淡。

MFS【에서】보여준 과학　꿈나무의　진지한 모습은 한국　과학의 미래가
MFS　从　　　科学　"小苗"们的　认真　模样　韩国　科学的　未来
어둡지 않음을 보여준다.
暗　　不　　看到

（47）【从】历史上学不到东西的民族没有未来。

역사【에서】배우지 못하는 민족에게는 미래가　없다.
历史上　从　学　不　民族　　未来　没有

4.与"–으로"对应，如：

（48）为了【从】根本上解决眼皮下垂现象，将会使用内窥镜额头拉皮术。

눈꺼풀 처짐 현상을 근본적【으로】해결하기 위해서는 내시경 이마거상술이
眼皮　下垂现象　根本上　从　　解决　为了　　内窥镜　额头拉皮术
동원된다.
使用

（49）野党是民主化的势力，【从】根本上构建了"民主与反民主"的斗争框架.

야권은 민주화 세력이니, 근본적【으로】민주 대 반민주 프레임 전쟁이다.
野党　民主化的势力，　根本上　从　民主与　反民主　框架　斗争　是

5.与"–로"对应，如：

（50）郑梦九、具本茂会长的年薪虽然也受到了关注，但更引人注目的还会是三星电子无线事业本部长（社长）申宗钧等【从】工薪族成为最高层领导人的职员年薪。

정몽구　구본무　회장이 얼마를 받느냐도 관심이지만 삼성전자 신종균
郑梦九　具本茂　会长　多少　受到了　关注　　　三星电子 申宗钧
무선사업부장（사장）처럼 월급쟁이【로】정상에 오른 사람들의 연봉은
无线事业本部长（社长）　工薪族　从　高层领导人的职员　　年薪

더　관심을 끌 것 같다.

更　引人注目

（四）"从₄" 与韩语格助词对应分析

本章对60万字的汉韩平行对比语料进行检索，共找到含介词 "从₄" 的句子60例。分析这60例中 "从₄" 与韩语格助词的对应情况，发现介词 "从₄" 与4个韩语格助词（包括不同语境情况下的变体形式）对应。详细对应情况请看表4-4。

表4-4　介词 "从₄" 与韩语格助词对应情况表

韩语格助词	数量
无格助词对应	4
-부터	4
-에서	28
-으로	20
-로	4

1.与 "-부터" 对应，如：

（51）【从】结论来说，该电影的主人公不是威尔·斯米斯。

결론【부터】 말하면, 이 영화의　주인공은 윌 스미스가　아니다.

结论　从　　来说，　　电影的　主人公　威尔·斯米斯　不是

（52）首先，【从】故事上来看，这根本不可能。

일단　줄거리【부터】 말이　안 된다.

　首先，故事　从　　根本　不可能

2.与 "-에서" 对应，如：

（53）【从】国家安保的角度来看，相关法律确实需要尽快制定。

국가 안보 차원【에서】 관련법　제정에 대한 논의를 서두를 필요가 있다.

国家安保角度　　从　相关法律　制定　确实　　尽快　需要

（54）【从】这一点看，发表禁止进口日本水产物的时期确实有点令人遗憾。

그런 점【에서】　일본산 수산물　수입　금지 발표 시점은 다소 아쉬운 대목이 있다.

这一点　从　　　日本　水产物　进口　禁止 发表 时期 有点 令人遗憾

3.与"-으로"对应，如：

（55）【从】总体国民经济来看，高龄劳动者增加的话国家财政负担就会减少。

국민 경제 전체적【으로】는 고령자 근로가 늘어날수록 이들에 대한
国民 经济　总体　　从　　　高龄劳动者　　增加的话　　　　　对

국가 재정 부담이 줄어든다.
国家 财政　负担　　减少

（56）【从】地形上看，龙山是首尔的中心。

지형【으로】보면　용산이 서울의　중심이다.
地形　从　上看　龙山　首尔的　中心　是

4.与"-로"对应，如：

（57）【从】另一方面来看，确认了其变化虽小但很重要的事实。

반대【로】작지만 중요한 변화도 확인했다.
另一方面 从　　小　重要的　变化　确认了

三、汉韩对比规律小结

可以看出，介词"从"在韩语中都有多个格助词与之对应。这种对应关系对于韩国学生学习汉语介词"从"不会产生较多的负面影响。相反，由多个格助词简化为一个汉语介词，对于韩国学生来说应该是降低了认知难度。

但是汉语介词"从"有四种表意用法，各种用法与韩语对应的差异之处是"从$_2$"除了可与"从$_1$"一样的对应以外，还可与"-로 부터、-에게"对应，而"从$_3$"不可与"-에게서、-에게"对应，"从$_4$"仅可与"-부터、-에서、-으로、-로"对应。这种不完全对应对于韩国学生理解和使用介词"从"不同表义用法可能会造成困难，尤其是韩语中没有的用法。另外，权宁美（2011）指出"从"还可与"-부터""-에서""-에서부터"等对应，但本章的语料考察没有发现这些对应的用例。可以看出，介词"从"不同语义用法与韩语格助词的对应交叉很多，也即韩语对于汉语介词"从"的各个语义用法是没有相应的格助词来区分的。所

以，韩国学生习得汉语介词"从"不同语义用法时跟他们使用韩语格助词一样，不是从词的形式角度进行区别，而是根据句子的语义进行判断的。总体而言，介词"从"的各种语义用法在韩语中都有，也都使用具体的格助词来标记相关成分。从对比难度等级的角度看，从韩语中的多个格助词到汉语中的一个介词，韩国学生的认知理解是简化了。因此，介词"从"对于韩国学生来说，认知难度应该不高。但当涉及具体用法的特殊规则时，韩国学生将存在一定的认知难度。比如"从₄"的使用时需要构成介词框架"从……来看"，这在韩语中没有相对应的形式，仍然只是介词"从"与韩语格助词的对应。因此，韩国学生可能很容易遗漏介词框架的构成成分。另外，汉语介词"从"有时需要与相关的方位词搭配使用，但在韩语中往往没有方位词的对应形式。因此，与方位词搭配的介词"从"的用法对于韩国学生来说认知难度也可能比较高。

在语序方面，介词"从"与相对应的韩语格助词的使用也没有特别之处：介词"从"只有一种与名词成分构成短语置于动词之前的语序，相关韩语格助词也都是放于名词性成分之后构成短语置于动词之前的语序，其区别是大多数汉语介词与韩语格助词的区别。从对比结果的推测来看，学习汉语的韩国学生会很快适应这种语序的差异，调整其语序策略[①]使之更适应汉语介词的习得。

第二节　介词"从"的习得认知过程考察

一、课堂输入与输出情况的总体对比

本章依据历时两年半的一年级上下学期（下文简称一上和一下），二年级上下学期（下文简称二上和二下）和三年级上下学期（下文简称三上

---

① Slobin（1982）通过跨语言的研究发现，儿童一般在4岁之前就获得了理解句子的语序策略（Word-order Strategy），而成人在学习第二语言时，其第一语言的语序策略已经形成，当他们学习不同于其母语基本语序的语言时，母语语序策略与目的语语序策略会产生竞争。

和三下）汉语听说课及口语考试录像转写而成的课堂/考试口语语料库①来考察的教师课堂话语、韩国学生课堂话语及口语考试中介词"从"的使用情况。课堂教学中教师输入与韩国学生输出情况请见表4-5。

表4-5　介词"从"不同阶段输入、输出频率汇总表

阶段	教师课堂输入		韩国学生课堂输出		韩国学生口语考试输出	
	用例	频率	用例	频率	用例	频率
一上	272	5.181	11	4.285	22	7.319
一下	396	4.713	16	2.849	27	4.099
二上	454	5.207	33	5.922	15	3.332
二下	322	4.359	37	6.468	21	4.805
三上	179	5.615	29	7.040	30	3.677
三下	181	7.518	30	7.483	31	4.476
合计	1804	5.267	156	5.683	146	5.274

注：表中输入和输出频率都是万分位的。

从表4-5可以得出，本章考察韩国学生口语语料得出介词"从"的使用频率是5.478/10000（（5.683+5.274）/2=5.478）；而周文华（2011b）考察中介语作文语料库得出介词"从"的使用频率是8.91/10000。另外，本章考察的教师课堂输入频率是5.275/10000；而周文华（2011b）考察得出的汉语母语者书面语中的使用频率是9.47/10000。可以看出，无论是韩国学生还是汉语母语者，其口语中介词"从"的使用频率都低于书面语中的使用频率。这说明介词"从"在口语和书面语中的使用是有差异的。

把表4-5中的输入、输出频率数据录入SPSS22.0进行多因素方差分析，在类别变量的差异性上统计得出$F=0.882$，$P=0.444>0.05$；在学习阶段变量的差异性上统计得出$F=1.078$，$P=0.428>0.05$。说明类别和学习阶段两个变量的差异性都是不显著的，也即教师课堂输入频率与韩国学生课堂及口语考试输出之间不存在显著差异；同时，在不同学习阶段上的频率也不存在显著差异。

① 本语料库包含3个子库，分别是教师课堂话语语料库（共3 425 314字），韩国学生课堂话语语料库（共274 489字）和韩国学生口语考试语料库（共276 827字），各学习阶段的字数分布请参看绪论部分。

对类别变量的事后分析发现，教师课堂输入频率与韩国学生课堂输出频率之间的差异显著性$P=0.777>0.05$，教师课堂输入频率与韩国学生口语考试输出频率之间的差异显著性$P=0.352>0.05$，说明教师课堂输入频率与韩国学生在不同语境下的输出频率都不存在显著差异；韩国学生课堂输出与韩国学生口语考试输出频率之间的差异显著性$P=0.234>0.05$，说明韩国学生在不同语境下的输出频率也不存在显著差异。

把表4-5中的使用频率转化成图4-1，可以很清楚地看出教师与韩国学生在不同学习阶段介词"从"的输入频率与输出频率变化情况。

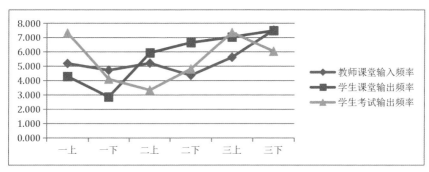

图4-1 介词"从"不同阶段输入、输出频率变化趋势图

从图4-1可以看到，教师课堂输入与韩国学生课堂输出及口语考试输出的阶段变化基本保持一致的变化趋势，而且频率也很接近，变化曲线纠缠在一起，没有明显的高低之分。

下面看一下六个学习阶段韩国学生输出的正确率变化情况，请看表4-6。

表4-6 介词"从"不同阶段输出正确率汇总表

阶段	韩国学生课堂输出				韩国学生口语考试输出			
	输出总量	正确用例	偏误用例	正确率	输出总量	正确用例	偏误用例	正确率
一上	11	10	1	0.909	22	18	4	0.818
一下	16	14	2	0.875	27	23	4	0.852
二上	33	26	7	0.788	15	12	3	0.800
二下	37	30	7	0.811	21	14	7	0.667
三上	29	25	4	0.862	30	18	12	0.600
三下	30	28	2	0.933	31	26	5	0.839
合计	156	133	23	0.853	146	111	35	0.760

注：表中正确率是百分位的。

将表4-6中的正确率转化成图4-2，就可以清楚地看出不同学习阶段韩国学生介词"从"使用正确率的变化轨迹。

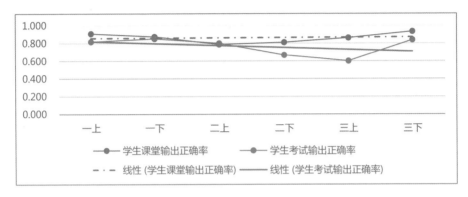

图4-2 介词"从"不同阶段输出正确率变化趋势图

从图4-2可以看出韩国学生课堂输出与口语考试输出中的正确率变化也趋于一致，尤其是课堂输出中的正确率基本呈平行的线性趋势，而且所有阶段的正确率都基本保持在0.8的水平以上。这说明韩国学生在课堂输出过程中出现的问题比较少。口语考试输出中的正确率由于二下和三上阶段正确率的降低，出现向下倾斜的线性趋势，但其倾斜度不大。总体来看，介词"从"的使用对于韩国学生来说认知难度不大。

二、分阶段的输入、输出及互动情况考察

（一）一年级

首先看一下一年级上下学期介词"从"不同用法在课堂和口语考试中的输入与输出情况汇总表4-7。

表4-7 一年级介词"从"不同用法输入、输出情况汇总表

阶段	用法类别	教师课堂输入		韩国学生课堂输出					韩国学生口语考试输出				
		输入数量	输入频率	正例	误例	合计	正确率	输出频率	正例	误例	合计	正确率	输出频率
一上	从1	28	0.533	1	0	1	1.000	0.390	4	3	7	0.571	2.329
	从2	206	3.924	7	1	8	0.875	3.116	13	1	14	0.929	4.658
	从3	38	0.724	2	0	2	1.000	0.779	1	0	1	1.000	0.333
	从4												
	合计	272	5.181	10	1	11	0.909	4.285	18	4	22	0.818	7.319

续表

阶段	用法类别	教师课堂输入		韩国学生课堂输出					韩国学生口语考试输出				
		输入数量	输入频率	正例	误例	合计	正确率	输出频率	正例	误例	合计	正确率	输出频率
一下	从₁	82	0.983	2	0	2	1.000	0.356	6	3	9	0.667	1.366
	从₂	253	3.034	11	1	12	0.917	2.137	9	1	10	0.900	1.518
	从₃	58	0.695	1	1	2	0.500	0.356	5		5	1.000	0.759
	从₄	3	0.036						3		3	1.000	0.455
	合计	396	4.713	14	2	16	0.875	2.849	23	4	27	0.852	4.099

注：表中输入和输出频率都是万分位的，正确率是百分位的。

把表4-7中介词"从"不同用法的输入和输出频率转化成图4-3，可以清楚地看到一年级上下学期介词"从"不同用法输入和输出频率的变化趋势。

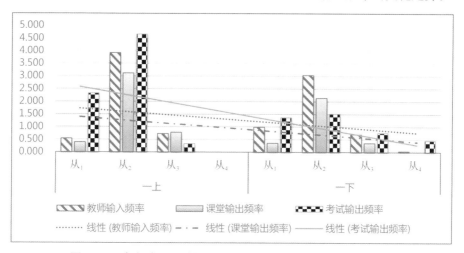

图4-3　一年级介词"从"不同用法输入、输出频率变化趋势图

从图4-3可以看出，教师课堂输入频率与韩国学生在课堂上的输出频率基本呈一致的线性趋势，而韩国学生口语考试中的输出频率变化要大一些。

将表4-7中的正确率数据转化成图4-4，可以看到一年级上下学期韩国学生介词"从"不同用法正确率的变化趋势。

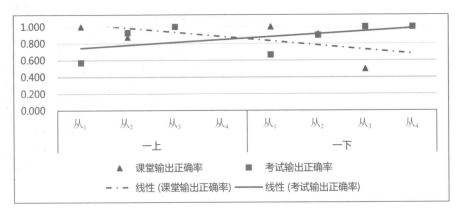

图4-4　一年级介词"从"不同用法输出正确率变化趋势图

从图4-4可以看出，韩国学生在课堂和口语考试中的正确率呈相反的发展趋势：课堂上的正确率呈下降趋势，而口语考试中的正确率呈上升趋势。因为口语考试语料相对滞后于课堂语料，所以以口语考试语料中的正确率高于课堂语料中的正确率说明韩国学生在不断内化其学习到的知识，不断修正其使用中的错误。这对于习得来说应该是比较好的现象。

1.一年级上学期

"从$_2$"是一上教师课堂输入的绝对重心，共输入了206例，占输入总量（272例）的75.7%。教师的输入中有很多都是用介词"从"对一些动词的意思或用法进行讲解，如：

（58）是【从】这里到这里，整个这个，叫传递。

（59）让别人【从】外面到里面，这叫"进来"。

"从$_1$"和"从$_3$"也都有一定量的输入，但其输入量相对于"从$_2$"低得多，分别只有28例和38例，如：

（60）就是说祝愿你们结婚啊，【从】年轻的时候一直到老的时候，就是时间很长，永远永远。

（61）日本的汉字是【从】中国的汉字过来的。

教师在一上没有输入"从$_4$"的相关用例。

韩国学生在课堂上的输出情况跟教师的输入很类似。也以"从$_2$"为主，共输出了8例，占输出总量（11例）的72.7%，完全超过了初现率的标准。但韩国学生输出的句子很单调，大部分都是"从……来"或"从……到……"这样介绍性的语句，如：

（62）因为我的朋友【从】韩国来了。

（63）老师，我【从】南京到上海多远？

"从$_1$"和"从$_3$"的输出较少，分别只有1例和2例，均未达到初现率的标准，如：

（64）但是我住在中国五年，我一定要习惯，【从】今天开始。

（65）【从】这句话，我们能知道……

出现的2例"从$_3$"用法都是"从这句话……"，说明韩国学生是在模仿使用。"从$_4$"在课堂输出中也没有出现。

跟教师输入与韩国学生在课堂上的输出类似，韩国学生在口语考试中的输出也以"从$_2$"为主。共出现了14例，占输出总量（22例）的63.6%，如：

（66）我昨天【从】图书馆借了一本书，今天就还了。

（67）【从】新街口到南师大很远。

但是在口语考试中韩国学生"从$_1$"的输出相对于课堂上的输入与输出都要多，共出现了7例，占输出总量（22例）的31.8%，如：

（68）我【从】八岁到二十，十八岁，踢足球。

（69）我昨天晚上没睡好，今天早上【从】起床到现在一直头疼。

但口语考试中韩国学生"从$_1$"的偏误也比较严重，偏误数量接近总量的一半。这说明韩国学生对于"从$_1$"的使用掌握得还不是很好。在口语考试中，"从$_3$"仅有1例输出，"从$_4$"还是没有输出。

2.一年级下学期

一下教师的输入仍然以"从$_2$"为主，共输入253例，占输入总量（396例）的63.9%。但"从$_1$"和"从$_3$"的数量都有所增加，分别输入了82例和58例。"从$_4$"也在教师的课堂输入中出现了，但仅有3例，都是"从外表来/上看"，如：

（70）如果【从】外表来看，特别是跟外国人相比，他很瘦小，但他能打得过大力士。

（71）也就说这两个字【从】外表上看起来差不多。

同样的，韩国学生在课堂上对"从$_2$"的输出不仅数量有所增加，共输出12例，占输出总量（16例）的75%；用例也呈现多样化的趋势，不再局限于"从……来"和"从……到……"等框架结构，如：

（72）今天富安杰没来，太阳【从】西边出来。

（73）我住在银城东院，在农业大学旁边，【从】农业大学走路大概10分钟。

"从$_1$"仅输出2例，都是"从……开始"这样的框式结构，如：

（74）一般的中国人【从】小时候开始打乒乓球。

（75）但是为了减肥，【从】二十岁开始学拳击。

"从$_3$"仅输出1例正确用例，"从$_4$"仍然没有输出。

此阶段韩国学生在口语考试中的输出较上学期和课堂上的输出有了较大的改善。"从$_2$"还是一如既往地高输出，共输出了10例，偏误仍保持在较低水平，学生的用例如：

（76）听说今天你【从】二楼摔下来了。

（77）然后还有我们一起旅行的朋友【从】北京来的。

"从$_1$"的输出增加到了9例，偏误仍然较多。学生的用例中出现了"从……到"介词框架，如：

（78）我【从】六月九号到十月一号去山东爬泰山。

（79）【从】小的时候到现在我一直看乒乓球。

"从$_3$"的数量开始大量增加，一改之前1、2例的输出状况，共输出了5例，超过了初现率的标准，如：

（80）在韩国的公司要求外貌，所以【从】外貌看人的情况最近已经成为一般的情况。

（81）每周末我看看书，【从】第一课到我们学习的课。

"从$_4$"在此阶段实现了零的突破，共输出了3例，比教师的输入频率都高。但分析学生的用例发现，韩国学生输出的"从$_4$"都是"从另一个角度来看/说"这样格式化的句子，如：

（82）【从】另一个角度来看，她是一个实在的人。

（83）【从】另一个角度说很难。

这说明此阶段韩国学生对于介词"从$_4$"的使用还处于格式化的模仿阶段。

（二）二年级

首先看一下二年级上下学期介词"从"不同用法在课堂和口语考试中的输入与输出情况汇总表4-8。

表4-8　二年级介词"从"不同用法输入、输出汇总表

| 阶段 | 用法类别 | 教师课堂输入 | | 韩国学生课堂输出 | | | | | 韩国学生口语考试输出 | | | | |
		输入数量	输入频率	正例	误例	合计	正确率	输出频率	正例	误例	合计	正确率	输出频率
二上	从$_1$	132	1.621	10	3	13	0.769	2.333	6	2	8	0.750	1.777
	从$_2$	134	1.646	11	3	14	0.786	2.513	3	0	3	1.000	0.666
	从$_3$	158	1.940	5	1	6	0.833	1.077	3	1	4	0.750	0.889
	从$_4$	30	0.368										
	合计	454	5.207	26	7	33	0.788	5.922	12	3	15	0.800	3.332
二下	从$_1$	130	1.858	17	2	19	0.895	3.414	10	7	17	0.588	3.890
	从$_2$	131	1.872	7	3	10	0.700	1.797	4	0	4	1.000	0.915
	从$_3$	44	0.629	5	2	7	0.714	1.258					
	从$_4$	17	0.243	1	0	1	1.000	0.180					
	合计	322	4.359	30	7	37	0.811	6.648	14	7	21	0.667	4.805

注：表中输入和输出频率都是万分位的，正确率是百分位的。

把表4-8中介词"从"不同用法的输入和输出频率转化成图4-5，可以清楚地看到二年级上下学期介词"从"不同用法输入和输出频率的变化趋势：

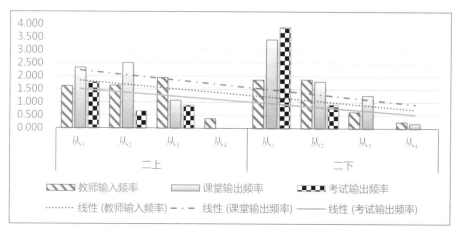

图4-5　二年级介词"从"不同用法输入、输出频率变化趋势图

从图4-5可以看出，二年级阶段教师课堂输入、韩国学生课堂输出和口语考试输出呈现完全一致的线性趋势。但二下韩国学生在口语考试中对介词"从"的输出有更加集中的趋势，说明韩国学生对介词"从"不同用法的使用有很明显的倾向性。

将表4-8中的正确率数据转化成图4-6，可以看到二年级上下学期韩国学生介词"从"不同用法正确率的变化趋势。

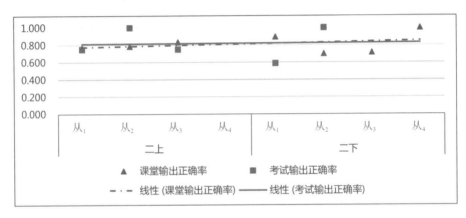

图4-6　二年级介词"从"不同用法输出正确率变化趋势图

从图4-6可以看出，二年级上下学期韩国学生课堂输出正确率与口语考试输出正确率的线性趋势几乎重合，说明韩国学生课堂上和口语考试中对介词"从"用法的掌握趋于一致，只在个体上存在差异。课堂上与口语考试中的正确率趋于一致很好地证明了介词"从"对于韩国学生来说认知难度不高，他们对于介词"从"用法的掌握比较好。

1.二年级上学期

二上教师的课堂输入不像一年级那样集中于"从₂"，而是较平均地分布于"从₁""从₂"和"从₃"，分别输入了132例、134例和158例。另外，"从₄"的输入增加也非常明显，从一下的3例增加到30例。其用例没有什么特别之处，不再赘举。

二上韩国学生在课堂上的输出以"从₁""从₂"为主，"从₃"相对较少，但也比一年级多。其中"从₁"输出了13例，占输出总量（33例）的39.4%，偏误仍然较多。学生的正确用例如：

（84）我【从】干上这个推销员，别的还好说，就是应酬太多了，让人吃不消。

（85）我【从】大二开始就参加各种各样的口语考试。

"从₂"输出了14例，占输出总量（33例）的42.4%，也出现了较多偏误。学生的用例如：

（86）【从】那边到学校吗？

（87）好像这钱是【从】天上掉下来的。

但像例（87）这样"从天上掉下来"的用例占了一大半，这是模仿教材中用例的结果。

"从₃"输出了6例，占输出总量（33例）的18.2%，如：

（88）……是【从】不好的变成好的？

（89）我的爸爸爱好是运动，他【从】运动中获得了活力。

"从₄"在此阶段又重回零输出的状态。可见，韩国学生对"从₄"的习得不是一蹴而就的。

此阶段，韩国学生在口语考试中对"从₁""从₂"和"从₃"的输出也趋于平稳，分别输出了8例、3例和4例。不过"从₁"的偏误数量仍然没有降低，说明韩国学生对"从₁"的掌握还有待加强。

分析学生的用例发现，"从₁"的输出仍以"从……开始""从……到……"两种框架为主；"从₃"几乎都是"从哪儿下手"这样的用例，格式化的痕迹较重。

2.二年级下学期

教师在二下时的输入较明显地集中于"从₁"和"从₂"，分别输入了130例和131例；而"从₃"和"从₄"的输入呈下降趋势，分别只输入了44例和17例。

韩国学生在课堂上对"从₁"输出的数量突增，达到了19例，占输出总量（37例）的51.3%，偏误仍然存在，但偏误率相对降低了一些。"从₂"的输出数量没有太大变化，共出现10例，占输出总量（37例）的27%，不过正确率有点降低。"从₃"的输出数量倒是增加不少，共输出了7例，占输出总量（37例）的18.9%。"从₄"的用法只出现了1例：

（90）这三个地方【从】地图上看，是一个长方形。

这个句子似乎不应该是这个阶段韩国学生能输出的句子，但它在语料中出现了，看似比较奇怪。但从儿童语言的发展研究中可以得知，所有儿童在语言习得中都会突然出现一些超乎人们想象的语句。这里有偶然的成分，也有一定量的吸收积累后输出的可能。由于数量较少，尚不能断定这种用法是偶然现象还是学生习得的结果。

韩国学生在口语考试中只输出了"从₁"和"从₂"两种用法，且"从₁"占绝对优势，共输出了17例，占输出总量（21例）的80.9%。不过韩国学生此阶段输出数量多的同时也伴随着偏误数量的增加，说明韩国学生对"从₁"的掌握存在不少问题。

（三）三年级

首先看一下三年级上下学期介词"从"不同用法在课堂和口语考试中的输入与输出情况汇总表：

表4-9　三年级介词"从"不同用法输入、输出汇总表

阶段	用法类别	教师课堂输入		韩国学生课堂输出					韩国学生口语考试输出				
		输入数量	输入频率	正例	误例	合计	正确率	输出频率	正例	误例	合计	正确率	输出频率
三上	从₁	45	1.444	13	0	13	1.000	3.156	8	1	9	0.889	2.206
	从₂	93	2.984	11	2	13	0.846	3.156	4	0	4	1.000	0.981
	从₃	37	1.187	1	2	3	0.333	0.728	2	0	2	1.000	0.490
	从₄	4	0.128				0.000		4	11	15	0.267	3.677
	合计	179	5.615	25	4	29	0.862	7.040	18	12	30	0.600	7.354
三下	从₁	31	1.288	18	2	20	0.900	4.989	9	2	11	0.818	2.141
	从₂	34	1.412	3	0	3	1.000	0.748	7	0	7	1.000	1.362
	从₃	116	4.818	7	0	7	1.000	1.746	4	1	5	0.800	0.973
	从₄								6	2	8	0.750	1.557
	合计	181	7.518	28	2	30	0.933	7.483	26	5	31	0.839	6.033

注：表中输入和输出频率都是万分位的，正确率是百分位的。

把表4-9中介词"从"不同用法的输入和输出频率转化成图4-7，可以清楚地看到三年级上下学期介词"从"不同用法输入和输出频率的变化趋势。

从图4-7可以看出，教师课堂输入频率的线性趋势基本是平行的，而韩

国学生的课堂输出仍呈下降的线性趋势。不过口语考试中输出频率的线性趋势与教师课堂输入频率基本保持一致的趋势。

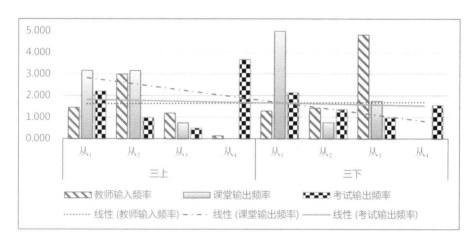

图4-7 三年级介词"从"不同用法输入、输出频率变化趋势图

将表4-9中的正确率数据转化成图4-8，可以看到三年级上下学期韩国学生介词"从"不同用法正确率的变化趋势：

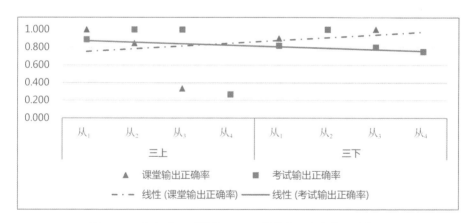

图4-8 三年级介词"从"不同用法输出正确率变化趋势图

从图4-8可以看出，韩国学生课堂输出正确率呈上升的线性趋势，而口语考试中的输出正确率基本保持水平的趋势。

1.三年级上学期

三上教师课堂上的输入频率跟其他学期没有太大的差别，介词"从"

几种用法的输入更趋于均衡化，只是"从₄"的输入仍然不高。

韩国学生课堂输出像二年级时一样，"从₁"和"从₂"的输出数量比较均衡，都输出了13例，不过一个很明显的变化是"从₁"的偏误减少。但"从₃"的输出数量仍比较少，仅输出了3例，其中还有2例是偏误用例。这说明"从₃"的使用对韩国学生来说还是比较难的。"从₄"在课堂上又没有输出，说明"从₄"确实不常出现在韩国学生的日常交际中。

考察韩国学生口语考试语料时发现，"从₁""从₂"和"从₃"跟之前的输出状况相似，没有非常大的变化。但在二年级几乎没有被输出，三年级上课堂上也没有输出的"从₄"又重新出现在韩国学生的口语考试输出中，并且达到了前所未有的高度。共出现了15例，占输出总量（30例）的50%，且用例也不再只是一些格式化的语句，如：

（91）还有【从】性别来看，男人的……，男人的需求更大。

（92）【从】这个角度来看，刚才老师说的，提前要准备买房子或者车子的话，有需要。

这可能与试题中要求韩国学生对某一事物或现象做出评价，表达自己的观点有关。不过从表4-9可以看出，韩国学生"从₄"的偏误十分严重，说明韩国学生在使用时还存在较多问题。但不管怎样，韩国学生能大量输出就证明"从₄"已经出现在他们的习得序列中了。

2.三年级下学期

教师在三下对"从₃"的输入量明显增加，甚至超出了平均水平。不过"从₄"的输入又消失了。

而韩国学生无论是在课堂上还是在口语考试中，对于"从₁"的输出都有较大幅度的增加，都达到了6个阶段的峰值。比如韩国学生在课堂上输出20例"从₁"，占输出总量（30例）的66.7%；在口语考试中输出了11例，占输出总量（31例）的35.5%。

另外，无论是课堂上还是口语考试中，韩国学生对"从₃"的输出也都有明显增加，一改之前几个阶段比较单一的输出状况，用例呈现多样化趋势，如：

（93）有没有【从】朋友关系发展到恋人？

（94）【从】旅行中我了解到的那个过程，也是现在人很享受的那个文化活动。

"从₄"在下学期的口语考试中仍然有较多输出，共出现8例，占输出总量（31例）的25.8%，如：

（95）【从】穿着上来看的话，韩国跟中国是不一样的.

（96）还有【从】学历层次来看，他们对硕士比本科生更需求。

总体而言，韩国学生在口语考试中对"从₁""从₂""从₃"和"从₄"的输出比课堂上的输出均衡化的趋势更明显。说明韩国学生对介词"从"的吸收和内化程度还是比较高的，可以在口语考试的状态下自由输出相关用法。

纵观韩国学生六个阶段输出的正确率，只有三上的课堂输出中的"从₃"和口语考试输出中的"从₄"出现较大的异常外，其他基本都在0.8以上。"从₃"、"从₄"正确率的异常现象也与此阶段韩国学生的输出频率较高有关，在输出频率较低时，一些偏误现象可能被掩盖了，但当韩国学生的输出量达到一定程度时，其偏误往往就无法掩盖，自然表现出来了。这也印证了Schetchar（1974）的"学生使用得越多，出现的偏误就会越多"的观点。

第三节　介词"从"的动态偏误考察

首先看一下不同学习阶段韩国学生课堂输出和口语考试输出时介词"从"用法的偏误类型汇总表。

表4-10　介词"从"不同阶段偏误汇总表

阶段	输出环境	误代	误加	遗漏	错序	其他	合计
一上	课堂			1			1
	口语考试		1	3			4
一下	课堂	1	1				2
	口语考试	3	1				4
二上	课堂	1		3		2	7
	口语考试	1	1			1	3

续表

阶段	输出环境	误代	误加	遗漏	错序	其他	合计
二下	课堂	2	3	1		1	7
	口语考试	5	1	1			7
三上	课堂			4			4
	口语考试		1	11			12
三下	课堂	2					2
	口语考试	1	1	3			5
总计		16	11	27		4	58

从表4-10可以看出，韩国学生介词"从"的偏误主要集中在遗漏、误加和误代上；没有一例错序，说明韩国学生对于介词"从"的使用不存在语序方面的问题；无法归类的其他类偏误也很少。这说明介词"从"不是韩国学生学习的难点，与之前的预测也完全一致。

一、一年级韩国学生介词"从"偏误的动态分析

在一上的课堂上，韩国学生输出中的唯一1例偏误是"从₂"的遗漏，口语考试中也有2例"从₂"的遗漏，如：

（97）*∧车里，车里拿出来一瓶，红葡萄酒。

（98）*特别是在韩国，公司都看你毕业∧什么大学。①

例（94）中介词"从"遗漏产生的原因是受韩语的影响：在韩语中汉语方位词与格助词也有一定的对应关系，与介词跟格助词的对应存在重合现象②。所以，韩国学生在遇到汉语介词与方位词搭配使用时就经常会出现遗漏的现象。这一点周文华（2011b）也有论述，可参看。例（98）中介词"从"的遗漏是受离合动词"毕业"使用的影响，韩国学生没有离合动词的意识，不能分辨汉语中的离合动词，直接把它们当及物动词加宾语使用，从而导致偏误。对于这一点，肖奚强（2000）就已经注意到了，并有

---

① 本例的另一个解读是遗漏了"于"，但对于一年级上的韩国学生来说，他们还没有接触和学习文言色彩比较重的介词"于"的用法，所以也谈不上是"于"的遗漏。出现这样的情况应该是语序上的巧合。

② 汉语方位词与韩语的对应请参看崔健（1999）。

相关讨论。

口语考试中还各有1例"从₁"的遗漏和误加，如：

（99）*我工作在酒吧，所以，大概∧晚上六点到三点，一直打工。

（100）*我【从】现在我觉得南京的生活，南京的环境还有南京的生活比较好。

遗漏和误加这对本该此消彼长的偏误类型同时出现，说明韩国学生对于"从₁"的使用规则不清，即，不知何时该用，何时不该用。在韩语中不存在不该用的问题，因为韩语中必须加格助词来表明名词在句中的语法意义。所以，汉语介词的这种该用和不该用的区别就是有标记的，对于韩国学生来说认知难度较高，他们极容易混淆。在韩国学生的使用中就往往会表现出该用的时候不用，不该用的时候又用的情况。

在一下，韩国学生的偏误主要集中在误代和误加上。在口语考试中共出现3例"从₁"的误代，如：

（101）*因为我爸爸很喜欢看电影，所以我【从】小孩子的时候，很多……

（102）*韩国的男小孩子们【从】小时候常常踢足球。

这些例子中的"从"都应该换成"在"，这是韩国学生对于"从"和"在"两个介词的用法区别不清所致。因为韩语中"从"和"在"都可对应于格助词"에서"，放在表时间名词的后面。所以，初学汉语的韩国学生不太注意"从"和"在"的语义区别，就会出现误代。

另外，课堂上和口语考试中都出现了介词"从"的误用，如：

（103）*【从】他的家离学校很近，是半个小时。

（104）*中国人喜欢，中国人吃饭的时候，【从】一个盘里的菜吃，使我有亲近的感觉。

例（103）可以有两种修改方法，一是删除"从"，因为句中已经有介词"离"了；一是把介词"离"改成"到"，构成"从……到"框架。本书倾向于第一种改法，主要是因为韩国学生会受韩语格助词使用的影响，习惯在名词后加格助词来表达相应的意思，所以他们会忽略"从"和"离"的区别和不兼容性。而对介词"从"的泛化也导致了例（104）的错误，把不能与介词"从"搭配的动词也用于介词"从"字句，其正确的表达应该是"吃一个盘里的菜"。

可以看出，一年级韩国学生的偏误主要是对于介词"从"用法规则掌握不到位，受韩国格助词使用影响导致的。

二、二年级韩国学生介词"从"偏误的动态分析

在二上的课堂上，韩国学生出现的偏误数量较多，而且类型分散。遗漏、误加和误代均出现了用例，尤其是遗漏还出现了3例，主要集中在"从$_1$"和"从$_2$"，如：

（105）*我【从】小孩子∧到现在没一次，只一次没有住院。

（106）*【从】哪儿跌倒。

（107）*鸡龙山位于【从】中心的……大田的中心啊。

例（105）遗漏了副词"开始"，例（106）用"从"误代了"在"，例（107）误加了介词"从"。

在口语考试中也分别出现了1例误代和误加，如：

（108）*我【从】空姐的时候，我的飞机票很便宜，呃，我可以旅行很多地方。

（109）*我小，小的时候，【从】小的时候谈恋爱都可以了解别的性。

例（108）用"从"误代了"当"；例（109）误加了"从"，都是韩国学生对"从……的时候"介词框架使用泛化导致的。

到二下的课堂上，韩国学生误加"从"的偏误明显增多，从以往的1例增加到了3例，口语考试中也出现了1例，这些都是受母语影响导致的使用泛化，如：

（110）*【从】七十年代以来为了造成廉洁的香港社会，做很多的事情。

（111）*【从】他的朋友谁接，这个也是一个机会。

因为对于韩国学生来说，名词性结构后面加格助词是常态，泛化到汉语使用中就是加介词是常态。

其次是"从"和"在"之间的误代，课堂上又出现了2例，而口语考试中竟出现了5例，可见韩语的负迁移到二年级仍没有消除，如：

（112）*外国人想去西藏的话，他可以办那个签证，【从】外国还是可以就在中国？

（113）*我有一个哥哥，现在他和我的关系非常好，可是【从】小的时候每天打架吵架。

遗漏在课堂和口语考试中各出现1例，都是遗漏了介词框架的后半部分"开始/起"，如：

（114）*他【从】小学∧一直想当医生，所以他拼命学习，然后他终于成功了。

（115）*【从】今天∧，不来上课，所以我开心。

此外，在二年级阶段还出现了所有学习阶段中唯一的4例无法归类的偏误用例，都是语言表达中的不完整表达，如：

（116）*我都从那些，【从】那些……

（117）*他说我们【从】……

韩国学生的这些不完整表达都是词语的遗忘造成的。对于第二语言学习者来说，这一现象是比较常见的。他们在表达中突然想不起某个词，或某个句式的表达顺序，就会中断其话语，改用其他词语或句式来表达。

三、三年级韩国学生介词"从"偏误的动态分析

三上课堂上的遗漏较多，多是介词短语中后加成分的遗漏，如：

（118）*【从】新疆人∧买的。

（119）*新年的时候还可以【从】亲戚或者父母∧收到压岁钱，这是跟中国差不多。

例（118）（119）都遗漏了"那里"。韩国学生出现这样的偏误基本都是受母语的影响，因为韩语中没有处所性名词的区别，指人或指物的名词在特定的语境中可以表处所。但汉语中指人名词和指物名词不能直接表处所，需要加上相关的方位词等成分。

口语考试中的遗漏更多，达到了11例，基本都是"从$_4$"使用中的遗漏，如：

（120）*∧有点主观的角度来说，我是不能抽烟、不能喝酒的人。

（121）*第四是∧学历来看，学历好的人，越好得到好工作。

这是韩国学生对"从……来说/来看"的构成还不是很熟悉导致的。这一用法的偏误大量出现在三年级，加上韩国学生"从$_4$"的使用频率一直很低，初学阶段甚至是零输出，说明"从$_4$"的用法对于韩国学生来说认知难度是非常高的。

误加只在口语考试中出现了1例：

（122）*第一就是中国吃的观念，一般【从】以前是农业的国家，都是吃米啊什么的。

到三下，韩国学生课堂和口语考试输出中"从"和"在"的误代再次出现，共出现了3例，如：

（123）*【从】小的时候我不学习了，但是我妈妈……

（124）*【从】小的时候我喜欢弹钢琴，……

可见，这些在韩语中有相同对应关系的介词是韩国学生学习中易混淆的难点。

口语考试中的遗漏仍然比较严重，基本都集中在"从$_3$"和"从$_4$"的遗漏，如：

（125）*独生子女的教育的解决的方法是：∧孩子的各个的，孩子的性格来考虑各个的……，他们的成长时期来确定解决的方案。

（126）*因为∧历史上看，……，所以那个时候存的钱全没用了。

说明韩国学生对于介词框架的掌握存在较多问题。这两种用法对于韩国学生来说，认知难度都较高。

第四节　介词"从"习得规律及教学建议

一、介词"从"的习得规律

从本章的考察来看，韩国学生对于介词"从"的习得总体上来说是比较理想的：在输出频率方面与教师的输入频率接近；在各个学习阶段也没有太大的变化,说明韩国学生在学习之初就基本习得了介词"从"的相关用法;同时,韩国学生介词"从"的偏误并不太多,说明韩国学生对于介词"从"的掌握情况也比较好。但在介词"从"的各个用法的习得和掌握上还是存在差别的,具体情况请见表4-11。

表4-11 介词"从"不同用法习得认知过程汇总表

项目	习得状况	描述
从$_1$	一上习得	一上的课堂上初现,口语考试中达到初现率的标准,为已经习得的语言项目。二上达到使用的高峰,偏误一直存在,到高年级更盛,初期以遗漏为主,后期以与"在"的误代为主。
从$_2$	一上习得	一上的课堂上初现并习得,使用频率一直是最高的。偏误也一直存在,初期也以遗漏为主,后期也以与"在"的误代为主。
从$_3$	一下习得	一上初现,但均达不到初现率标准,一下的口语考试中达到初现率标准并完全习得;偏误以后加成分的遗漏为主。
从$_4$	一下习得	直到一下的口语考试中才出现3例,说明韩国学生内化的时间较长。二年级整个学年只出现1例,三上的口语考试中才出现较多用例,但偏误较多,以遗漏为主。

此外,韩国学生在使用介词"从"过程中的偏误规律也很明显:

(1)他们不会对介词"从"字短语使用的语序存在问题。

(2)由于韩语的影响,他们会对介词"从"与"在"的用法区别不清,经常混用。

(3)韩国学生对于介词"从"的框架构成意识比较弱,尤其是介词"从"与相关方位词搭配,以及"从……来看"介词框架的使用方面存在问题。这是因为韩语中没有相关框架结构,他们的框架结构意识不强。

(4)韩国学生在初学阶段对介词"从"的使用规则,即何时该用"从",何时不该用"从"方面存在混沌现象。主要原因是韩语中名词性成分后必加格助词来标识它们在句中的语法意义,而汉语中的介词"从"存在必用、必不用和可用可不用的区别,这些区别对于韩国学生来说认知难度较高。

二、介词"从"的教学建议

根据韩国学生介词"从"习得认知规律的总结,本章认为在针对韩国学生的教材编写以及课堂教学方面要注意以下几点。

1.教材编写和课堂教学中对于介词"从"各个用法安排的顺序如下：①一上安排"从$_1$"和"从$_2$"的教学；②一下再安排"从$_3$""从$_4$"的教学。

2.对于介词"从"的教学要注意以下几个方面：①一年级注意介词"从"用法规则的讲解，即哪些动词需要用介词"从"介引名词性成分，哪些动词不需要或不能用介词"从"介引名词性成分；②一下安排"从$_3$"的教学时注意介词"从"字短语构成规则的教学，以及"从$_1$""从$_2$"介词框架的教学；③一下时需要特别注意介词"从"与介词"在"的区别教学；④一下安排"从$_4$"教学时，最好以介词框架"从……来看"的形式进行教学，强化韩国学生介词框架的意识。

第五章　介词"对"的习得认知过程研究

第一节　介词"对"与韩语相应成分对比分析

一、介词"对"的使用规则

学界对介词"对"的考察很多，有从表意和用法角度的，如吕叔湘（1980），傅雨贤、周小兵（1997），李琳莹（1999）等；有从句法规则角度的，如徐枢（1984）等；有从语法化角度的，如周芍、邵敬敏（2006）等；还有从与相关介词和用法的对比分析角度的，如刘顺（1998），万莹（2008），周文华、肖奚强（2012），钟芳杰（2012），逄洁冰（2013）等。

从表意和用法上看介词"对"可以介引空间成分。傅雨贤、周小兵（1997）详细列举了"对"介引方向的用法，并指出"对"后的宾语总是由表示方位的名词充当，也可以是表示处所的名词。在绝大多数情况下介引方向时会用"对着"，只有极个别的场合不能用"对着"来替换"对"。周芍、邵敬敏（2006）则指出"现代汉语中'对'和'对着'已经有了比较明确的分工……'对'更趋向于引进对象，'对着'更趋向于引进方向。"因此，不宜把这两类用法放在一起讨论。

但介词"对"最主要的用法是介引对象成分。这方面学界讨论得很多，观点也很多。比如，吕叔湘（1980）列举了两种：

1.指示动作的对象，意思等同于"朝、向"，如：

（1）他【对】我挥了挥手。

（2）我们既然是放松，就不要【对】别人提出要求。

2.表对待。用法大致同"对于"。用"对于"的句子都能换用"对"，但用"对"的句子，有些不能换用"对于"。具体表现为：

●表示人与人之间的关系，只能用"对"，不能替换为"对于"，如：

（3）她【对】顾客很热情。

（4）孩子【对】长辈不礼貌，是谁嘴上不说？

●介词"对"字短语可用在助动词、副词的前面或后面，也可用在主语前面，意思相同。"对于"不能用在助动词、副词之后，如：

（5）领导会【对】这件事做出安排。——【对】这件事领导会做出安排。

（6）领导终于【对】这件事做出了安排。——【对】这件事领导终于做出了安排。

例（5）和（6）中前一句中的"对"不能换成"对于"，后一句中的"对"可换成"对于"。也即，"对于"更倾向于引介话题成分。

●构成介词框架"对……来说"，表示从某人、某事的角度来看。有时也用"对……说来"，如：

（7）【对】我来说，这是最好的解释。

（8）所以，比你年纪小的人，你对他使用平辈的称呼，【对】他来讲是一种尊敬。

傅雨贤、周小兵（1997）列举了"对"的四种用法，分别是：

①"对$_1$"表示方向，引进动作、行为的方向。这是介词"对"介引空间成分的用法。

②"对$_2$"表示动作、行为的对象或目标。它与"对$_1$"介引方向成分的区别就是构成介词短语的名词性质不同，句中动词没有太多的差别。"对$_2$"与"向、朝、跟"等有交叉互换关系，但不能对等互换。

③"对$_3$"引进动作、行为或性状等的对待对象。介词短语可以用来修饰名词性、形容词性或动词性短语。这一用法中有介词"对"字短语做定语和作状语的区分。

④"对$_4$"表涉及关系，主要构成"对……来说"介词构架。

李琳莹（1999）也认为介词"对"有四种语义用法，分别是：

①"对₁"含有"朝、向"的意思，能用于"对₁"句中的动词主要有"言语活动动词"和"身体五官活动动词"；句中的否定副词、能愿动词或其他状语一般都位于"对₁"前；"对₁"句中的动词一般不单独使用，后面或者带助词"了、着、过"，或者带宾语或时量、数量补语，或者动词本身重叠。

②"对₂"介绍心理活动或情感态度所对待的对象。介词短语后所跟的一般是心理活动动词或感情态度类形容词，它们大部分具有非自主性的语义特征。

③"对₃"句中的动词很多，主要有行为动词、言语动词、隐现类动词、有无类动词和抽象动词。

④"对₄"介绍判断、描写或叙述所出发的角度，多用于由判断词"是""算"或形容词充当谓语的句子。

周文华（2011a）综合各家的观点，依据语料考察的频率主要讨论了介词"对"介引对象成分时"指向、对待、涉及"三种语义用法：

1. "对₁"。"对₁"介引动作指向对象。其构成的介词短语只能在句中做谓语动词的状语，能与它共现的动词类别较复杂，李琳莹（1999）和何薇（2004）都有论述，可总结为以下几类：

①言语类动词，如"说、讲、喊、许愿、倾诉、唠叨、解释、撒谎"等，这些动词只能用"对₁"来介引动作的指向对象，"对₁"的宾语和谓语动词没有受动关系。但是，一些可直接带指人宾语的言语类动词，如"问、告诉、回答"等[①]，是不能进入"对₁"句的，留学生往往对这一规则掌握不好，经常会产生一些误用的偏误。

②体态类动词，如"哭、笑、看、眨眼、摆手、挥手、点头、鞠躬、敬礼"等。这些动词只能用"对₁"来介引动作指向的对象，"对₁"的宾语和谓语动词没有受动关系。

③一些抽象的行为动词，如"摆架子、开玩笑、发脾气、献殷勤、发

---

① 此类动词不能用"对"来介引对象的内在机制十分复杂，在首届汉语中介语料库建设与应用研讨会（南京，2010）上引起了崔希亮、冯志伟和陆汝占等教授的激烈讨论，是需要深入研究的问题。本章仅列举出部分动词，至于其内在动因拟另文探讨。

怒、发火、拍马屁、撒娇"等。这些动词也必须用"对$_1$"来介引动作指向的对象，不可以直接加宾语。

④一些动词如"干涉、干预、关照、传唤、调查、讯问、检验"等，必须加形式动词"进行、加以"等。这些动词多数与"对$_1$"的宾语有受动关系，可以直接跟"对$_1$"的宾语构成动宾结构。

动词类别不同也影响"对$_1$"能否与"跟、向、给"等介词互换。但受篇幅所限，本章不能对此问题深入探讨。

2．"对$_2$"。"对$_2$"介引的是动作对待对象。关于"对待对象"，傅雨贤、周小兵（1997）认为"对待关系一般只存在于有意识的主体与某一对象之间，主体可以把某种性状、行为等加于某一对象之上。"因此，"对$_2$"的使用有一个意识度的问题。从定义的表述可以看出，"对$_2$"句中主语的意识度要明显高于介词宾语的意识度。此定义对区分"对$_2$"和"对$_1$"非常有效。

"对$_2$"介词短语在句中也能做状语，句中谓语主要由形容词来充当。徐枢（1984）指出"表示人的性情或品性的、表示人的某种感情、态度的（笔者加）、表示对事物评价的"形容词可以进入句式。而"表示人物的状貌或事物的性质、情况等的形容词"不能进入句式。句中谓语也可以是一些表心理的行为动词，但一些动名兼类词，如"感谢、怀疑"等，要加动词"表示"后才可进入句式。句中谓语还可以是表达人的某种态度、情感或心理的"有+名词"结构，"有"后面的名词通常都是表某种心理状态的抽象名词。此用法中的"对"是否可换为"对于"，周芍、邵敬敏（2006）认为和介词短语中"名词是指人或是指物有关"。如果是指人的，不宜换成"对于"；如果是指物的，则可以换成"对于"。

从以上分析可见，"对$_1$"和"对$_2$"的主要区别是介词短语后的谓语成分不同，从而决定"对$_1$"的语义是主语对介词宾语实施的某种行为动作，"对$_2$"的语义是主语对介词宾语持有的某种情感态度。

3．"对$_3$"。"对$_3$"主要介引动词涉及对象。在使用中多跟"来说、来讲、而言"等构成介词框架，一些不以介词框架形式出现的"对$_3$"也可以补出框架的组成部分。进入介词框架的名词一定是生命度比较高的词[①]。如果生命度很低，或无生命度的名词是不能进入“对₃”介词框架的。“对₃”的使用之所以有这样的限制，是受“对”介引动作对象这一基本语义影响的，这也是它与一般话题介引结构的重要区别。周芍、邵敬敏（2006）指出，“对……来说/而言”主要是起到强调作用，如果在不需要强调的时候，人们往往选择“对”和“对于”。

可以看出“对”介引“对待”对象成分时在使用上是比较复杂的，以往的研究没有对这一现象进行区分。本章为了详细考察韩国学生对这一复杂用法的习得认知过程，把这一用法进行区分，分列出做状语、做定语及话题标记三种。本章拟讨论的介词“对”的具体详细分类为：

“对₁”介引空间成分，指明动作的方向，以“对着”的用法居多，如：

（9）她每天【对】着电脑看，但她不喜欢电脑。

（10）只有【对】着太阳才能看到。

“对₂”介引具体动作针对对象，其动作可为言语类动作动词，体态类动作动词，抽象行为动作动词等，具体分析可参看李琳莹（1999），何薇（2004），周文华（2011a）等的论述，如：

（11）当中国人在【对】别人提出要求的时候，就是我想要做什么事的时候，因为中国人的礼貌习惯，往往是这么要求的，……

（12）摄影师【对】妇人说，你靠近一点，手搭在你先生的肩上，这样照起来就会自然一些。

“对₃”介引对待对象，主要表明某种性状或心理行为，在句中做状语，如：

（13）这个人他对自己很“吝啬”，但是【对】别人却很大方。

（14）孩子【对】长辈不礼貌，长辈嘴上不说，但心里肯定不满。

“对₄”介引对待对象，主要表明某种性状或心理行为，在句中做定语，其格式通常为，“对P+的+NP”，如：

（15）词汇比较简单，我们听一遍，然后看看大家【对】词汇的掌握。

---

① 有关“生命度”的论述，请参看王珏（2004）。

（16）父亲走了，自己有再大的成就也弥补不了【对】父亲的内疚。

"对₅"介引关涉对象，主要构成介词框架"对……来说、而言"等，如：

（17）蹦极【对】我来讲非常有挑战性。

（18）名利【对】我来说不算什么。

"对₆"引出话题，包括"对于"，如：

（19）当然了，这不仅是【对】吃的东西，比如说书，还有比如说电影，都可以叫品味。

（20）但是【对于】他的朋友，【对于】他的亲人他都会去选最好的比较贵的东西。

二、介词"对"与韩语格助词的对比分析①

上文已经列举了本章将要讨论的介词"对"的六种表意用法，下面分别考察这六种用法在韩语中的对应情况：

1. "对₁"介引空间成分，指明动作的方向，包括"对着"的用法，它在韩语中可以对应格助词"보고、향해"，如：

（21）【对着】这瓶蛇酒，两人都感到它充满了神奇！

둘 다 뱀술을 【보고】 신기해하는 표정이다.

两人都 蛇酒【对着】 充满了 神奇

（22）他【对】房间里喊了一声。

그는 방안을 【향해】 소리를 한번 쳤다.

他 房间里【对】 一声 喊了

2. "对₂"介引具体动作针对对象，其动作可为言语类动作动词，体态类动作动词，抽象行为动作动词等，它在韩语中对应的格助词主要有"-에게、-한테，-에"，如：

（23）老师【对】我说……

선생님께서 나【에게】 말씀하셨다.

老师 我【对】 说

---

① 如第一章所述，鉴于韩语格助词与汉语介词对应的复杂性，本章的对比研究只进行从汉语到韩语的单向对比研究。

（24）妈妈【对】我笑了笑。

엄마는 나【에게】웃었다.

妈妈　我【对】　笑

（25）她【对】男朋友发脾气。

그녀가 남자친구【에게】화를 냈다.

她　　男朋友【对】　发脾气

（26）警察对小偷进行审问。

경찰이 도둑【에게】심문을 진행했다.

警察　小偷【对】　审问　　进行

当介词“对$_2$”用来介引非指人名词时，一般与韩语格助词“에 관해”对应，如：

（27）朝鲜的“朝鲜通史”【对】大韩帝国的独立没有进行叙述。

북한의 조선통사는 대한제국의 독립【에 관해】기술하지 않았다.

朝鲜的“朝鲜通史”大韩帝国　独立　【对】　叙述　没有

3.“对$_3$”介引对待对象，主要表明某种性状或心理行为，在句中做状语。它在韩语中也主要与“에게、한테、에”对应，如：

（28）隐瞒【对】本国不利的问题……

자국【에게】불리한 문제는 숨기고……

本国【对】　不利的问题　隐瞒

（29）警察也要【对】调查没有进展的情况负责。

경찰도 수사가 지지부진한　데【대해】책임을 통감해야 한다.

警察也　调查　没有进展的　情况【对】　负责　　　　要

（30）外交通商部【对】日政府派出代表表示遗憾。

외교통상부는 일본의 정부 대표 파견【에】유감을 표시했다.

外交通商部　日本 政府　代表 派出【对】遗憾　　表示

4.“对$_4$”介引对待对象，但在句中做定语，通常是短语后加“的”修饰名词，它在韩语中的对应情况如下：

（31）朝鲜近期不断提高【对】韩国的挑衅水平。

북한은 요즘 매일【대남】도발의 수위를 높이고 있다.

朝鲜　近期　　不断【对】　　　韩国的挑衅水平　提高

（32）这并不意味着要吝啬【对】英勇善战的企业们的称赞。

세계 시장에서 선전한 기업들의 노고를 평가하는【데】인색해서는 안된다.

在世界市场上　知名　企业的　努力　　　称赞【对】吝啬　　不要

5. "对₅"介引关涉对象，主要构成介词框架"对……来说、而言"等，它在韩语中的对应与"对"的其他用法有很多交叉的地方。从形式上它可与"–에、–에게、–로서、–보면、–상대로"等对应，但对应最多的还是"–에게、–에、–로서"，如：

（33）【对】政客【来说】，名字和称呼就是他们存在的意义。

이름과 호칭은 정치인【에겐】　　存在의 의미다

名字和称呼　政客【对……来说】存在的　意义

（34）汉字【对】中国人【来说】很容易。

중국인【에게】　　　　한자는 매우 쉽다.

中国人【对……来说】汉字　很　容易

（35）女性们不能发挥能力【对】个人、国家【来说】都是损失。

여성들이 능력을 발휘하지 못하는 것은 개인과 국가, 모두【에】손해다.

女性们　能力　发挥　不能　　个人　国家　都【对……来说】损失

6. "对₆"引出话题，包括"对于"，它在韩语中主要对应于"에"，例句如下：

（36）然而朴总统只【对】两个方面的政治问题发表看法。

그런데도 박 대통령이 정치【에】입을 여는 건 두 가지 경우뿐인 것 같다.

然而　　朴总统　政治问题【对】　发表看法　　　两种情况　好像

（37）【对】这个问题，你是怎么看的？

이 문제【에】대해서 어떻게 생각하세요?

这个问题【对】　　怎么　　看

三、汉韩对比规律小结

根据语料考察，汉语介词"对"的用法在韩语中有很多的对应形式，具体请看表5-1。

表5-1 介词"对"汉韩对应表

用法	类别	对应形式	对应数量
对	1	–에	258
	11	–에서	5
	12	–에게 –한테	155
	13	–에대해	238
	131	–에대해서	24
	132	–에대한	338
	133	–에관한	8
	2	대상（상대）–로	16
	3	– 관련해	6
	4	–향해	14
	41	–향한	1
	5	–데는（–대해서는）	12
	51	–（하는）데	1
	6	–로부터	1
对……来说	1	에/에게는/에게	79
	2	（으）로서	5

从表5-1可以清楚看出，在与介词"对"对应的所有格助词中，最常用的主要是"–에"及其相关变体形式，从对比分析理论的角度看，韩语中多个格助词到汉语中汇总成一个介词"对"属于合并，韩国学生对其理解和使用的认知难度应该比较低。但同时，这些用法又会与"对……来说"有交叉。韩国学生对于汉语介词框架"对……来说"在使用时可能会存在一些问题，因为它与韩语对应的格助词形式"에/에게는/에게"也同样对应于介词"对"的其他用法。可以预测韩国学生若不仔细考虑汉语句子的意思，可能会在使用"对……来说/来讲/而言"时遗漏框架构成成分"来说/来讲/而言"等。至于汉语中生命度很低，或无生命度的名词不能进入"对……来说/来讲/而言"介词框架的问题，在韩语中是没有特殊规定的。

这也是韩国学生很容易忽略的差别。

从对比分析可以看出，在韩语中介词"对"不同表意用法没有详细区分。这不仅体现在对应的韩语格助词有很多的交叉上，还体现在句中动词的使用上：汉语介词"对"对不同用法中动词的类别和形式有具体要求。这属于汉语介词"对"使用时的特殊限制，而韩语中则没有相关限制。也即汉语中是有标记的，而韩语中是无标记的。因此，韩国学生很可能忽略介词"对"不同用法对句中动词的限制，在使用中出现介词"对"与句中相关动词不搭配的误用情况。

另外，韩语中的"-에"类格助词，与汉语中的多个介词"给、跟、向"等有交叉的对应情况（详见第六、七、八章的分析），若韩国学生在使用时不考虑汉语语句的意思，也极有可能会误代"对、给、跟、向"等介词。

在语序方面，汉语介词"对"与韩语的对应没有什么特殊之处，都是汉语介词与韩语格助词使用的常规语序。所以，了解了汉语介词系统语序的韩国学生应该不会在介词"对"使用时出现语序方面的问题。

第二节　介词"对"的习得认知过程考察

一、课堂输入与输出情况的总体对比

本章依据历时两年半的一年级上下学期（下文简称一上和一下），二年级上下学期（下文简称二上和二下）和三年级上下学期（下文简称三上和三下）汉语听说课及口语考试录像转写而成的课堂/考试口语语料库[①]来考察的教师课堂话语、韩国学生课堂话语及口语考试中介词"对"的使用情况。课堂教学中教师的输入与韩国学生输出的情况请见表5-2。

---

① 本语料库包含3个子库，分别是教师课堂话语语料库（共342 5314字），韩国学生课堂话语语料库（共27 4489字）和韩国学生口语考试语料库（共27 6827字），各学习阶段的字数分布请看绪论部分。

表5-2 不同阶段介词"对"输入、输出情况汇总表

阶段	教师课堂输入		韩国学生课堂输出		韩国学生口语考试输出	
	数量	频率	数量	频率	数量	频率
一上	196	3.733	16	6.232	13	4.325
一下	449	5.384	34	6.055	72	10.930
二上	756	9.284	52	9.332	61	13.552
二下	690	9.861	91	16.350	67	15.331
三上	321	10.300	71	17.236	59	14.463
三下	348	14.455	77	19.206	120	23.353
合计	2760	8.058	341	12.423	392	14.160

注：表中输入和输出频率都是万分位的。

从表5-2可以得出，本章检索到介词"对"的使用频率是13.292/10000（（12.423+14.16）/2=13.292），教师课堂输入频率是8.058/10000。而周文华（2011b）考察得出不分国别外国学生书面语使用频率是18.95/10000，汉语母语者使用频率是14.37/10000。可见，口语中的使用频率远低于书面语中的使用频率。但无论是口语还是书面语，学生的使用频率都要高于汉语母语者的使用频率。

把表5-2中的输入、输出频率数据录入SPSS22.0进行多因素方差分析，在类别变量的差异性上统计得出$F=7.988$，$P=0.008<0.05$；在学习阶段变量的差异性上统计得出$F=16.630$，$P=0.000<0.05$。均拒绝虚无假设，说明类别和学习阶段两个变量的差异性都是显著的，也即教师课堂输入频率与韩国学生课堂及口语考试输出之间存在显著差异；同时，在不同学习阶段上的频率也存在显著差异。

对类别变量的事后分析发现，教师课堂输入频率与韩国学生课堂输出频率之间的差异显著性$P=0.017<0.05$，教师课堂输入频率与韩国学生口语考试输出频率之间的差异显著性$P=0.003<0.05$，也均拒绝虚无假设，说明教师课堂输入频率与韩国学生在不同语境下的输出频率都存在显著差异；韩国学生课堂输出与韩国学生口语考试输出频率之间的差异显著性$P=0.339>0.05$，接受虚无假设，说明韩国学生在不同语境下的输出频率不存在显著差异。

把表5-2中的使用频率转化成图5-1，可以很清楚地看出教师输入频率

与韩国学生在不同学习阶段的输出频率变化情况。

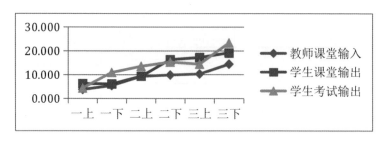

图5-1　介词"对"不同阶段语输入、输出频率变化趋势图

可以看出，教师输入与韩国学生输出频率之间存在显著差异，主要表现在使用频率上的差异，也即韩国学生无论是在课堂上还是口语考试中的输出频率都高于教师在课堂上的输入频率。但从图5-1可以看出，随着学习阶段的提升，输入与输出的曲线也逐渐上升，但教师输入与韩国学生输出曲线有较明显的分离，而学生课堂输出与口语考试输出的曲线基本纠缠在一起。这很好地佐证了SPSS22.0统计的结果。

下面看一下六个学习阶段韩国学生输出正确率变化情况，请看表5-3。

表5-3　介词"对"不同阶段输出正确率汇总表

阶段	韩国学生课堂输出正确率				韩国学生口语考试输出正确率			
	输出总量	正确用例	偏误用例	正确率	输出总量	正确用例	偏误用例	正确率
一上	16	12	4	0.750	13	10	3	0.769
一下	34	30	4	0.882	72	51	21	0.708
二上	52	38	14	0.731	61	51	24	0.836
二下	91	74	17	0.813	67	49	18	0.731
三上	71	69	2	0.972	59	50	9	0.847
三下	77	64	13	0.831	120	93	27	0.775
合计	341	287	54	0.842	392	304	102	0.776

注：表中正确率是百分位的。

将表5-3中的正确率数据转化成图5-2，就可以清楚地看出不同学习阶段韩国学生介词"对"使用正确率变化轨迹。

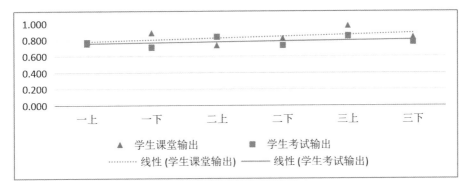

图5-2 介词"对"不同阶段输出正确率变化趋势图

从总体上看，韩国学生介词"对"的正确率线性趋势是逐渐上升的。说明韩国学生对介词"对"的掌握逐渐提高。同时，韩国学生的正确率在课堂上与口语考试中保持基本一致的发展趋势，说明韩国学生在两种语境下输出语料的内在一致性较高，更有利于说明韩国学生介词"对"的掌握情况。只是韩国学生在课堂上的正确率略高于口语考试中的正确率。这说明介词"对"的用法对于韩国学生来说存在一定的难度，他们在自由使用介词"对"时存在较多问题。前几章已经讨论过，口语考试语料一般是滞后于课堂语料的，且课堂上学生可以模仿，有较充足的时间思考，所以其正确率高于口语考试中的正确率是正常的。因此，口语考试中的正确率应该是学生掌握该语言项目与否比较精确的标准。

从阶段变化曲线看，无论是课堂上还是口语考试中，韩国学生介词"对"的正确率都呈"U"形分布。说明韩国学生在二年级阶段对介词"对"的使用存在较多问题，详见下文偏误动态分析部分。

二、分阶段的输入、输出及互动情况考察

（一）一年级

首先看一下一年级上下学期介词"对"不同用法在课堂和口语考试中的输入与输出情况汇总表。

表5-4　一年级介词"对"不同用法输入、输出情况汇总表

阶段	用法类别	教师课堂输入		韩国学生课堂输出					韩国学生口语考试输出				
		输入数量	输入频率	正例	误例	合计	正确率	输出频率	正例	误例	合计	正确率	输出频率
一上	对$_1$	13	0.248										
	对$_2$	47	0.895	8		8	1.000	3.116	1	2	3	0.333	0.998
	对$_3$	73	1.390	1	1	2	0.500	0.779	7		7	1.000	2.329
	对$_4$	8	0.152										
	对$_5$	47	0.895	3	2	5	0.600	1.948	2	1	3	0.667	0.998
	对$_6$	21	0.400		1	1	0.000	0.390					
	其他	13	0.248					0.000					0.000
	合计	196	3.733	12	4	16	0.750	6.232	10	3	13	0.769	4.325
一下	对$_1$	13	0.156			1	1.000	0.178					
	对$_2$	57	0.684	2	3	5	0.400	0.890	7	5	12	0.583	1.822
	对$_3$	233	2.794	17		17	1.000	3.027	18	4	22	0.818	3.340
	对$_4$	41	0.492	1	1	2	0.500	0.356	11		11	1.000	1.670
	对$_5$	92	1.103	10		10	1.000	1.781	15	2	17	0.882	2.581
	对$_6$	13	0.156										
	其他	13	0.156							10	10	0.000	1.518
	合计	449	5.384	30	4	34	0.882	6.055	51	21	72	0.708	10.930

注：表中输入和输出频率都是万分位的，正确率是百分位的。

把表5-4中介词"对"不同用法的输入和输出频率转化成图5-3，可以清楚地看到一年级上下学期介词"对"不同用法输入和输出频率的变化趋势。

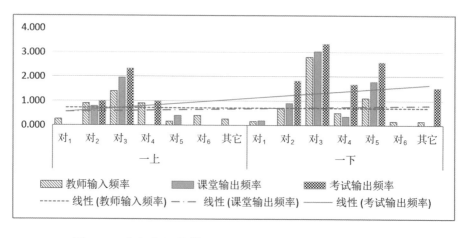

图5-3　一年级介词"对"不同用法输入、输出频率变化趋势图

　　从上下两学期输入、输出频率的线性趋势来看，教师的课堂输入与韩国学生课堂输出频率基本保持水平的线性趋势，但是韩国学生课堂输出量略高于教师的课堂输入；而韩国学生口语考试输出频率的线性趋势变化稍大一些，其输出频率也高于教师的输入频率。不过教师的输入所覆盖的介词"对"的用法明显多于韩国学生的输出，韩国学生的输出主要覆盖"对₂、对₃、对₄、对₅"等四种用法。另外，韩国学生一下口语考试中的输出频率也明显高于一上。这说明韩国学生对介词"对"的习得是进步的。

　　将其正确率数据转化成图5-4，可以看到一年级上下学期韩国学生介词"对"不同用法正确率的变化趋势。

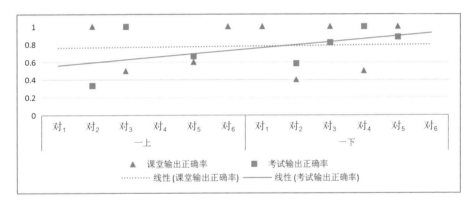

图5-4　一年级介词"对"不同用法输出正确率变化趋势图

　　从图5-4就可以看出，韩国学生介词"对"的正确率远不如第四章介词"从"的正确率，说明韩国学生介词"对"的掌握情况远不如介词"从"的掌握情况。不过就介词"对"本身而言，课堂上的正确率在一年级上下学期基本呈平行的线性趋势，只有几个用法的正确率不太高，大部分课堂上出现的介词"对"用法的正确率都是百分之百，而相应的口语考试中的正确率大都达不到百分之百，这更能支持之前的推断：课堂上韩国学生的输出有模仿和充足思考的因素，所以正确率高；而口语考试中的正确率比较能反映韩国学生的真实水平。从图5-4也可以看到，韩国学生在口语考试中的正确率线性趋势是向上发展的。这说明韩国学生对介词"对"的掌握是不断提高的。但不同用法的正确率差别很大，说明韩国学生对不同用法的掌握情况有很大差别。

1.一年级上学期

教师在一上对于介词"对"的各种用法均有输入，其中输入最多的是"对$_3$"（73例），"对$_2$"（47例）和"对$_5$"（47例），"对$_6$"和"对$_1$"只输入了一二十例，"对$_4$"（8例）的输入最少。

此外，教师对于介词"对"的用法讲解以及对学生偏误的纠正在此阶段出现13例，其纠错策略一般是直接指出错误，或用语气疑问句进行提醒，如：

（38）我们一般不会说【对】人很可惜。

（39）我【对】你来说?

韩国学生在课堂上的输出也主要集中在"对$_2$"和"对$_5$"，分别出现了8例和5例，如：

（40）因为一般韩国人都知道"你好"是中国的aniao、hello，所以他们【对】我说"你好"，你的样子跟中国人一样。

（41）绿色的颜色【对】眼睛好。

"对$_3$"只输出了2例，而且包括1例偏误用例；"对$_6$"仅输出1例；"对$_1$"和"对$_4$"则没有输出。

韩国学生在口语考试中输出最多的是"对$_3$"，共有7例，如：

（42）我【对】你的生日表示热烈的，热烈的祝贺。

（43）我【对】中国历史很感兴趣。

"对$_2$"输出了3例（包括2例偏误），"对$_5$"输出了3例（包括1例偏误），其他用法均未输出。

综合来看，韩国学生在一上输出的主要是"对$_3$""对$_2$"和"对$_5$"，达到了初现率标准，但都有偏误存在。

2.一年级下学期

教师在课堂上的整体输入量都有所增加，但增加最多的是"对$_3$"和"对$_4$"。对学生的偏误纠正仍保持13例。纠错策略仍以语气疑问句和直接指出错误为主，如：

（44）手机【对】交通很方便?

（45）不是【对】这件事来说。

韩国学生在课堂上对"对$_3$"和"对$_5$"的输出也在增加，其中"对$_3$"增加到了17例，增加的幅度很大，不过用例类型跟上学期没有太大变化，如：

（46）在电脑面前坐的时间太长【对】身体不好。

（47）我【对】中国文化产生了很大的兴趣，所以想来学习汉语，了解中国的文化。

"对$_5$"增加到了10例，幅度也比较大，构成的介词框架都是"对……来说"，且都位于句首，如：

（48）【对】我来说，打工让我很麻烦。

（49）【对】我来说，呃，吃奶奶煮的菜是最好，最幸福的事情。

此阶段出现了一上没有出现的"对$_1$"和"对$_4$"的用例，但正确用例都才1例。而一上出现较多的"对$_2$"在此阶段仅出现了5例，其中正确用例只有2例。说明韩国学生对"对$_2$"的掌握还存在问题。一上少量出现的"对$_6$"在此阶段也没有出现用例。

韩国学生在口语考试中"对$_3$""对$_5$"和"对$_2$"的输出数量很多，分别有22例，17例和12例。虽然其偏误也都比较多，但这至少说明韩国学生已经基本习得了"对$_2$""对$_3$"和"对$_5$"，只是在使用中还有一些问题需要注意，尤其是"对$_2$"使用中的问题比较多。

"对$_1$""对$_6$"在口语考试中没有出现，结合韩国学生在课堂上的输出也没有正确输出"对$_1$"和"对$_6$"，说明韩国学生还没有习得这两种用法。

在此阶段一个比较特别的现象是韩国学生在口语考试中突然输出了11例"对$_4$"，分析学生的用例发现，其中大部分是对口语考试题目和介绍的重复，如：

（50）谈谈你【对】中国交通状况的印象。

（51）不仅蜜蜂可以预报天气，一些鱼还有很多鸟儿【对】天气的变化也有反映。

至于韩国学生"对$_4$"的习得状况还有待下文的验证。

本阶段另一个特别的现象是口语考试中突然出现了10例无法归类的用例，分析学生的用例发现，多是一些不该用"对"而用的泛化偏误。这是受韩语格助词的使用影响造成的，具体分析请见下文偏误分析部分。

（二）二年级

首先看一下二年级上下学期介词"对"不同用法在课堂和口语考试中的输入与输出情况汇总表5-5。

表5-5 二年级介词"对"不同用法输入、输出汇总表

阶段	用法类别	教师课堂输入		韩国学生课堂输出					韩国学生口语考试输出				
		输入数量	输入频率	正例	误例	合计	正确率	输出频率	正例	误例	合计	正确率	输出频率
二上	对$_1$	7	0.086										
	对$_2$	182	2.235	5	4	9	0.556	1.615	2	1	3	0.667	0.666
	对$_3$	231	2.837	18	3	21	0.857	3.769	21	19	40	0.525	8.887
	对$_4$	106	1.302	4		4	1.000	0.718	1		1	1.000	0.222
	对$_5$	107	1.314	10	4	14	0.714	2.513	7	2	9	0.778	1.999
	对$_6$	127	1.560	1	1	2	0.500	0.359	6		6	1.000	1.333
	其他	3	0.037		2	2	0.000	0.359		2	2	0.000	0.444
	合计	756	9.284	38	14	52	0.731	9.332	37	24	61	0.607	13.552
二下	对$_1$	15	0.214						1		1	1.000	0.229
	对$_2$	131	1.872	5	3	8	0.625	1.437	10	8	18	0.556	4.119
	对$_3$	282	4.030	37	6	43	0.860	7.726	21	5	26	0.808	5.949
	对$_4$	96	1.372	7		7	1.000	1.258	7		7	1.000	1.602
	对$_5$	114	1.629	25	2	27	0.926	4.851	4	3	7	0.571	1.602
	对$_6$	66	0.943						7		7	1.000	1.602
	其他	1	0.014		6	6	0.000	1.078		2	2	0.000	0.458
	合计	690	9.861	74	17	91	0.813	16.350	49	18	67	0.731	15.331

注：表中输入和输出频率都是万分位的，正确率是百分位的。

把表5-5中介词"对"不同用法的输入、输出频率转化成图5-5，可以清楚地看到二年级上下学期介词"对"不同用法输入、输出频率的变化趋势。

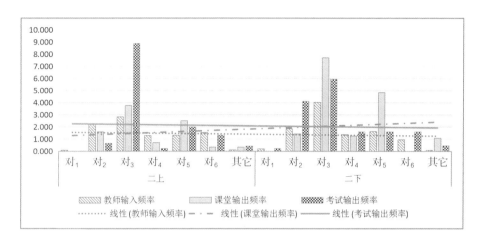

图5-5　二年级介词"对"不同用法输入、输出频率变化趋势图

到二年级，仍然是韩国学生的输出高于教师的输入，尤其是下学期的输入与输出比反差较大。教师二年级输入频率的线性趋势跟一年级比变化不大，上下学期也基本呈水平的变化趋势。而韩国学生的输出则有较大变化：一个明显的变化是韩国学生输出的介词"对"不同用法的类型丰富了，除了"对₁"外，其他用法基本都覆盖了；另一个变化就是二年级阶段韩国学生介词"对"输出的其他类增多，说明韩国学生在介词"对"的使用中的问题不断暴露出来了。

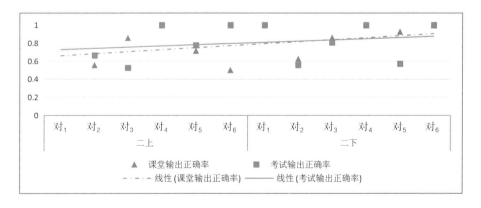

图5-6　二年级介词"对"不同用法输出正确率变化趋势图

将表5-5中的正确率数据转化成图5-6，可以看到二年级上下学期韩国学生介词"对"不同用法正确率的变化趋势。

从图5-6可以看出，韩国学生课堂输出中的正确率不像一年级那样大部分都是百分之百了，而是出现了较大的变化，且不同用法的正确率差别仍然很大，不过正确率从上学期到下学期的线性趋势是上升的；口语考试输出中的百分百正确率数量增加了，线性趋势也是上升的；而且课堂输出正确率与口语考试输出正确率的线性趋势一致。这些都说明韩国学生对介词"对"不同用法的掌握是不断提高的。

1.二年级上学期

教师在课堂上的输入除了"对$_1$"相对减少以外，其他5种用法的输入都大幅增加。另外，随着学生对介词"对"掌握的提高，教师在课堂上的纠错也大幅减少。二上仅出现了3例。

韩国学生在课堂上对"对$_3$""对$_5$"和"对$_2$"的输出仍然保持着较好的增长势头，其输出数量分别是21例、14例和9例，用例不再赘述。同时，"对$_4$"也输出了4例，一改上学期口语考试中重复用例的状况，4例都是不同的，如：

（52）【对】家庭的影响很大，非常好。

（53）虽然认识，但是【对】他的态度好像陌生人。

而且没有偏误用例。这说明韩国学生在二上已经完全习得了"对$_4$"。韩国学生在课堂上对"对$_6$"和"对$_1$"的输出仍然很少甚至没有。

在口语考试中，韩国学生对"对$_3$"的输出非常多，达到了40例，不过其偏误就有19例，接近一半。这说明韩国学生对于"对$_3$"的掌握存在很多问题，详见下文偏误分析部分。

同时，韩国学生对"对$_6$"的输出也大幅增加，达到了6例，且没有偏误用例，如：

（54）我最大的爱好就是旅游，特别是【对】中国，我充满了兴趣。

（55）因为他【对】生活中的事情东西很感兴趣，所以那个学习过程就顺其自然了。

说明在二上韩国学生已经完全习得了"对$_6$"。课堂上输出较多的

"对$_2$"和"对$_5$"在口语考试中也有一定数量的输出，虽不如课堂上多，但说明这两种用法在韩国学生的使用中是相对稳定的。而"对$_4$"的输出又沦落到只有1例，说明韩国学生"对$_4$"的使用还不稳定。

纵观整个学期，韩国学生在课堂和口语考试中都没有输出"对$_1$"的用例。说明"对$_1$"对于韩国学生来说可能认知难度较高，他们仍然无法习得。

2.二年级下学期

到二下，教师在课堂上的输入频率与上学期基本差不多，但对不同用法的输入不如二上那么平衡。此阶段"对$_1$"的输入虽比上学期有所增加，但仍然是相对数量最少的。这说明"对$_1$"在日常交际中的确使用频率较低。

韩国学生在二下仍保持着"对$_2$""对$_3$"和"对$_5$"较高的输出频率：在课堂上分别输出了8例、43例和27例；在口语考试中分别输出了18例、26例和7例，达到了六个阶段的高峰。虽然它们的偏误还不少，但至少说明韩国学生对这3种用法的习得是相对稳定的，只是使用过程中的问题较多。

"对$_4$"在课堂上又出现了较多的输出，达到了7例，且没有偏误用例；同时，在口语考试中"对$_4$"也出现了7例，且没有偏误用例。说明到了二下韩国学生对"对$_4$"的习得达到了稳定期，掌握得非常好。

韩国学生在课堂上仍然没输出"对$_1$"和"对$_6$"。但在口语考试中，韩国学生输出了1例"对$_1$"和7例"对$_6$"，尤其是"对$_6$"的输出情况跟上学期的情况有些类似。这说明韩国学生已经吸收内化了"对$_6$"的用法，只是在课堂上缺少"对$_6$"输出的环境。但是"对$_1$"仅输出了1例，仍无法判定韩国学生是否习得了"对$_1$"。

（三）三年级

首先看一下三年级上下学期介词"对"不同用法在课堂和口语考试中的输入与输出情况汇总表5-6。

表5-6　三年级介词"对"不同用法输入、输出汇总表

阶段	用法类别	教师课堂输入		韩国学生课堂输出					韩国学生口语考试输出				
		输入数量	输入频率	正例	误例	合计	正确率	输出频率	正例	误例	合计	正确率	输出频率
三上	对$_1$	1	0.032	1		1	1.000	0.243					
	对$_2$	33	1.059	10		10	1.000	2.428	7		7	1.000	1.716
	对$_3$	134	4.300	24	1	25	0.960	6.069	26	2	28	0.929	6.864
	对$_4$	65	2.086	7		7	1.000	1.699	8		8	1.000	1.961
	对$_5$	33	1.059	24	1	25	0.960	6.069	7	3	10	0.700	2.451
	对$_6$	54	1.733	4		4	1.000	0.971	2		2	1.000	0.490
	其他	2	0.064			0					4	4	0.000	0.981
	合计	321	10.300	69	2	71	0.972	17.236	50	9	59	0.847	14.463
三下	对$_1$		0.000										
	对$_2$	68	2.825	8	3	11	0.727	2.744	4		4	1.000	0.778
	对$_3$	118	4.901	25	1	26	0.962	6.485	43	4	47	0.915	9.146
	对$_4$	98	4.071	14	1	15	0.933	3.741	20	2	22	0.909	4.281
	对$_5$	28	1.163	11	2	13	0.846	3.243	22		29	0.759	5.644
	对$_6$	36	1.495	6		6	1.000	1.497	4		4	1.000	0.778
	其他		0.000		6	6		1.497		14	14	0.000	2.724
	合计	348	14.455	64	13	77	0.831	19.206	93	27	120	0.775	23.353

注：表中输入和输出频率都是万分位的，正确率是百分位的。

把表5-6中介词"对"不同用法的输入、输出频率转化成图5-7，可以清楚地看到三年级上下学期介词"对"不同用法输入、输出频率的变化趋势。

从图5-7可以看出，三年级教师的输入频率跟前两个年级保持差不多的水平，线性趋势是水平的，但仍然低于韩国学生在课堂和口语考试中的输出频率；而韩国学生的输出基本上是向口语考试输出频率大于课堂输出频率的方向发展；"对$_1$"的输出仍然很少；口语考试输出中的其他类仍然存在，且频率没有下降趋势。这说明韩国学生对于介词"对"的使用一直存在问题。

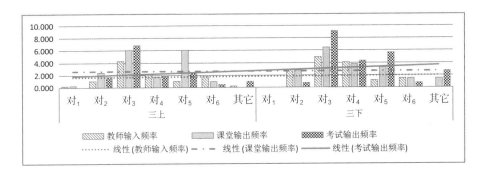

图5-7 三年级介词"对"不同用法输入、输出频率变化趋势图

将表5-6中的正确率数据转化成图5-8，可以看到三年级上下学期韩国学生介词"对"不同用法正确率的变化趋势：

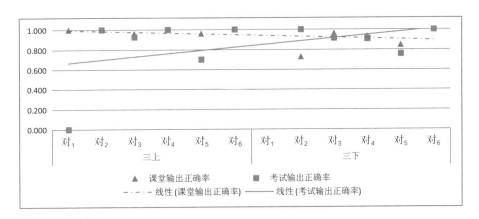

图5-8 三年级介词"对"不同用法输出正确率变化趋势图

从图5-8可以看出，韩国学生介词"对"的正确率在三年级有了很大的提高，无论是在课堂上还是口语考试中，其百分百的正确率数量大幅增加。低于0.8的正确率数量只有3个，有两个集中在"对5"，说明韩国学生对于已经习得的介词"对"绝大部分用法掌握得都比较好，除了"对5"。

1.三年级上学期

在三上的课堂上教师输入最少的仍然是"对1"，仅有1例。而其他用法的输入对于学生来说已经不会造成什么影响了，因为学生到三年级阶段基本已经习得了介词"对"的相关用法。教师在课堂上对韩国学生的纠错只有2例。

韩国学生在课堂上仍保持着对已经习得的"对$_2$""对$_3$""对$_5$""对$_6$"和"对$_4$"较多的输出，其输出数量分别是10例、25例、25例、4例和7例，使用频率保持在较高的水平，并且偏误数量在减少，说明韩国学生对于介词"对"这5种用法的掌握已经达到了比较理想的地步。不过对于"对$_1$"的输出也还只有1例，习得状况不佳。

韩国学生在口语考试中跟在课堂上一样，依然集中输出了"对$_2$""对$_3$""对$_5$""对$_6$"和"对$_4$"等5种用法，分别输出了7例、28例、10例、2例和4例，使用频率也不低。偏误数量相比课堂上要多一些，同时不可归类的介词"对"的偏误用例数量还有增加的趋势。说明韩国学生在口语考试表达时还会出现较多问题。

2.三年级下学期

在三下的课堂上教师完全没有输入"对$_1$"，说明"对$_1$"在交际中的使用的确比较匮乏。没有教师输入的刺激，学生对"对$_1$"的习得恐怕更难达成。此阶段，教师在课堂上对韩国学生偏误的纠错已经消失。

韩国学生在课堂上的输出类型跟上学期一样，数量基本都有不同程度的增加，而且5种用法的输出数量也有趋于平衡的态势。不过偏误数量相对于上学期也多了起来，很多上学期的课堂上没有出现偏误用例的用法又出现了偏误，比如"对$_2$""对$_4$"；同时，出现了6例不可归类的用例，比上学期的口语考试还多了2例。

韩国学生在口语考试中的输出情况跟课堂上一样，类型也一致，除了"对$_2$""对$_6$"以外，"对$_3$""对$_5$""对$_4$"的输出数量增加明显。这进一步说明到三下，韩国学生的习得趋于稳定。但同时，不可归类用例也大幅增加到了14例，达到了六个学习阶段的峰值。说明韩国学生口语考试表达时会暴露出不少隐匿问题，这些问题往往到了高级阶段反而更严重。这是一个需要引起教师注意的问题，具体分析请见下文偏误分析部分。

第三节 介词"对"的动态偏误考察

首先看一下不同学习阶段韩国学生课堂输出和口语考试输出时介词"对"字句的偏误类型汇总表。

表5-7 不同阶段介词"对"偏误汇总表

阶段	输出环境	误代	误加	遗漏	错序	其他	合计
一上	课堂		1	2		1	4
	口语考试	2		1			3
一下	课堂	1	3				4
	口语考试	3	8	4		6	21
二上	课堂	5	6	2	1		14
	口语考试	2	17	2	2	1	24
二下	课堂	1	8	4	1	3	17
	口语考试	3	8	2	2	3	18
三上	课堂		1	1			2
	口语考试	3	2	3		1	9
三下	课堂	5	3	2	2	1	13
	口语考试	8	6	10		3	27
总计		33	63	33	8	19	157

从表5-7可以看出，韩国学生的偏误数量还是不少的。究其原因与韩国学生介词"对"使用得比较多有一定的关系。其偏误涉及介词"对"使用的各个方面，其中最严重的是误加，错序相对来说数量最少。误加偏误严重说明韩国学生很容易把介词"对"泛化使用，这与周文华、李智惠（2011）的考察结果一致。从学习阶段的偏误分布来看，主要集中在一下到二下，这也是韩国学生使用频率明显增加的阶段。同时在三下偏误数量又有回升的趋势，尤其是在口语考试中，这说明韩国学生的有些偏误是不容忽视的，会反复出现。

纵观六个学期不同输出环境下的偏误情况，基本都是口语考试中的偏误数量多于课堂上的偏误数量，其原因在前面章节已经阐述。

一、一年级韩国学生介词"对"偏误的动态分析

一上时，由于韩国学生介词"对"输出的数量很少，所以其偏误数量也不多，课堂上和口语考试中都只出现了几例。体现出来的规律首先是介词"对$_3$"的遗漏，课堂上和口语考试中共出现3例，如：

（56）*我很骄傲，骄傲，∧我们国家建造大桥的技术。

（57）*我∧中国历史很感兴趣。

说明在学习初期韩国学生对于汉语介词"对"的使用意识还不强，所以在应该加介词的地方才会遗漏介词。

其次是介词"对$_2$"的误代，在口语考试中出现2例，但涉及的动词比较局限，如：

（58）*他常常【对】他抱怨。

（59）*他【对】他的哥哥常常抱怨。

这两个例子都是用"对"误代了"向"。这是因为在韩语中与介引对象的"对$_2$"和"向"对应的韩语格助词是一样的，而且韩语中使用这些格助语对于进入句中的动词不像介词"对$_2$"和"向"使用时那样要有所区分。所以，韩国学生就比较容易受母语影响混淆"对$_2$"和"向"的使用。

一下时，随着韩国学生介词"对"输出数量的增加，其偏误数量也逐渐变多。不过，从数量上看，课堂上的偏误远少于口语考试中的偏误。这验证了前几章的观点：韩国学生在课堂上由于时间充足，且有教师和教材输入的参照，加上课堂上并没有强迫其输出的环境，所以，他们在输出时一方面比较谨慎，另一方面会参照、模仿正确的形式，反映到输出上的表现就是偏误不多；而口语考试具有强迫性输出的环境，加上学生可以思考的时间不多，其输出较少有模仿的成分，多是其内在习得项目的直接反映。

首先，韩国学生在口语考试中使用介词"对"时的杂乱表达共出现了6例，如：

（60）*并不知道，请我出去，我【对】老公，钱。

（61）*所以他【对】这个爆的东西，没想到一个方法。

以上的例子完全不知所云。不过韩国学生的输出有一个特点，那就是

不管他们想表达的是什么，名词前加 "对" 是他们普遍认可的。这完全是受韩语中格助词使用的影响。这同时也体现在韩国学生介词 "对" 的误加上，课堂上（3例）和口语考试中（8例）共出现11例，几乎占了一下所有偏误的一半，如：

（62）*那么能不能麻烦你，你【对】老师我的情况告诉她。

（63）*吃完了，他们【对】客人问："别的菜要吗？

这些偏误都是韩国学生很容易犯的典型错误。这也是为什么韩国学生在一下的口语考试中出现10例无法归类的句子的原因。

此外，误代和遗漏是韩国学生介词 "对" 使用的常态偏误。课堂上和口语考试中这两类偏误都有一定数量的呈现。其中误代在课堂和口语考试中共出现4例。此阶段韩国学生除了会用介词 "对" 误代 "向" 之外，还会用介词 "对" 误代 "跟"，如：

（64）*但是我的父母……我，【对】我，关系很好。

（65）*有一个问题是，我们不能【对】这个人说那个人。

这些误代都发生在介词介引对象成分的时候。其原因就是在汉语中介引对象成分时，不同的语义表达需要用不同的介词，而韩语中相应的格助词是不变的。韩国学生对何时该用哪个介词存在一定的认知困难。

最后，遗漏在口语考试中出现4例，基本都是使用介词框架 "对……来说" 时的遗漏。这是因为在韩语中没有相应的结构，韩国学生在表达某种想法或评价时，容易遗漏介词框架 "对……来说" 的后半部分，如：

（66）*我觉得，一年级的学习内容不难，但是语音【对】我∧很难。

（67）*然后我又发现了，好吃的不是【对】韩国人∧的，【对】中国人∧是好吃的。

在一上出现的介词 "对" 的遗漏在下学期没有再出现，所以单纯介词 "对" 的遗漏只是初学阶段的短暂偏误现象。另外，在整个一年级阶段，韩国学生也没有出现单纯的语序偏误。说明语序也不是韩国学生习得汉语介词 "对" 时的疑难问题。

二、二年级韩国学生介词"对"偏误的动态分析

二年级是韩国学生介词"对"偏误的高发期，偏误数量达到了顶峰。在上学期，误加仍然是最严重的，数量比一下成倍增加：课堂上出现了6例，口语考试中出现了17例。仍然基本是不该用介词"对"而用了介词"对"的情况，不过所涉及的动词跟一年级不同，如：

（68）*追她的小伙子太多，她挑花了眼，也不知道到底哪个【对】她最合适。

（69）*我要它们信任【对】我们。

这些偏误仍然是受韩语使用影响及对汉语介词"对"使用时的动词限制不清楚造成的。

误代同样比一年级增加了一倍，课堂上出现了5例，口语考试中出现了2例，也多是介词"对"与其他介词的误代，如：

（70）*你朋友【对】你买的礼物。

（71）*我【对】有人说明的时候，也可以用吗？

例（70）用"对"误代了"给"，例（71）用"对"误代了"跟"。这两个介词与"对"在韩语中都可对应相同的格助词，韩国学生不认真分析这些介词使用的语境时就很容易出现误代。

此阶段韩国学生出现了单纯的介词短语的错序偏误，不过数量不太多，课堂上和口语考试中共出现了3例，都是"对$_3$"的使用，如：

（72）*我们有责任【对】它们。

（73）*清清淡淡的味比较【对】身体好。

此阶段的遗漏除了介词框架的遗漏，还出现了动词的遗漏，也基本都是关于"对$_3$"的使用，如：

（74）*他的这样的乐观的看法【对】我∧很多好的影响。

（75）*老师，这个【对】我们∧很难的要求吗？

例（74）遗漏了动词"产生"，例（75）遗漏了动词"是"。

在二下，课堂上的偏误数量跟口语考试中的偏误数量相当，而且各种偏误类型均有出现，说明韩国学生在日常使用中暴露出了更多的问题。

其偏误类型仍然是误加最严重，课堂上和口语考试中都分别出现了8例，都是韩国学生不了解何时该用介词"对"导致的误加，如：

（76）*现在最重要的是学生，要学习，【对】我的兴趣先放弃了。

（77）*可是现在她们是青春期，反抗期，对，有的时候【对】我反抗。

其次是遗漏，课堂上出现4例，口语考试中出现2例，仍然集中在介词短语后动词的遗漏和介词"对"的遗漏，如：

（78）*不能说完美的记忆，可是香港旅行【对】我以后大学生活∧不少的影响。

（79）*什么∧身体好，什么∧身体不好，中国的老人说这个，他们锻炼身体。

误代在课堂上出现1例，口语考试中出现3例，出现了"对"与"让"的误代，如：

（80）*虽然他是很重要的人物，也并不是主角，所以这个也是【对】我很惊讶。

以及"对……来说"与"拿……来说"之间的误代，如：

（81）*【对】我来说，我真的喜欢踢足球，还有我喜欢和他们一起聊天逛逛街。

韩国学生的这些偏误表明，他们对于介词"对"与汉语中某些动词的使用存在混淆现象。这与南圣淑（2007）得出的介词"把"字句在韩语中可能对应于"让"字句有些相似。其根源是韩语格助词的作用与汉语介词作用的差异。正好这种情况下介词"把""对"与动词"让"在使用时处于同样的句法结构，与韩语句法结构也可以对应，所以韩国学生认为它们是一样的，从而出现误代的现象。例（81）也是这样的情况，韩国学生不了解"对……来说"和"拿……来说"之间的语义区别，因此在句法结构一样、表意类似的情况下出现混用。

错序在课堂上出现1例，口语考试中出现2例，多是一些修饰成分和动词的错序，如：

（82）*即使漂亮的妻子也没有拴住我那颗爱玩的心，【对】自己常常埋怨。

（83）*廉政公署不但查处腐败而且<u>实行【对】学生们和市民们</u>反贪教育。

例（82）是副词"常常"与介词短语之间的错序，例（83）是动词"实行"与介词短语之间的错序。这些都是韩国学生对介词"对"使用规则掌握不清导致的。

无法归类的偏误用例在沉寂了一个学期之后又出现了，课堂上和口语考试中共出现4例，都是一些残缺的句子。韩国学生在表达中仍然很想使用介词"对"，但又因使用时的不确定或不会表达而弃用。这说明韩国学生对介词"对"使用存在较多隐匿问题。

三、三年级韩国学生介词"对"偏误的动态分析

三上是韩国学生偏误的低发期，课堂上仅出现2例偏误，分别是误加和遗漏。口语考试中的偏误也大量减少，共出现9例，主要集中在误代、误加和遗漏。可见，比较严重的偏误形式依然是误加、误代和遗漏。由于每种偏误数量较少，且没有特殊的偏误情况出现，用例不再赘举。

而到了下学期，韩国学生的偏误突然增多起来，不光是误加、误代和遗漏的数量突增，无法归类的混乱表达也出现了4例。说明韩国学生在使用介词"对"时的隐性问题还比较多。

分析学生的偏误用例发现，误加还是把不该用"对"的地方加了介词"对"，课堂上和口语考试中共出现8例，如：

（84）*但是如果过度饮酒的话，肯定造成很大的问题，最大的就是【对】健康的问题。

（85）*【对】孩子们教育的话，因为他们将来肯定知道水的重要性。

误代也同样是与相关介词的误代，课堂上出现5例，口语考试中出现7例，如：

（86）*因为【对】中国的朋友打听了这边怎么说，他不知道。

（87）*虽然很方便，还有可以节省时间，可是【对】身体带来不好的影响。

（88）*我还有，【对】我的情况来说，我感觉我不是东方式的行为模式。

例（86）是用"对"误代了"向"或"跟"，例（87）是用"对"误

代了介词"给"，例（88）是用"对"误代了"拿"。

遗漏还是动词或框架成分的遗漏，以及介词"对"的遗漏。课堂上出现2例，口语考试中出现了10例，如：

（89）*抽烟喝酒都是【对】人∧害处的东西，是吗？

（90）*经常报告魔高一丈，【对】我们∧压力很大。

（91）*而且∧孩子关怀越来越多的时候，有的是好，有的是不好。

例（89）遗漏了介词短语后的动词"有"，例（90）遗漏了介词框架中的"来说"，例（91）遗漏了介词"对"。

这一现象说明在介词"对"的使用过程中，对韩国学生来说误加、误代和遗漏是比较难纠正的偏误。不过总体来看，韩国学生遗漏介词"对"的情况要远远少于误加"对"的情况，可见母语的负迁移影响是比较难消除的。

韩国学生在课堂上还出现了2例错序，都是介词短语的错序，如：

（92）*【对】父母可以说你是唐僧，可以说吗？

（93）*这样一直坚持下去，肯定这个有问题【对】肝脏。

例（92）是能愿动词与介词短语之间的错序，例（93）是介词短语与句中谓语动词之间的错序。其深层原因前文已有阐述，亦可看周文华（2014）。

第四节　介词"对"习得规律及教学建议

一、介词"对"的习得规律

综上所述，可以把韩国学生对介词"对"的习得认知过程汇总成表5-8。

表5-8　介词"对"不同用法习得认知过程汇总表

项目	习得状况	习得认知过程描述
对₁	未习得	在六个学习阶段间歇性地出现零星用例，但数据太少无法判定习得状况。
对₂	一下习得	一上初现，课堂上数量较多但模仿痕迹较重，口语考试中数量减少且以偏误为主；一下完全习得，但偏误仍较为严重，直到三年级偏误状况才有所改善。

续表

项目	习得状况	习得认知过程描述
对₃	一上习得	一上初现并习得，课堂上使用数量少且一半为偏误，口语考试中大量出现，且无偏误用例；但其他阶段偏误一直存在，二年级偏误达到高峰。
对₄	二上习得	一下初现，课堂上输出数量较少且一半是偏误，口语考试中大量出现，但多是重复用例；二上开始完全习得，且偏误非常少。
对₅	一上习得	一上初现并习得，只是偏误较多，一下输出数量增加，偏误减少；其他阶段偏误一直零星存在。
对₆	二上习得	一上出现1例，但直到二上才完全习得，课堂上少量出现且一半是偏误口语考试中有较多输出，但习得后极少出现偏误。

可以看出，韩国学生对于介词"对"的各种用法（除了"对₁"）都能在一年级到二上习得，习得的周期较长。其中在一上就能习得的用法是"对₃"和"对₅"，一下习得的有"对₂"，在二上习得的有"对₄"和"对₆"。一上就习得的用法是日常交际中常用的用法，但韩国学生输出中的偏误一直存在。二上习得的用法虽然习得较晚，但其偏误较少。

从动态偏误考察也发现，韩国学生由于受到母语的影响，有把"对"的使用扩大化的倾向。韩国学生使用介词"对"时的困难主要有以下三点。

（1）对于韩国学生来说，由于受母语及汉语介词使用规则的影响，他们很难区分"对"与"跟、向、给"等介词的用法，经常在使用时混淆这几个介词的使用。因为这几个介词在介引对象成分的时候在韩语中可以对应于相同的韩语格助词，而在汉语中这几个介词是有区别的。综合六、七、八章这几个介词的考察发现，韩国学生在输出时有泛化介词"对"的倾向，即多以"对"误代其他三个介词；而很少用"跟、向、给"来误代"对"。

（2）现代汉语"'对+名词'+动词"的结构符合韩语的语序和使用规则，会造成韩国学生心理上的忽视，不注意"对"与动词的搭配规则，从而误加介词"对"。关于其搭配规则，可以参看周文华、肖奚强（2012），他们对介词"对"构成的短语与动词的搭配有比较细致的描写，对这方面的教学有一些参考价值。

（3）韩语中没有与"对……感兴趣""对……来说"等对应的形式，

他们仅有格助词对应于"对"。因此，这些介词框架对韩国学生来说是全新的知识，他们需要重新认知。所以，韩国学生很容易产生遗漏动词或介词框架后半部分的偏误。

二、介词"对"的教学建议

根据上文研究，本章提出如下教学建议，以利于对韩介词教学：

（1）"对$_3$""对$_5$"在一上就已习得，可安排在一上教授，在教学中需要注意以下几点：①关于"对$_3$"，句中谓语的构成规则教学很重要，同时也要加强"对$_3$"介词短语的语序教学，以减少母语的影响；②关于"对$_5$"，应该加强框架构成规则教学，以及"对$_5$"与其他话题介引框架的区别教学。总之，要想让韩国学生摆脱母语的影响，在教学中讲解清楚"对"不同用法的使用规则，以及它们与相关介词的区别显得十分重要。

（2）"对$_2$"在一下习得，可安排在一下教授，在教学时需要注意讲解"对$_2$"与"에게"及"跟、向、给"的使用区别。

（3）"对$_4$""对$_6$"到二上才习得，安排在二上教授比较妥当。"对$_6$"的教学要注意"对"与"对于"的使用区别。

（4）"对$_1$"在本章的考察并未习得，且教师的输入中数量也很少，交际中的使用量并不大，可以不安排课堂教授。

（5）对于韩国学生来说，介词"对"与韩语格助词的对应关系比较广，所以他们在使用中很容易忽略介词"对"与句中动词的搭配规则，与其他介词的区别，以及介词框架的构成规则。因此，在教学中要时刻注意这些方面的讲解与教授。

第六章　介词"给"的习得认知过程研究

第一节　介词"给"与韩语相应成分对比分析[①]

一、介词"给"的使用规则

关于"给"字句的研究由来已久，成果也很多。其中比较突出的有朱德熙（1979，1983），吕叔湘（1980），施关淦（1981），崔承一（1983），范晓（1987），李晓琪（1994），朱景松（1995），齐沪扬（1995），沈家煊（1999），黄瓒辉（2001），丛琳（2001），洪波（2004），李珂（2004），蒋瑾媛（2004），王凤敏（2005），延俊荣（2005），刘永耕（2005），周红（2007），刘伟（2007），钟芳杰（2012），陈伟（2013）等。这些研究从句法、语义、语用、语法化，以及与相关介词互换等不同角度对现代汉语中的"给"字句进行研究，不过有些学者对"给"的词性持不同观点。但现代汉语中的介词多数是从动词演变而来，所以存在交叉现象在所难免。在实际教学中，动词和介词词性的区别对学生来说并不是至关重要的，因为它们的意思没有大的区别。学生更应该注意的是句法格式的使用规则。

在介词"给"的意义和用法方面，吕叔湘（1980）认为主要有以下四种。

1.引进交付、传递的接受者，既可以用在动词前，又可以用在动词后。

---

① 本节的主体内容介词"给"的本体规则及汉韩对比部分内容已发表，见周文华（2009）。收录本章时有增改。

2.引进动作的受益者，如"给你写稿子"。

3.引进动作的受害者，如"对不起，这本书给你弄脏了"。

4."给我"加动词，用于命令句。有两种可能的意思：①为我，替我。②加强命令语气，表示说话人的意志。

后两种是介词"给"比较特殊的用法，在日常交际中使用得不多，在外国学生的习得中出现得更少。学者们讨论比较多的是前两种用法，尤其是讨论介词"给"构成的特殊句式时。

关于特殊句式"给"字句，朱德熙（1979）早就讨论过，他在文中讨论了三种"给"字句：

S_1：Ms+D+给+M'+M

S_2：Ms+D+M+给+M'

S_3：Ms+给+M'+D+M

以及与"给"字句密切相关的双宾句式：

S_4：Ms+D+M'+M

朱德熙的研究主要是对进入格式的动词做出分类描写与分析。后来，朱德熙（1983）又进一步讨论了其复杂句式，即在$S_1 \sim S_4$后再加上一个动词或动词性结构的句式。王凤敏（2005）也对朱德熙（1979）的四种句式进行了对比研究。本章以前辈、时贤讨论的"给"字句式为基础，梳理出本章讨论的四种介词"给"的用法。

1."给$_1$"，其用法格式为：Ns+给+N$_1$+VP+N$_2$。VP是Ns实施的动作。这类句式其实是一种很复杂的句式，从大的方面讲，有两种情况：一种是可以与"给$_2$"用法互换的句式，也表达一种"给予"的含义。对于此类句式中的"给"的词性，学界一直争论不休，因为它处于动介两可的境地。一种是介宾短语做状语的句式，句式中的"给"已完全虚化为介词，介引句中动作的对象，不可与"给$_2$"用法互换，如：

（1）我迫不及待地等着老板【给】我发薪水。

（2）这叫暖房啊，就是【给】新房增添一些人气。

例（1）可以转换成"给$_2$"句，而例（2）不能转换成"给$_2$"句，但例（2）中的"给"可换成介词"为"。本章的考察暂不区分这些用法。

2."给$_2$",其用法格式为:(Ns)+V给+N$_1$+(N$_2$),大部分的学者认为这是一种双宾句,复合结构"V给"在句中表达"给予"义[①],主语Ns通常也可省略,如:

(3)全场就只有他一个人在踢,都不把球传【给】别人。

(4)还有什么是不能当作礼物送【给】别人的?

朱德熙(1979)指出进入"V给"结构中的动词"V"只能是"给予"类动词。动词"V"的进入使"给予"义更加具体,因为动词"V"可以表明"给予"的方式。虽然都是表达"给予"义,但单独的动词"给"与不同的动词V构成的"V给"在表意上是不同的。"V给"中的"给"只起到介引对象的作用,即,指明动作的对象。

3."给$_3$",其用法格式为:Ns+V+N$_1$+给+N$_2$。从广义上讲,这种句式也可以表达一种"给予",它不仅可以表达"给予"N$_1$某种具体的事物,还可以表达对N$_1$施加某种抽象的动作或行为,如:

(5)中国人最大的花销是买车子和买房子【给】他们的孩子。

(6)明天是愚人节,你怎么可能交作业【给】我呢。

朱德熙(1979)认为"给$_3$"根据句中"V"的性质不同可分为三类,即,"给予"类、"取得"类和"制作"类。因此,进入句式的"V"的范围要比"给$_2$"句中动词范围大得多。"给$_3$"是表达"给予"义的构式,其语义不受句式中"V"的限制。

4."给$_4$",其用法格式为:Ns+V$_1$+N$_1$+给+N$_2$+V$_2$,是一种兼语句结构,V$_2$主要为"看、吃"等动词,"给$_4$"与"给$_3$"的区别在于动词,"给$_4$"中V$_2$是N$_2$实施的动作,如:

(7)很多小朋友拿东西【给】他吃,他毫不客气地就吃了。

(8)面子第一个含义是自己表现出来的【给】别人看的东西。

此类需看一下汉韩语对比的具体情况,因"给"实际为动词,是"给"动介混用比较特殊之处。

---

① 关于"给"的词性,学者们有很多争议,吕叔湘、朱德熙等都认为"给"是助词,但这并不影响本章的研究。

二、介词"给"与韩语格助词的对比分析①

根据杨晶淑（2007），周文华（2009）等的分析可以发现汉语介词"给"主要与韩语格助词"에게"对应，这是介词"给"与韩语格助词最常用的对应形式。梁秀林（2012）则重点讨论了汉韩"给"类双宾句式对比研究。但这些研究都缺乏介词"给"不同用法与韩语的详细对比分析。本章将主要讨论上文提及的介词"给"四种用法与韩语的对应情况。

1. "给$_1$"的句法格式为：Ns+给+N$_1$+VP+N$_2$。但其表意有多种，"给$_1$"在韩语中对应"에게、께、는 데"，如：

（9）如果他没有逝世就不知道会【给】人们留下怎样的总统印象。

그가 더 살았다면 대중들【에게】 어떤 대통령으로 기억될지는 알 수 없다.

他没有 逝世如果 人们（给） 怎样的 总统会留下 就不知道印象

（10）看着沮丧的老三，猫拜托他【给】自己买一双雨靴。

낙심한 막내【에게】 고양이는 장화를 사 달라 부탁한다.

沮丧的 老三（给） 猫 雨靴 买 拜托

（11）朴某连忙说道："【给】大家添麻烦了，对不起。"

박 씨는 급히 말했다 여러분【께】 심려를 끼쳐드려 죄송합니다.

朴某 连忙说道 大家（给） 造成不便 深表道歉

（12）因不能伸直膝盖，【给】行走带来诸多不便。

무릎이 잘 펴지지 않아 걷【는 데】 불편함이 많다.

膝盖 伸直 不能 行走（给） 不便 诸多

2. "给$_2$"的句法格式为：（Ns）+V给+N$_1$+（N$_2$）。"给$_2$"在韩语中可以对应于助动词"–주다"，但动作所指向的对象后仍需加格助词，以"–에게"见常，如：

（13）我送给他一本书。

나는 그【에게】 책 한 권을 보내【주다】.

---

① 如第一章所述，鉴于韩语格助词与汉语介词对应的复杂性，本章的对比研究只进行从汉语到韩语的单向对比研究。

我　　他（助）　　　书　一本　　送（给）了

所不同的是，在汉语中非给予类的动词不能进入"V给"结构，但韩语中不受此限制，如：

（14）? 我买给他一本书。①

나는　그【에게】　책 한권을　사【주다】.

　　我　　他（助）　　书　一本　　买（给）

韩语中经常使用"…（人）+에게…（动词）+주다"格式来表示"给（人）……提供（动作）……"。用中文直译过来就是施加某个（动作）给（某人）。但在多数情况下，介词"给"仍然较多地对应于格助词"-으로、-께、-에、-에게"等，如：

（15）哥哥写【给】父母亲的信件被公开。

오빠가 부모님【께】　쓴 편지가 공개된 것이다.

　哥哥　　父母亲（给）　　　写的 信件　被公开

（16）把天文数字的国家预算支付【给】外国，却未能做好技术转移。

천문학적　국가 예산을 모두 해외【에】 지불하면서 기술 이전도 제대로 하지

天文数字的国家预算　　　　外国（给）　　　支付 技术 转移 做好

못하고 있다.

未能

3. "给₃"的句法格式为：Ns+V+N₁+给+N₂。"给"在韩语中对应于"-에게、-에"，如：

（17）我送一本书给他。

나는　그【에게】　책 한권을　보내다.

　　我　　他（给）　　书 一本　　送了

（18）明年你打算送什么礼物【给】首相?

내년에 총리【에게】 무슨 선물을 드릴 계획이세요?

明年　首相（给）　　　什么礼物　　送 打算

---

① "买"是获取类动词，多数学者认为"买给"构成的句式不合法，但检索了北大CCL语料库，也仅发现1例。说明这类句式的可接受度很低。

（19）有时候想打电话【给】运输企业。

가끔 운수업체【에】 전화할 생각도 했다.

有时候 运输企业（给） 打电话 想

4. "给$_4$"实际上是"给$_3$"扩展出的、带兼语句的形式"Ns+V$_1$+N$_1$+给+N$_2$+V$_2$"，V$_2$是N$_2$实施的动作。"给$_4$"在韩语中主要对应于"주었다、아/어/여 줬다"，如：

（20）年迈的母亲每天买儿子最喜欢的紫菜包饭【给】儿子吃。

늙은 어머니는 날마다 아들이 가장 좋아하는 김밥 한 줄을 사다【주었다】.

年迈的母亲 每天 儿子 最 喜欢的紫菜包饭 买（给）了

（21）有一天坐在白将军前面的李相助少将在纸上写了几个字【给】他看。

어느날, 백장군의 맞은편 자리에 앉은 이상조 소장이 종이에 뭔가를 적어서

有一天 白将军 前面 坐在 李相助少将 纸上在 几个字 写了

보【여줬다】고 한다.

他（给）看

实际上，在韩语中所举的"给$_4$"的例句也可以用"给$_3$"对应的句子来表达。也就是说在韩语中没有"给$_4$"和"给$_3$"的对应区别。上文所举的例（7）、（8）完全可以翻译成这样：

（7'）很多小朋友拿东西【给】他吃，他毫不客气地就吃了。

많은 어린이들이 그【에게】음식을 갖다 주었는데 그는 사양없이 먹었다.

很多 小朋友 他（给） 东西 拿 他 毫不客气地吃了

（8'）面子第一个含义是自己表现出来的【给】别人看的东西。

체면의 첫 번째 의미는 자기가 남【에게】보여주기 위해서 드러내는 것이다.

面子 第一个 含义 自己 别人（给） 看 表现出来的是

所以，在韩国学生眼里"给$_4$"和"给$_3$"是一样的。不知这种无区别的对应会不会对韩国学生的习得产生影响？有待下文分析。

三、汉韩对比规律小结

从以上分析可以总结出，汉语介词"给"在韩语中的对应主要有两种
形式：一是助动词"주다"，主要对应于"V给"中的"给"，用于动词
词干后表示"为别人做某事"，即表示"服务"和"补助"义，同时在动
作对象后也要加格助词"에게"（它基本相当于汉语介词"对、向、为、
替"等）；二是格助词，其对应的形式相对来说是多样化的。具体请看表
6-1：

表6-1 介词"给"韩语对应表

汉语用法	韩语对应形式	数量
给₁	-에게	58
	-께	6
	-는 데	8
给₂	-에게…주다	19
	-으로	11
	-께	3
	-에	32
	-에게	31
给₃	-에게	76
	-에	28
给₄	-에게	17
	-주었다	2
	-여줬다	3

从表6-1可以很清楚地看到介词"给"不同用法在韩语中的对应以
"-에게"为主，其次是"-에"，有较明显的规律。不过从上文对应分析
也可以看出，韩语对于汉语介词"给"的不同句式用法没有明显的区别，
其中介词"给"使用中的两个最重要的区别：置于动词前还是置于动词
后，以及进入句式的动词限制，在韩语中都不是特别明显。虽然置于动词
后的介词"给"的用法在韩语中可以用"-에게…주다"搭配的形式，但也
可以只用"-에게"表达。另外，在汉语中"给₃"和"给₄"的区别在韩语
中也没有明显的区别。

根据汉韩语的对比分析，可以对韩国学生"给"及相关句式的习得难

度做出以下预测。

（1）韩语在使用动词和助动词"주다"时，都要在动作对象后加与格助词"에게"，它对应于汉语中的"给"及"为、替、向、对"等几个介词，是一对多的分裂形式。因此习得难度最高。学生极易在不该用介词"给"的时候用介词"给"，同时还可能把"给"与"为、替、向、对"等介词混用。

（2）韩语中的一种句式在汉语中分裂为"给$_3$"和"给$_1$"两种句式，是一对二的分裂形式，所以"给$_3$"和"给$_1$"习得难度也比较高。学生极易出现两种句式的混用现象。

（3）韩语对进入"给$_2$"句中的动词没有限制，而在汉语中，只有给予类动词才可能进入"给$_2$"句，所以韩国学生容易受母语的影响把一些非给予类动词用于"给$_2$"，从而导致"给$_2$"的使用错误。

第二节　介词"给"的习得认知过程考察

一、课堂输入与输出情况的总体对比

本章依据历时两年半的一年级上下学期（下文简称一上和一下），二年级上下学期（下文简称二上和二下）和三年级上下学期（下文简称三上和三下）汉语听说课及口语考试录像转写而成的课堂/考试口语语料库[①]来考察的教师课堂话语、韩国学生课堂话语及口语考试中介词"给"的使用情况。课堂教学中教师的输入与韩国学生输出的情况请见表6-2。

---

① 本语料库包含3个子库，分别是教师课堂话语语料库（共342 5314字），韩国学生课堂话语语料库（共27 4489字）和韩国学生口语考试语料库（共27 6827字），各学习阶段的字数分布请参看绪论部分。

表6-2 不同阶段介词"给"输入、输出汇总表

阶段	教师课堂输入		韩国学生课堂输出		韩国学生口语考试输出	
	用例	频率	用例	频率	用例	频率
一上	283	5.390	15	5.843	27	8.982
一下	632	7.578	52	9.260	66	10.019
二上	836	10.267	66	11.845	43	9.553
二下	578	8.261	44	7.905	50	11.441
三上	331	10.621	35	8.497	15	3.677
三下	191	7.934	33	8.231	17	3.308
合计	2851	8.323	245	8.926	218	7.875

注：表中使用频率是万分位的。

从表6-2可以得出，本章检索到介词"给"的使用频率是8.40/10000（（8.926+7.875）/2=8.40）；周文华（2011b）检索到不分国别外国学生介词"给"的使用频率是8.85/10000。可以看出，介词"给"在口语和书面语中的使用频率相当，没有太大差别。而且口语中输入与输出的频率差别也不大。

把表6-2中的输入、输出频率数据录入SPSS22.0进行多因素方差分析，在类别变量的差异性上统计得出$F=0.153$，$P=0.860>0.05$；在学习阶段变量的差异性上统计得出$F=1.255$，$P=0.354>0.05$。说明类别和学习阶段两个变量的差异性都是不显著的，也即教师课堂输入频率与韩国学生课堂及口语考试输出频率之间不存在显著差异；同时，在各种频率不同学习阶段也不存在显著差异。

对类别变量的事后分析发现，教师课堂输入频率与韩国学生课堂输出频率之间的差异显著性$P=0.860>0.05$，教师课堂输入频率与韩国学生口语考试输出频率之间的差异显著性$P=0.725>0.05$，说明教师课堂输入频率与韩国学生在不同语境下的输出都不存在显著差异；韩国学生课堂输出与韩国学生口语考试输出频率之间的差异显著性$P=0.599>0.05$，说明韩国学生在不同语境下的输出也不存在显著差异。

把表6-2中的使用频率转化成图6-1，可以很清楚地看出教师与韩国学生在不同学习阶段介词"给"的输入与输出频率变化情况。

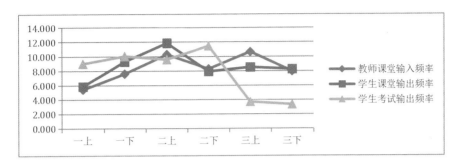

图6-1　不同阶段介词"给"语输入、输出频率变化趋势图

从图6-1可以看出，教师输入与韩国学生输出频率变化曲线纠缠在一起，且频率随年级变化波动不大。说明三者频率之间的确没有什么差异。

下面看一下六个学习阶段韩国学生输出的正确率变化情况，请看表6-3。

表6-3　不同阶段介词"给"输出正确率汇总表

阶段	韩国学生课堂输出正确率				韩国学生口语考试正确率			
	输出总量	正确用例	偏误用例	正确率	输出总量	正确用例	偏误用例	正确率
一上	15	15	0	1.000	27	24	3	0.889
一下	52	42	10	0.808	66	60	6	0.909
二上	66	59	7	0.894	43	42	1	0.977
二下	44	42	2	0.955	50	48	2	0.960
三上	35	33	2	0.943	15	14	1	0.933
三下	33	31	2	0.939	17	14	3	0.824
合计	245	222	23	0.906	218	202	16	0.927

注：表中正确率都是百分位的。

将表6-3中的正确率数据转化成图6-2，就可以清楚地看出不同学习阶段韩国学生介词"给"使用正确率的变化轨迹。

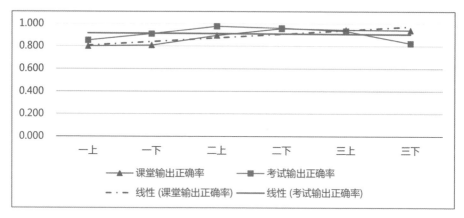

图6-2 不同阶段介词"给"输出正确率变化趋势图

从图6-2可以看出，韩国学生对介词"给"的掌握情况较好：所有阶段的正确率几乎都在0.8以上，且课堂上和口语考试中的正确率变化不大。总体来看，韩国学生对介词"给"的掌握是不错的。

二、分阶段的输入、输出及互动情况考察

（一）一年级

首先看一下一年级上下学期介词"给"不同用法在课堂和口语考试中的输入与输出情况见表6-4。

表6-4 一年级介词"给"不同用法输入、输出情况汇总表

阶段	用法类别	教师课堂输入		韩国学生课堂输出					韩国学生口语考试输出				
		输入数量	输入频率	正例	误例	合计	正确率	输出频率	正例	误例	合计	正确率	输出频率
一上	给1	126	2.40	10	3	13	0.769	5.06	16	3	19	0.84	6.32
	给2	87	1.657	2	0	2	1.00	0.78	3	1	4	0.75	1.33
	给3	17	0.324						2	0	2	1.00	0.67
	给4	53	1.01						2	0	2	1.00	0.67
	合计	283	5.39	12	3	15	0.8	5.84	23	4	27	0.85	8.98
一下	给1	367	4.401	27	10	37	0.73	6.59	42	5	47	0.89	7.13
	给2	174	2.086	10	0	10	1.00	1.78	14	1	15	0.93	2.28
	给3	32	0.384	3	0	3	1.00	0.53	4	0	4	1.00	0.61
	给4	59	0.707	2	0	2	1.00	0.36					
	合计	632	7.578	42	6	52	0.808	9.26	60	6	66	0.91	10

注：表中输入和输出频率都是万分位的，正确率是百分位的。

把表6-4中介词"给"不同用法的输入、输出频率转化成图6-3，可以清楚地看到一年级上下学期介词"给"不同用法输入、输出频率的变化趋势。

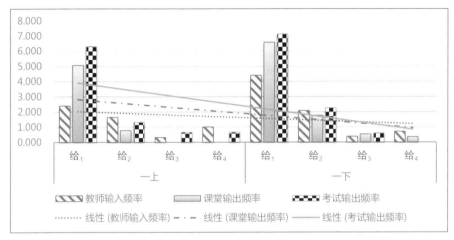

图6-3　一年级介词"给"不同用法输入、输出频率变化趋势图

从频率高低上看，频率均值从高到低的顺序是韩国学生口语考试输出—韩国学生课堂输出—教师课堂输入。从涉及的介词"给"的用法上看，从多到少的顺序是教师课堂输入—韩国学生口语考试输出—韩国学生课堂输出。另外，无论从输入还是输出看，"给$_1$"都是数量最多的，"给$_2$"位居其次，"给$_3$""给$_4$"数量很少，甚至没有。

将表6-4中的正确率数据转化成图6-4，可以看到一年级上下学期韩国学生介词"给"不同用法正确率的变化趋势。

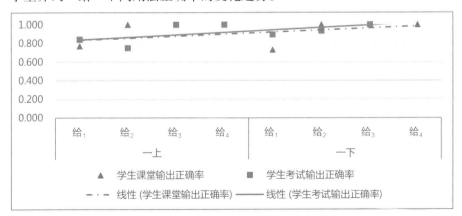

图6-4　一年级介词"给"不同用法输出正确率变化趋势图

从图6-4可以看出，一年级韩国学生课堂上和口语考试中正确率的线性趋势是呈平稳上升走势的，同时两者的线性趋势基本重合。这说明韩国学生两种环境下的正确率总量差别不大。总体来说，一年级阶段韩国学生介词"给"输出的正确率比较高，百分百的正确率很多，几乎只有"给$_1$"和"给$_2$"的正确率不是百分之百。

1.一年级上学期

在一上，教师在课堂上的输入以"给$_1$"居多，共输入了126例，如：

（22）他现在是在【给】110打电话。

（23）你觉得这个，有没有什么问题，【给】城市带来了什么？

"给$_2$""给$_4$"的输入次之，分别输入了87例和53例，如：

（24）我借【给】了那个男孩儿400块钱

（25）我在这儿做【给】你看，做菜。

"给$_3$"的输入最少，只输入了17例，如：

（26）如果找到了，打电话【给】你。

（27）租房子【给】你的人，叫房东。

韩国学生在课堂上也以"给$_1$"的输出为主，共输出了13例。其中有7例是"给你（们）打电话"，且没有偏误，说明学生模仿的成分很重。剩下6例其他用法中有一半是偏误，正确用例如：

（28）你【给】我做饭。

（29）然后以后过来【给】他看他的头发。

"给$_2$"仅输出了2例，如：

（30）还有买【给】你这个花。

（31）他把自行车借【给】我。

"给$_3$""给$_4$"在韩国学生的课堂输出中均未出现用例。

韩国学生在口语考试中也以"给$_1$"的输出为主，共输出了19例，其中有3例偏误。受口语考试话题的影响，韩国学生的用例中有4例是"给……打电话"，3例是"给你添麻烦了"，有7例是"医生给我开了点儿药"，句中涉及其他动词不多，如：

（32）【给】我的朋友买车。

（33）他们来【给】我照相。

"给₂"出现了4例，其中有1例偏误，"给"前的动词仅涉及"借"和"递"。综合课堂上的输出，韩国学生"给₂"的输出刚达到初现率的标准，如：

（34）你能不能把自行车借【给】我。

（35）服务员递【给】我包装的东西。

"给₃"出现了2例，如：

（36）看医生的时候，医生开药【给】我。

（37）我留我的电话号码【给】他。

"给₄"也出现了2例，如：

（38）最后【给】我用了。

（39）【给】我用一下你的笔好吗？

"给₃"和"给₄"均未达到初现率的标准，尤其是"给₄"的用例都是"给我用"，格式化的痕迹很明显。

2.一年级下学期

在一下，教师课堂输入的数量大幅增加，整体频率也大幅上升。不过介词"给"几种用法的频率顺序没有变化，仍然是"给₁"（367例）最多，"给₂"（174例）和"给₄"（59例）次之，"给₃"（32例）最少。教师输入的用例无须赘举。

韩国学生在课堂上对"给₁"的输出也大幅增加到37例，其偏误也增加很多（共出现了10例）。说明韩国学生对"给₁"的使用存在不少问题。用例中仍有10例是"给某人打电话"。进步之处是介词短语中的名/代词不再局限于"你（们）"，出现了具体人名、警察、老师、妈妈等名词。其他动词，如"让座、添麻烦、打折、送、洗、倒水、买、写"等，也出现在了句子中，如：

（40）他很有礼貌，在公共汽车上主动【给】老人让座。

（41）因为常常在我们的国家，人们【给】警察打电话，他们在喊不知道怎么说。

"给₂"的输出有了突破性的进展，不仅数量增多（出现了10例），而且"给"前的动词也比一上丰富得多，有"发、献、交、介绍、送、借、奖、卖"等，如：

（42）把那个黄色的一张纸交【给】他们，我在南师大住，然后他们就应该办签证。

（43）因为工作表现很好，所以老板奖【给】我一千块元钱。

"给₃"虽出现了3例，但都是"打电话给你""借钱给你"这样对输入语句的重复。"给₄"也仅出现2例，如：

（44）村民【给】他们吃、喝，渐渐他们就一起玩儿，变朋友。

（45）【给】我看看你的作业。

韩国学生在口语考试中对"给₁"的输出达到了47例，数量较课堂输出都有所增加；介词短语后的动词主要有"发信息、打电话、添麻烦、打折、付钱、介绍、开（发票、证明）、留电话、照相、做饭"等，比课堂上输出的形式也要丰富一些，如：

（46）能不能麻烦你【给】我照张相？

（47）你方便【给】我们留一个电话号码吗？

"给₂"在口语考试中的输出有15例，也比课堂上的输出多；介词"给"前涉及的动词有"教、打、送、还、交、介绍、寄、推荐"，同样也比课堂上丰富一些，如：

（48）老板推荐【给】我四个菜。

（49）我把书还【给】他。

"给₃"在口语考试中输出了4例，介词短语后涉及的动词短语有"打电话、交钱、做菜、挣钱"，如：

（50）年轻的人的父母去银行借很多钱，所以10年、20年一直交钱（还钱）【给】银行。

（51）以前我常常放假的时候工作，然后我挣钱【给】我的妹妹。

结合韩国学生在课堂上的输出情况，可以判定韩国学生在一下习得了"给₃"。"给₄"在口语考试中没有输出，所以暂不能判定韩国学生在一年级阶段习得了"给₄"。

（二）二年级

首先看一下二年级上下学期介词"给"的不同用法在课堂和口语考试中的输入与输出情况汇总表6-5。

表6-5　二年级介词"给"不同用法输入、输出汇总表

阶段	用法类别	教师课堂输入		韩国学生课堂输出					韩国学生口语考试输出				
		输入数量	输入频率	正例	误例	合计	正确率	输出频率	正例	误例	合计	正确率	输出频率
二上	给1	535	6.570	36	4	40	0.900	7.179	27	0	27	1.000	5.998
	给2	224	2.751	17	3	20	0.850	3.589	15	1	16	0.938	3.555
	给3	29	0.356	2	0	2	1.000	0.359					
	给4	48	0.589	4	0	4	1.000	0.718					
	合计	836	10.267	59	7	66	0.894	11.845	42	1	43	0.977	9.553
二下	给1	364	5.202	25	2	27	0.926	4.851	41	2	43	0.953	9.839
	给2	139	1.987	14	0	14	1.000	2.515	3	0	3	1.000	0.686
	给3	20	0.286	3	0	3	1.000	0.538	3	0	3	1.000	0.686
	给4	55	0.786						1	0	1	1.000	0.229
	合计	578	8.261	42	2	44	0.955	7.905	48	2	50	0.960	11.441

注：表中输入和输出频率都是万分位的，正确率是百分位的。

把表6-5中介词"给"不同用法的输入、输出频率转化成图6-5，可以清楚地看到二年级上下学期介词"给"不同用法输入、输出频率的变化趋势。

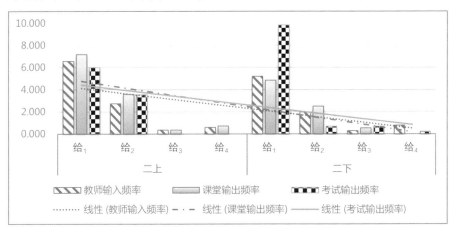

图6-5　二年级介词"给"不同用法输入、输出频率变化趋势图

从图6-5可以看出，二年级教师输入与韩国学生的输出线性趋势基本重合，说明他们频率的均值趋于一致。此阶段韩国学生输出表现出来的特征

是：在课堂上，二上阶段介词"给"的输出覆盖了4种用法，而二下阶段只覆盖了3种用法；在口语考试中，二上阶段只覆盖了2种用法，而二下阶段覆盖了4种用法。综合来看，介词"给"的4种用法在韩国学生的输出中是全覆盖的。但从频率上看仍以"给$_1$""给$_2$"为主，和教师课堂输入频率基本一致。说明在日常使用中就是以"给$_1$"和"给$_2$"为主，韩国学生的输出符合汉语日常交际的情况。

将表6-5中的正确率数据转化成图6-6，可以看到二年级上下学期韩国学生介词"给"不同用法正确率的变化趋势。

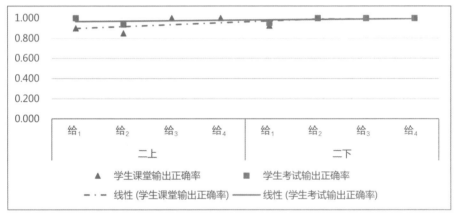

图6-6　二年级介词"给"不同用法输出正确率变化趋势图

从图6-6可以看出，韩国学生在二年级阶段输出的正确率也不低，而且课堂上与口语考试中的正确率发展趋势一致。在课堂上韩国学生表现出来的偏误稍多一些，主要集中在"给$_1$"和"给$_2$"。"给$_2$"的偏误主要集中在二上阶段，具体情况见偏误动态分析部分。

1.二年级上学期

二上时，教师在课堂上的输入更集中于"给$_1$"（535例）和"给$_2$"（224例），"给$_3$"（29例）和"给$_4$"（48例）相对来说输入频率不升反降了。说明在教师的话语中很明显倾向于"给$_1$"和"给$_2$"的输入。

韩国学生的输出无论是在课堂上还是口语考试中都是"给$_1$"和"给$_2$"最多，而且句中涉及的动词也比一下丰富许多，多达30个，不再一一列举。这可以说明韩国学生在一年级习得这两种用法以后在二上达到了使用的高峰期。

而对于"给₃"，韩国学生在一下习得以后，到了二上只在课堂上输出了2例，都是"打电话给我"这样的句子，而且口语考试中没有出现1例。这说明韩国学生没有及时巩固"给₃"的使用，仍停留在半模仿化的阶段。

对于"给₄"，韩国学生在课堂上输出了4例，句中涉及的动词有"吃、看、用"等3个，达到了初现率的标准，如：

（52）你每天都八点【给】它吃，但是不能给它吃太多，如果它吃太多，它死掉。

（53）最近很多父母【给】自己的孩子用纸尿裤。

不过韩国学生在口语考试中没有输出"给₄"的用例，说明韩国学生的习得是比较局限的，并没有大范围使用。

2.二年级下学期

二下时，教师对介词"给"四种用法的输入跟二上呈现一样的频率分布规律。"给₁"（364例）和"给₂"（139例）远多于"给₃"（20例）和"给₄"（55例）。

韩国学生在此阶段对"给₁"的输出继续增加，尤其是在口语考试中，"给₁"的输出量激增，达到43例。在课堂上也输出了27例，且偏误数量明显减少，整个学期只出现4例。说明韩国学生对"给₁"的掌握是相当不错的，在交际中基本能自由运用"给₁"。

"给₂"的输出在此阶段出现下降的趋势，尤其是口语考试中的数量剧减，仅出现3例。但综合课堂输出与口语考试输出，其数量不算太少，共有17例。其输出频率跟教师课堂输入频率基本持平，说明韩国学生对于"给₂"还是正常使用的。同时，课堂上和口语考试中均没有出现偏误，句中涉及的动词有"送、扔、讲、卖、寄、说、留、遗传、嫁、让、借"等，还是比较丰富的，如：

（54）想不到那么漂亮的女孩嫁【给】这样的人。

（55）请他们留【给】我一封信。

"给₃"在课堂和口语考试中共输出了6例，出现了一些新的动词短语，如：

（56）他们会撒了很多糖【给】大家。

（57）我没有参加过保护环境的运动，目的是捐钱【给】非政府组织。

这说明韩国学生对"给$_2$""给$_3$"的习得还是比较稳定的。

"给$_4$"的输出还比较特殊，在课堂上没有输出一例，在口语考试中也仅输出1例。说明韩国学生在二上习得这一用法之后，并没有进入正常使用阶段。

（三）三年级

首先看一下三年级上下学期介词"给"不同用法课堂和口语考试中的输入与输出情况汇总表6-6。

表6-6　三年级介词"给"不同用法输入、输出汇总表

阶段	用法类别	教师课堂输入		韩国学生课堂输出					韩国学生口语考试输出				
		输入数量	输入频率	正例	误例	合计	正确率	输出频率	正例	误例	合计	正确率	输出频率
三上	给$_1$	268	8.600	18	2	20	0.900	4.855	7	1	8	0.875	1.961
	给$_2$	50	1.604	10	0	10	1.000	2.428	7	0	7	1.000	1.716
	给$_3$	3	0.096	3		3	1.000	0.728					
	给$_4$	10	0.321	2		2	1.000	0.486					
	合计	331	10.621	33	2	35	0.943	8.497	14	1	15	0.933	3.677
三下	给$_1$	133	5.524	22	2	24	0.917	5.986	9	3	12	0.750	2.335
	给$_2$	44	1.828	8	0	8	1.000	1.995	5	0	5	1.000	0.973
	给$_3$	8	0.332	1	0	1	1.000	0.249					
	给$_4$	6	0.249										
	合计	191	7.934	31	2	33	0.939	8.231	14	3	17	0.824	3.308

注：表中输入和输出频率都是万分位的，正确率是百分位的。

把表6-6中介词"给"不同用法的输入、输出频率转化成图6-7，可以清楚地看到三年级上下学期介词"给"不同用法输入、输出频率的变化趋势。

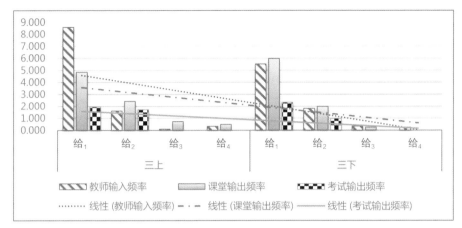

图6-7　三年级介词"给"不同用法输入、输出频率变化趋势图

从图6-7可以看出，介词"给"的输入与输出在三年级阶段出现了反转，输入多于输出了。主要原因是教师在三上阶段"给$_1$"的输入特别多，导致教师输入整体均值偏高。其他几种用法，如"给$_2$""给$_3$"，韩国学生在课堂上的输出仍多于教师输入，或与教师输入差不多。而且韩国学生在口语考试中则只输出了"给$_1$"和"给$_2$"。

将表6-6中的正确率数据转化成图6-8，可以看到三年级上下学期韩国学生介词"给"不同用法正确率的变化趋势。

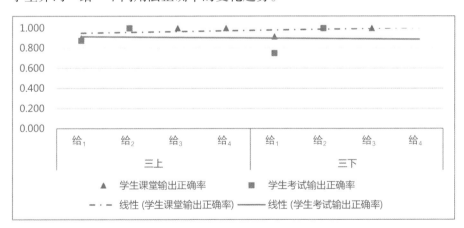

图6-8　三年级介词"给"不同用法输出正确率变化趋势图

从图6-8可以看出韩国学生在三年级阶段课堂上的输出正确率也很不错。仍然以"给$_1$"的正确率波动为主，课堂上的正确率好于口语考试中的正确率。主要原因是韩国学生在三年级阶段的口语考试中仅输出了"给$_1$"和"给$_2$"，口语考试中"给$_1$"的正确率呈向下发展的态势，说明韩国学生对"给$_1$"的使用还存在不少问题。

1.三年级上学期

在三上，教师在课堂上大量输入了"给$_1$"，出现268例。而其他三种用法的输入量相对较小，"给$_2$"输入了50例，"给$_4$"输入了10例，"给$_2$"仅输入了3例。不过，此阶段教师的输入已经不会对韩国学生的输出产生任何影响了。

此阶段，韩国学生在课堂上的输出仍然是比较全面的，"给"的四种用法全部都有输出。但仍然是"给$_1$"（20例）和"给$_2$"（10例）为主，"给$_3$"（3例）和"给$_4$"（2例）的输出很少，且偏误只存于于"给$_1$"的输出中。而在口语考试中，韩国学生只输出了"给$_1$"和"给$_2$"两种用法，分别输出了8例和7例，偏误也仅存于"给$_1$"的输出中。

2.三年级下学期

在三下，教师的课堂输入情况与上学期相似，也是突出输入了"给$_1$"，对"给$_2$""给$_3$"和"给$_4$"的输入比较少。

而韩国学生在课堂和口语考试中基本都只输出了"给$_1$"和"给$_2$"，"给$_3$"仅在课堂上输出了1例。结合三上的情况，充分说明韩国学生对介词"给"的使用主要集中于"给$_1$"和"给$_2$"。

不过到了三年级阶段，韩国学生介词"给"的偏误明显减少。说明韩国学生对介词"给"用法的掌握逐渐变好。

第三节 介词"给"的动态偏误考察

首先看一下不同学习阶段韩国学生课堂输出和口语考试输出中介词"给"字句的偏误类型汇总表6-7。

表6-7 "给"字句偏误类型汇总表

阶段	输出环境	误代	误加	遗漏	错序	其他	合计
一上	课堂	3					3
	口语考试	4					4
一下	课堂	3	6		1		10
	口语考试	2	3		1		6
二上	课堂	4	2			1	7
	口语考试				1		1
二下	课堂	1	1				2
	口语考试	2					2
三上	课堂		2				2
	口语考试	1					1
三下	课堂		1		1		2
	口语考试	3					3
总计		23	15		4	1	43

从表6-7可以看出，韩国学生介词"给"的偏误规律非常明显，主要集中在误代（23例）上，其次是误加（15例）上，错序只有4例；无法归类的偏误也就只有1例，遗漏则没有出现，可以忽略不计。另外，韩国学生的偏误在一下达到高峰，之后就处于下降的趋势。说明韩国学生仅在初学阶段容易出现偏误，中级阶段以后偏误发生率就明显降低。

一、一年级韩国学生介词"给"偏误的动态分析

1.一年级上学期

韩国学生在一上使用介词"给"时出现的唯一偏误形式就是误代。课堂上出现了3例，口语考试中出现了4例，基本都是用"给"误代了其他介词，如：

（58）*我来【给】你祝贺。

（59）*有时候她【给】我说苦闷。

例（58）是用"给"误代了"向"，例（59）是用"给"误代了"跟"。其中例（59）这样"给我说"的例子就出现了4例。韩国学生在初学阶段出现这样的偏误用例正如上文汉韩对比得出的预测一样，完全是因

为他们受韩语格助词与汉语多个介词对应的影响，且还搞不清楚各个介词之间的使用区别所致。

2.一年级下学期

一下时韩国学生输出的数量激增，伴随着的偏误数量也大幅增加，偏误类型也呈现多样化。误加成为最严重的偏误，课堂上出现了6例，口语考试中出现了3例，都是不该用介词"给"而用的情况，如：

（60）*我【给】他请客。

（61）*那时候我在家里打羽毛球，所以老师【给】我表扬。

例（60）中离合词"请客"不能用介词"给"提前宾语，而应该把宾语"他"加在离合词中间。离合词不分开使用是韩国学生很容易犯的错误（肖奚强，2000）。因为韩语中没有离合词的概念，所以韩国学生没有把离合词分开、宾语加在中间的习惯。而且学生的偏误句正好符合韩语的语序，也符合大部分汉语介词短语的语序，导致韩国学生更不会意识到他们出现了偏误。例（61）也是类似的情况，实际上例（61）中的表扬是及物动词，不需要也不能用"给"介引它的宾语。

误代也仍然比较多，都是与相关介词的误代，如：

（62）*中国人【给】我……非常热情，对我……非常尊重。

（63）*那能不能麻烦你【给】老师请假？

例（62）是用"给"误代了"对"，例（63）是用"给"误代了"向"，原因上文已经阐述。

此阶段，韩国学生还出现了2例错序，分别分布在课堂和口语考试中，如：

（64）*我来中国以后，常常我的父母【给】打电话。

（65）*我打电话以后，妈妈，【给】妈妈经常说好的地方。

例（64）是受韩语格助词位置的影响产生的偏误，韩国学生错把介词"给"像韩语格助词一样置于名词之后，这种偏误是比较少见的，几乎只在初学阶段偶尔会出现。例（65）中"经常"与介词短语错序，是韩国学生对副词需放置在介词短语之前的语序规则不清楚所致。

二、二年级韩国学生介词"给"偏误的动态分析

1.二年级上学期

二上时，韩国学生介词"给"的偏误出现明显的下降。几乎只出现在课堂上，口语考试中仅出现一例错序。课堂上的偏误主要是误代，还主要是与其他介词的误代，如：

（66）*我【给】你们说我的那个买东西的习惯……

（67）*然后在白纸上写婚礼的日期和日期送【给】新娘家。

例（66）是用"给"误代了"跟"。例（67）是用"给"误代了"到"。

其次是误加，如：

（68）*那天父母【给】孩子的，呃，对待啊，对待好像一位王子一样。

（69）*父母【给】孩子打，打的方式，我觉得不太好。

这些误加偏误都是韩国学生受母语的影响，在宾语前加上介词以标识它在句中的地位，就像在韩语中加格助词一样导致的。

2.二年级下学期

二下时韩国学生的偏误就更少了，在课堂和口语考试中合起来一共才出现3例误代偏误，如：

（70）*老人【给】年轻人说话，好的说话。

（71）*以前风俗是有鬼来，【给】我生病。

例（70）是用"给"误代了介词"跟"，是介词间的混淆；例（71）是用"给"误代了"让"，其原因在第五章已有论述，不再赘述。

三、三年级韩国学生介词"给"偏误的动态分析

1.三年级上学期

到三上，韩国学生介词"给"的偏误几乎消失了。在课堂上仅出现2例误加，都是把"告诉"的宾语用介词"给"提前，如：

（72）*我只好在厕所里等着，最后【给】清洁工人告诉。

（73）*后来回到办公室时【给】她们告诉，她们大笑，叫我傻瓜。

这是因为在韩语中没有及物和不及物动词的概念，无论是什么动词，其涉及的宾语都要加格助词，而汉语中的一些及物动词是不能用介词提前其宾语的。韩国学生往往对这一规则不太注意，从而出现像例（72）、（73）这样的偏误。这也说明介词"给"何时该用何时不该用的规则对于韩国学生来说是个难点，需要在教学中加以强调。

口语考试中仅出现1例介词"给"与"向"的误代：

（74）*男人【给】女人求婚的时候，必须要一个鲜花。

2.三年级下学期

三下时，韩国学生介词"给"的偏误同样也非常少，仅存的是口语考试中介词"给"与其他介词的误代，出现了3例，如：

（75）*我的很多方面改变了，比以前真的好多了，所以我【给】老师很感谢。

（76）*看这个然后【给】别人说，幽默的说话，然后想要跟他们交流。

例（75）是用"给"误代了"对"，例（76）是用"给"误代了"跟"。这说明韩国学生极容易把介词"给"与其他介词混淆使用，是非常容易石化的偏误，正如上文预测的一样。而对于上文预测的"给$_1$"和"给$_3$"两种句式的混用在语料中没有出现；另外对于"给$_2$"中动词的错用也没有体现在是否有"给予"义，而是在离合词和及物动词的使用上出现问题。

第四节　介词"给"习得规律及教学建议

一、介词"给"的习得规律

综合上文所述，韩国学生介词"给"不同用法的掌握情况是比较理想的，其不同用法的习得状况如表6-8。

表6-8 介词"给"不同用法习得认知过程汇总表

项目	习得状况	习得认知过程描述
给₁	一上习得	一上的课堂上初现并习得,二上达到使用的高峰,偏误开始减少,三年级进入平稳期。"给₁"一直是韩国学生使用最多的一种用法。
给₂	一上习得	一上的课堂上初现,口语考试中达到初现率标准并习得。一下输出数量大增,二上达到使用的高峰,二下偏误消失,韩国学生的习得进入平稳期。
给₃	一下习得	一上的口语考试中初现,一下的课堂上达到习得标准,但使用频率一直不高。
给₄	二上习得	一上口语考试中初现,一下的课堂上仍达不到初现率标准,二上的课堂上达到初现率标准,且无偏误,说明韩国学生已完全习得该项目。但之后只是零星使用。

除了"给₄"以外,介词"给"其他三个用法在一年级阶段就已习得。其中"给₁"和"给₂"在一上习得,"给₃"在一下习得。一年下学期开始到二下基本是韩国学生介词"给"使用的高峰期。三上韩国学生的使用进入平稳期。

从韩国学生的动态偏误分析来看,一下开始到二上基本是韩国学生介词"给"偏误的高发期,二下以后偏误逐渐减少。而且韩国学生使用介词"给"时的偏误很明显地集中在误代和误加上:误代又完全集中在介词"给"与其他介词的误代上。这说明母语对韩国学生介词使用的影响是一直存在的;误加也多集中在介词"给"的误加上,并且很明显地表现在当句中动词是离合词、及物动词等不能用介词介引宾语的情况,说明韩国学生在习得的过程中很难建立区分离合词、及物动词的意识。这些不能使用介词"给"的动词限制规则对于韩国学生来说认知难度较高。

二、介词"给"的教学建议

综合以上分析,可以看出韩国学生对介词"给"的习得总体上来说是比较理想的,根据其习得认知顺序,在教学中可以这样安排介词"给"的教授顺序:①一上教授"给₁"和"给₂",②一下教授"给₃",③二上教授"给₄"。

根据介词"给"的动态偏误分析,在对韩介词"给"的教学中,需要特别注意其误代和误加偏误，而且主要集中在"给$_1$"和"给$_2$"两种用法中。误代主要是介词"给"与"向""对""跟"等介词的混淆。因为这几个介词在介引对象成分时与韩语格助词的对应关系存在交叉，所以它们几个的区别对于韩国学生来说认知难度很高。需要在教学中重点讲解。另外，韩国学生也很容易把不该用介词"给"的地方用误加介词"给"，这与韩语中宾语后面必须加宾格助词有一定的关系；同时也与汉语中离合词和及物动词的使用规则有关。因此，也需要在教学中特别注意这两类词与介词搭配规则的总结和教学。

第七章 介词"跟"的习得认知过程研究

第一节 介词"跟"与韩语相应成分对比分析

一、介词"跟"的使用规则①

介词"跟"在现代汉语中也介引对象成分，它与不同的谓语成分结合时，会表达不同的语义。学界对这一现象关注很多，并以此对介词"跟"进行分类。比如吕叔湘（1980）把介词"跟"分为四个，分别表示引进共同、协同的对象，指示与动作有关的对方，表示与某事物有无联系，以及引进比较的对象。傅雨贤、周小兵（1997）把介词"跟"分为表示"协同、共同"、表示"相关"、表示"对象"、表示"比较"和相当于"在"等五类。何薇（2004）把介词"跟"分为表示协同、表示共同、表示关联、引进比较对象、引进与动作相关对象和表示动作行为所涉及事物的来源等六类。可以看出诸多的研究中除了所使用的名称和大小范围有别以外，实质上都跟吕叔湘（1980）对介词"跟"的解释差不多。吕叔湘（1980）所列的是介词"跟"最基本、最典型的介词用法。至于傅雨贤、周小兵（1997）所提出的介词"跟"相当于介词"在"的用法在汉语母语者语料中确有用例，但这种用法非常口语化，在日常交际中并不多见，而且完全可由介词"在"替换。所以，在对外汉语教学中，尤其是初、中级阶段的教学中并没有教授的必要。综合以往学者们的研

---

① 本节主要内容请参见周文华（2011b），收录本章时例句及部分表述进行了修改。"和、同、与"在用法上与"跟"有较多交叉，但在介引对象时，都可用"跟"来替代，且在语义上差别不大。故本章仅以"跟"为考察对象。

究，结合介词"跟"表意的特点，并从教学的角度出发，本章延用周文华（2011b）的分类，把介词"跟"分为表协同、表共同、表关联、表比较、表指向、表索取对象等六类。分别以"跟$_1$""跟$_2$""跟$_3$""跟$_4$""跟$_5$""跟$_6$"来表示。介词"跟"的六种用法在句法格式上是一致的，都是"N$_1$+跟+N$_2$+VP"，但不同表意的"跟"在句中谓语动词的选择和句子的深层语义关系上是不一样的。下面就对这六个"跟"的语义和用法逐一进行分析。

1. 跟$_1$

"跟$_1$"介引协同对象。所谓协同指动作由两个或两个以上参与者一起完成，其中一个参与者占主导地位，另一个处于随从地位。

"跟$_1$"只能跟有生名词或代词构成介词短语，如：

（1）你【跟】爸爸一起爬山吗？

（2）今年我第一次【跟】他回家，结果各种规矩彻底把我弄糊涂了。

"跟$_1$"在使用时常会与"一起、一同、一道、一块、一并、一同"等协同副词联用。但"跟$_1$"介词短语所修饰的动词不是必须有两个主体一起才能完成的，这是"跟$_1$"与"跟$_2$"最大的区别。

2. 跟$_2$

"跟$_2$"介引动作的共同对象，其后动词所表示的动作必须由两个主体共同来完成，如：

（3）不【跟】你吵架了，我们刚刚都讲过了啊。

（4）他最近沉迷于【跟】女朋友谈恋爱。

类似的动词还有"结婚、离婚、结仇、商量、交朋友、打交道、聊天、过不去、联系、争辩、说话"等。"跟$_2$"不能与"一起、一同、一道、一块、一并、一同"等协同副词联用。

3. 跟$_3$

"跟$_3$"介引关联对象，说明主语和介词宾语之间的关系。这种用法在语料中最常见的是修饰"有"字句，如：

（5）我【跟】他现在有矛盾了……

（6）茶【跟】水和土壤有很大的关系。

也可以修饰形容词，如：

（7）我说到了这个，你们觉得【跟】哪个词特别像啊？

（8）你【跟】这个男孩子不合适。

无论"跟₃"介词短语修饰什么成分，它都表示主语和介词宾语之间存在某种"关系"。

4. 跟₄

介引比较对象时，"跟₄"也可以跟名词性成分、动词性成分甚至小句构成介词短语，如：

（9）南方【跟】北方不一样。

（10）他见到我，【跟】不认识似的。

（11）哎呀，他别提多高兴了，【跟】捡了钱似的。

"跟₄"介词短语在句中的作用是做状语，一方面可以作为"比（起来）、相比、比较"的状语，如：

（12）这个工作我肯定不是特别满意，但是【跟】没有工作比起来呢，我还是很幸福的。

（13）【跟】坐飞机相比，火车的票价是它的优点，它票价是便宜的。

一方面还可以作为"（不）一样、差不多、不同、相反"等形容词的状语，如：

（14）独到的意思就是独特的，【跟】别人不同的。

（15）她的想法【跟】别人完全相反。

在"跟……一样"结构中，"一样"之后可加形容词表示程度，如：

（16）【跟】你一样漂亮的小伙子我这儿有的是。

（17）我除了【跟】他一样愁以外没有任何办法。

而"跟……不一样"结构中，却很少能在后面加形容词，或做谓语动词的状语。通过语料考察发现，"跟……不一样X"几乎没有，这与郭熙（1994），肖奚强、郑巧斐（2006）等的研究结果是一致的。

另外，"跟₄"介词短语还可以修饰"有不同、有区别、有差异、有差别"等"有"字成分。

5. 跟₅

"跟₅"介引动作的指向对象，其用法同"对₁、向₂"类似，但并非与它们都可以无条件互换。"跟₅"与"跟"其他用法的不同主要在于句中的谓语部分。

"跟₅"只能与有生名词或代词构成介词短语。介词短语后可加言说类动词，此时"跟₅"与"对₁、向₁、给₁"[①]有部分互换关系，这在"跟₅"的用法中占了很大一部分，如：

（18）可我又怎么【跟】人解释呢，我怎么能说我的爱人离家出走了，不知去向了。

（19）她回家【跟】她哥一说，她哥也皱了眉头。

另外"跟₅"介词短语后还可以加一些抽象的行为动词，也与"对₁、向₁"有部分互换关系，但不能跟"给₁"互换，如：

（20）长这么大我【跟】谁服过软？

（21）我下车【跟】她赔笑，伸出手去想跟她握个手。

6. 跟₆

"跟₆"介引索取对象，与"向₃"有互换关系。它们之间的区别主要是语用上的，也即"跟₆"的使用是口语化、非正式的，"向₃"的使用是书面化、正式的。"跟₆"介词短语后的动词类别跟"向₂"介词短语后的动词类别一样，都是表索取的动词，如"要（东西）、学、借、换"等，如：

（22）【跟】你借，你是不肯的，实在抱歉啊，只好这么办了！

（23）律师用半恳求的口气【跟】警察咨询："这个应该没问题吧？"

可以看出，"跟₆"也只能跟有生名词或代词构成介词短语。

二、介词"跟"与韩语格助词的对比[②]

汉语介词"跟"有6种表意用法，但它们在韩语中的对应形式并没有这样详细的划分。何薇、杨晶淑（2006）认为汉语介词"跟"主要跟"-와、-에게、-에게서"三个格助词有对应关系。不过根据本章的语料考察，以及金善姬（2012）等的研究，介词"跟"大体上与韩语格助词

---

① "给₁"的这种用法非常口语化，所以它虽跟"跟₅"有互换关系，不过仍以"跟₅"的可接受度高。

② 如第一章所述，鉴于韩语格助词与汉语介词对应的复杂性，本章的对比研究只进行从汉语到韩语的单向对比研究。

"–와、–과、–와의、–에게、–에게서、–처럼"对应，在韩语中没有汉语中6种表意用法的明显区别。具体情况请看以下分析。

（一）跟₁

"跟₁"介引协同对象，在使用时常会与"一起、一同、一道、一块、一并、一同"等协同副词联用。"跟₁"介词短语所修饰的动词不是必须有两个主体一起才能完成的。根据语料考察，"跟₁"常与韩语格助词"와、과"对应，如：

（24）李明博总统在首脑会谈前一天还要【跟】工作人员准备到很晚。

이 대통령은 정상회담 전날 밤 늦게까지 스태프【와】회담 준비를 했다.

李　总统　首脑会谈 前一天　到很晚 工作人员【跟】会谈 准备

（25）鲈鱼【跟】具有丰富维生素C的蔬菜一起吃会更好。

농어는 비타민C가 풍부한 채소【와】같이 먹는 것이 좋다.

鲈鱼　维生素C　　丰富　蔬菜【跟】一起　吃　　更好

（二）跟₂

"跟₂"介引动作的共同对象，其后动词必须有两个主体共同来完成，主要有"结婚、离婚、结仇、商量、交朋友、打交道、聊天、过不去、联系、争辩、说话"等。"跟₂"不能与"一起、一同、一道、一块、一并、一同"等协同副词联用。可以与韩语格助词"–과、–와、–와의"对应，如：

（26）托哥哥的福，妹妹终于【跟】心爱的人结了婚。

오빠 덕분인지 여동생은 결국 사랑하는 사람【과】결혼했다.

托哥哥的福　　妹妹　　终于　心爱的　人【跟】结了婚

（27）【跟】泰国政府进行幕后交易，用不当的方法获取工程。

태국 정부【와의】막후 거래를 통해 부당한 방법으로 공사를 따낸다.

泰国　政府【跟】　幕后　交易　进行　不当的　方法　工程　　获取

在韩语中不会因为动词语义性质的不同而有不同的格助词与之对应，所以韩语跟汉语一样，不会因为动词的不同而用不同的格助词，语义往往是根据语境而定的。

（三）跟₃

"跟₃"介引关联对象，说明主语和介词宾语之间的关系。它在韩语中

主要跟"와"对应，如：

（28）4000万韩元是B某返还了A某给的工资，【跟】我没有任何关系。"

4000만 원은 A 씨가 준 급여를 B씨가 반납한 것이니, 나【와】는 관련이 없다.

4000万韩元 A某 给工资 B某 返还 我【跟】 关系 没有

（29）他讲过"我是音乐家，【跟】政治毫无关系"。

"나는 음악가이고 정치【와】 관계없다"라고 그는 말했다.

我 音乐家 政治【跟】无关系 他 讲过

（四）跟₄

介引比较对象时，"跟₄"可以与韩语格助词"와、에게"对应，如：

（30）很想对人们呼吁，要支持这个长得【跟】肯尼迪一模一样的自己。

케네디를 꼭 닮은 자신【에게】도 지지를 보내달라고 호소하고 싶었

肯尼迪 一模一样的 自己【跟】 支持 要 呼吁

을 것 같다.

想 可能

（31）孩子的父亲也【跟】蔡东旭一样姓蔡，真实低概率的奇缘。

아이의 아버지도 채동욱 씨【와】 같은 채씨라니 확률이 낮은 기연이다.

孩子的 父亲也 蔡东旭【跟】一样 姓蔡 概率 低 机缘

但更多的情况下，"跟₄"在韩语中没有对应形式，韩语往往采用意译的方式来处理"跟₄"，如：

（32）亚裔女性也【跟】西洋女性一样充满活力。

아시아계 여성들도 서양 여성들만큼이나 활동적이다.

亚裔 女性也 西洋 女性 一样充 活力

（33）见到崔承贤以后，发现他【跟】电影里一样具有慎重的性格。

만나보니 최승현은 영화 속 처럼 진중한 성격이었다.

见到 崔承贤 电影 里 一样 慎重 性格。

（五）跟₅

"跟₅"介引动作的指向对象，只能与有生名词或代词构成介词短语。它在韩语中可以对应于"-와、-에게"，如：

（34）【跟】旁边的朋友说他是扔出"饭盒炸弹"的人，当时真的是觉得荒唐。

도시락폭탄을 던진 사람이라며 옆 친구【와】 얘기하는 것은 정말 황당했다.

饭盒炸弹　扔出人　　旁边朋友【跟】说　　　　真的　荒唐

（35）在验证过程中出现嫌疑点后有谁能【跟】朴总统说"不行"。

검증 과정 중 미심쩍은 점이 나온 후 누가 박 대통령【에게】 안 된다고 하겠는가.

验证　过程中　嫌疑　　点　出现后谁　朴总统　【跟】　不行谁能说

但更多的也是意译的情况，如：

（36）阎罗大王【跟】没有吃过鲈鱼的死者说"回去尝尝鲈鱼后再来"。

염라대왕이 농어회를 먹어보지 못한 사자에 "맛이나 보고 오라"고 말했다.

阎罗大王　鲈鱼　　没有吃　过 死者 尝尝　　再来　　　说

（37）倒不如直接【跟】他们说现在该洁身隐退让出位置。

차라리 깨끗하게 자리를 내놓으라고 말하는 것이 솔직하다.

倒不如　直接　　位置　　　退让出　　　说

（六）跟₆

"跟₆"介引索取对象。"跟₆"介词短语后都是表索取的动词，如"要（东西）、学、借、换"等。"跟₆"也只能跟有生名词或代词构成介词短语。在韩语中"跟₆"与"-에게서"对应，与介词"从"的对应有相似之处，如：

（38）从九岁开始【跟】妈妈学针织技艺，用旧毛线织了袜子。

아홉 살 때 엄마【에게서】 뜨개질을 배워 헌 털실로 양말을 짰다.

九岁 开始　妈妈　【跟】　针织技艺　学 旧毛线　　袜子 织了

（39）我每个月【跟】爸爸要零花钱。

나는 매월 아빠【에게서】 용돈을 받았다.

我　每个月 爸爸【跟】　零花钱　要

三、汉韩对比规律小结

可以看出，介词"跟"的六种用法在韩语中所对应的格助词区别不

大。这是因为介词"跟"的六种用法并不体现在介词短语构成成分的区别上，也不体现在句法顺序上，而是体现在句中动词的性质上。这正好与韩语格助词的性质相当。总结一下，汉语介词"跟"的六种用法在韩语中对应于"와、과、와의、에게、에게서、처럼"等几个格助词，但更多的是不对应的情况，比如"跟₄"和"跟₅"的用法在韩语中多采取意译的方式。

何薇、杨晶淑（2006）总结得出介词"跟"不同用法与韩语格助词对应的大致规律是"와"对应介词"跟"协同、共同、关联和比较的用法，"에게"对应介词"跟"承受、来源的用法，"에게서"对应介词"跟"来源的用法。而根据本章的语料考察发现，"跟₁"主要与"와、과"对应，"跟₂"主要与"와、과、에게"对应，"跟₃"主要与"와、과"对应，"跟₄"主要与"와、과、에게、처럼"对应，"跟₅"主要与"와、에게"对应，"跟₆"主要与"에게서"对应。但在介词"跟"与韩语对应的分析中也发现，很多介词"跟"的用法并没有韩语格助词与之完全对应，很多情况下都是采用意译的方法，尤其是"跟₄"和"跟₅"的用法。

根据汉韩对比的分析，可以对韩国学生习得汉语介词"跟"的难度进行一些预测：

1.韩语与介词"跟"的用法对应交叉很多，说明在韩语中对于介词"跟"不同用法的区别不是很明显。不过好在汉语中介词"跟"的外在形式没有变化，这种交叉的对应主要是语义上的。所以，韩国学生在形式使用上问题应该不大，即很容易输出介词"跟"字句，但当涉及语义限制要求不能用介词"跟"的时候可能会出现偏误。

2."跟₄"与"跟₅"与韩语对应时通常会采用意译的方式，也即"跟₄"与"跟₅"在韩语中大部分是零对应的。这种零对应的情况可能会对韩国学生使用介词"跟₄"与"跟₅"时产生一定影响。可以预测韩国学生会在使用"跟₄"与"跟₅"时受母语影响出现遗漏"跟₄"与"跟₅"的偏误。

第二节 介词"跟"的习得认知过程考察

一、课堂输入与输出情况的总体对比

本章依据历时两年半的一年级上下学期（下文简称一上和一下），二年级上下学期（下文简称二上和二下）和三年级上下学期（下文简称三上和三下）汉语听说课及口语考试录像转写而成的课堂/考试口语语料库①来考察的教师课堂话语、韩国学生课堂话语及口语考试中介词"跟"的用法。课堂教学中教师的输入与韩国学生输出的情况请见表7-1。

表7-1 不同阶段介词"跟"输入、输出汇总表

阶段	教师课堂输入		韩国学生课堂输出		韩国学生口语考试输出	
	数量	频率	数量	频率	数量	频率
一上	323	6.152	12	4.674	41	13.640
一下	882	10.576	56	9.973	114	17.306
二上	902	11.077	92	16.511	50	11.108
二下	639	9.133	76	13.655	44	10.068
三上	361	11.584	52	12.624	96	23.532
三下	236	9.803	41	10.227	109	21.212
合计	3343	9.760	329	11.986	454	16.400

从表7-1可以得出，本章检索到教师口语中介词"跟"的输入频率是9.76/10000；韩国学生口语中介词"跟"的使用频率是14.193/10000（（11.986+16.4）/2=14.193）。周文华（2011b）检索到汉语母语者介词"跟"的使用频率是7.253/10000；不分国别学生介词"跟"的使用频率是16.63/10000。可以看出，外国学生介词"跟"的使用频率都比汉语母语者的使用频率高，韩国学生口语中介词"跟"的使用频率不如不分国别学生书面语中的使用频率高。

① 本语料库包含3个子库，分别是教师课堂话语语料库（共3 425 314字），韩国学生课堂话语语料库（共274 489字）和韩国学生口语考试语料库（共276 827字），各学习阶段的字数分布请参看绪论部分。

把表7-1中的输入、输出频率数据录入SPSS22.0进行多因素方差分析，在类别变量上的差异性统计得出$F=4.471$，$P=0.041<0.05$，拒绝虚无假设，说明类别变量的差异性是显著的，也即教师课堂输入频率与韩国学生课堂及口语考试输出存在显著差异；在学习阶段变量上的差异性统计得出$F=1.613$，$P=0.243>0.05$，接受虚无假设，说明学习阶段的差异性是不显著的，也即输入与输出频率在不同学习阶段上不存在显著差异。

根据续而进行的事后分析发现，教师课堂输入频率与韩国学生课堂输出频率的差异显著性$P=0.564>0.05$，接受虚无假设，说明教师课堂输入频率与韩国学生课堂输出频率之间不存在显著差异；韩国学生课堂输出与韩国学生口语考试输出频率之间的差异显著性$P=0.049<0.05$，拒绝虚无假设，说明韩国学生课堂输出与韩国学生口语考试输出频率之间存在显著差异；而教师课堂输入频率与口语考试输出的差异显著性$P=0.018<0.05$，拒绝虚无假设，说明教师输入频率与口语考试输出之间也存在显著差异。

把表7-1中的使用频率转化成图7-1，可以很清楚地看出教师与韩国学生在不同学习阶段介词"跟"的输入与输出频率的变化情况。

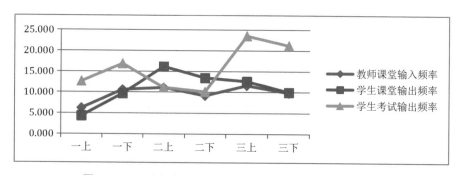

图7-1 不同阶段介词"跟"的输入、输出频率变化趋势图

从图7-1可以清楚地看出，教学课堂输入与韩国学生课堂输出存在较高的一致性，而韩国学生口语考试输出频率与它们的差别较大，这是SPSS统计结果的直观反映。从图7-1可得知，差异主要产生在一年级阶段和三年级阶段。

下面看一下六个学习阶段韩国学生介词"跟"输出的正确率变化情况，请看表7-2。

表7-2　不同阶段介词"跟"输出正确率汇总表

阶段	韩国学生课堂输出				韩国学生口语考试输出			
	输出总量	正确用例	偏误用例	正确率	输出总量	正确用例	偏误用例	正确率
一上	12	9	3	0.750	41	32	9	0.780
一下	56	41	15	0.732	114	96	18	0.842
二上	92	78	14	0.848	50	46	4	0.920
二下	76	74	2	0.974	44	38	6	0.864
三上	52	50	2	0.962	96	81	15	0.966
三下	41	34	7	0.829	109	97	12	0.890
合计	329	286	43	0.869	454	390	64	0.859

注：表中正确率是百分位的。

把表7-2中的正确率数据转化成图7-2，可以很清楚地看出韩国学生不同阶段正确率的变化趋势。

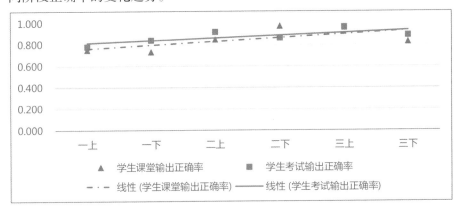

图7-2　不同阶段介词"跟"输出正确率变化趋势图

从图7-2可以清楚地看出，韩国学生在课堂上与口语考试中介词"跟"使用正确率基本趋于一致。正确率基本都在0.8～1之间变化，且其线性趋势是随学习阶段变化而上升的。这说明总体来看韩国学生对介词"跟"的掌握是不错的。

二、分阶段的输入、输出及互动情况考察

（一）一年级

首先看一下一年级上下学期介词"跟"不同用法在课堂和口语考试中的输入与输出情况汇总表7-3。

表7-3　一年级介词"跟"不同用法输入、输出情况汇总表

阶段	用法类别	教师课堂输入		韩国学生课堂输出					韩国学生口语考试输出				
		输入数量	输入频率	正例	误例	合计	正确率	输出频率	正例	误例	合计	正确率	输出频率
一上	跟$_1$	28	0.533	2	0	2	1.000	0.779	12	2	14	0.857	4.658
	跟$_2$	40	0.762	4	2	6	0.667	2.337	8	4	12	0.667	3.992
	跟$_3$	81	1.543	2	1	3	0.667	1.169					
	跟$_4$	96	1.829	1	0	1	1.000	0.390	7	3	10	0.700	3.327
	跟$_5$	72	1.371						4	0	4	1.000	1.331
	跟$_6$	6	0.114						1	0	1	1.000	0.333
	合计	323	6.152	9	3	12	0.750	4.674	32	9	41	0.780	12.642
一下	跟$_1$	128	1.535	12	5	17	0.706	3.027	32	5	37	0.865	5.617
	跟$_2$	78	0.935	2	5	7	0.286	1.247	15	6	21	0.714	3.188
	跟$_3$	198	2.374	5	1	6	0.833	1.069	5	1	6	0.833	0.911
	跟$_4$	247	2.962	19	4	23	0.826	4.096	26	5	31	0.839	4.706
	跟$_5$	224	2.686	3	0	3	1.000	0.534	17	1	18	0.944	2.733
	跟$_6$	7	0.084						1	0	1	1.000	0.152
	合计	882	10.576	41	15	56	0.732	9.973	96	18	114	0.842	17.306

注：表中输入和输出频率都是万分位的，正确率是百分位的。

把表7-3中介词"跟"不同用法的输入、输出频率转化成图7-3，可以清楚地看到一年级上下学期介词"跟"不同用法输入、输出频率的变化趋势。

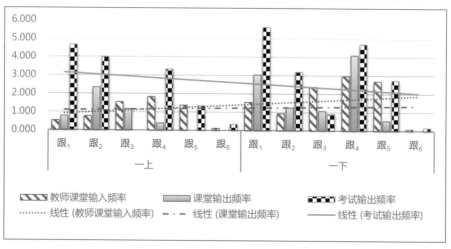

图7-3　一年级介词"跟"不同用法输入、输出频率变化趋势图

从图7-3可以清楚地看出，韩国学生口语考试中的输出频率明显高于韩

国学生课堂输出频率和教师课堂输入频率。分学期来看,韩国学生同一环境下的输出频率具有较高的一致性,但若把不同环境下的输出频率放在一起比较,其规律性明显要乱一些。这说明,在不同环境下的输出是存在差异的。

将表7-3中的正确率数据转化成图7-4,可以看到一年级上下学期韩国学生介词"跟"不同用法正确率的变化趋势。

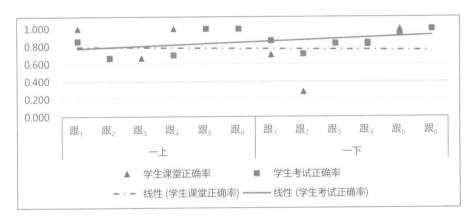

图7-4 一年级介词"跟"不同用法输出正确率变化趋势图

从图7-4可以看出,韩国学生在课堂上的正确率变化较大,尤其是"跟$_2$"在一下突然出现的正确率下降,使得韩国学生课堂输出正确率的线性趋势是向下的。韩国学生在考试中没有出现类似的情况,所以其正确率的线性趋势要好于在课堂上的正确率。

1.一年级上学期

从总体上看,一上教师课堂输入频率不太高,是六个阶段的最低点。从介词"跟"输入的用法类型上看,教师在课堂上对介词"跟"的六种用法均有输入,但重点集中在"跟$_4$"(96例),"跟$_3$"(81例)和"跟$_5$"(72例)上,"跟$_2$"(40例),"跟$_1$"(28例)其次,"跟$_6$"相当少,只有6例,差别是巨大的。

韩国学生在课堂上的输出频率也非常低,还不及课堂输入平均频率的一半。不过韩国学生口语考试中的输出频率要高很多。这说明韩国学生在介词"跟"的使用上不存在回避的问题。

韩国学生在课堂上的输出类型要少得多，一共只输出了四种介词"跟"的用法。其中输出最多的是"跟$_2$"，共输出了6例，其中4例是正确用例，如：

（40）在旅途中我交了中国朋友，所以【跟】他聊天。

（41）【跟】爸爸妈妈商量。

句中动词局限于"商量、聊天、见面"等。韩国学生在使用"跟$_2$"时容易出现偏误，因为这些动词大都涉及离合词的使用问题，具体分析见下文偏误分析部分。

"跟$_3$""跟$_1$"和"跟$_4$"的输出数量都不多：其中数量最多的"跟$_3$"输出了3例，但仅有"我跟她不熟"一种句子，完全是重复输出；2例"跟$_1$"都是"我跟他一起去"，也是重复输出；"跟$_4$"就只有一句"我跟他很像"。

韩国学生在口语考试中的输出比课堂上的输出要多得多，几乎是课堂输出频率的3倍，也比教师的课堂输入多了一倍。韩国学生在口语考试中除了"跟$_3$"没有输出以外，其他用法均有输出，而且数量大都远多于课堂上的输出。说明韩国学生口语考试中显示出习得的语言项目要比课堂输出多。韩国学生在口语考试中输出的数量从多到少的排列顺序是"跟$_1$""跟$_2$""跟$_4$""跟$_5$""跟$_6$"。

韩国学生在口语考试中输出最多的是"跟$_1$"，共输出了14例，其句中出现的动词也比课堂输出丰富得多，有"玩儿、打篮球、踢足球、去国外、旅行、去北京"等，如：

（42）所以我不要【跟】韩国小朋友一起玩。

（43）嗯，还有【跟】谁一起出去旅行。

韩国学生"跟$_1$"的用例中几乎全部都加了副词"一起"。可见，副词"一起"应该对于他们理解"跟$_1$"的含义和用法有一定帮助。

"跟$_2$"的输出频率位居第二，共输出了12例。但句中使用的动词也仅限于"商量、聊天、见面"，偏误也较多。结合课堂上的输出情况可以看出，韩国学生"跟$_2$"的输出中问题最多。

"跟$_4$"的输出共有10例，比课堂上的输出多得多，但句式主要集中在

"跟……一样"和"跟……差不多",如:

（44）我觉得首尔比,【跟】上海差不多。

（45）样子还是【跟】原来一样,剪短一点儿就行了。

韩国学生在口语考试中"跟$_4$"的输出数量增多,偏误也相应地多了起来。

"跟$_5$"改变了课堂上零输出的状况,在口语考试中共输出了4例,句中涉及的动词有"开玩笑、说、客气",达到了初现率的标准,如:

（46）我是【跟】你开玩笑的,你不要生气。

（47）咱们那么多年的朋友了,你就别【跟】我客气了。

"跟$_6$"仅在口语考试中输出了1例,未达到习得的标准。

2.一年级下学期

一下教师的输入有明显增加,除了"跟$_6$"（7例）仍然比较少以外,其他几种用法的输入都较上学期增加明显。

而韩国学生在课堂上的输出总量较上学期几乎有成倍的增长。尤其是"跟$_1$"和"跟$_4$"的增长幅度最大,比教师的输入频率还高很多。

此阶段,"跟$_4$"一跃成为下学期韩国学生在课堂上输出最多的用法,共输出了23例。除了输出上学期就已经输出的"跟……一样/差不多"句式之外,还输出了"跟……比"这样的用法,如:

（48）我妈妈做的菜【跟】我的比,更好吃了。

（49）我【跟】她比,个子矮。

"跟$_1$"在课堂上的输出位居第二,共输出了17例。输出的大多还是"跟谁一起做什么"一类的句子,但用词明显比上学期要丰富,主要有"吃饭、打羽毛球、生活、去医院、住、喝咖啡"等,常态仍然是加副词"一起",如:

（50）一些老人他们【跟】孩子、孙子一起打羽毛球。

（51）还有我【跟】姐姐朋友们一起吃饭的时候,我也要洗碗。

"跟$_2$"在下学期的课堂输出与上学期差别不大,但偏误较多,且用在"跟$_2$"中的动词没有太多变化;"跟$_3$"输出的数量较上学期有增多,而用在"跟$_3$"中的动词也有较丰富的变化,不再像上学期那样重复输出相同的句子，如：

（52）不管是不是留在中国，我都会找个【跟】汉语有关的工作。

（53）【跟】老板合不来。

"跟$_5$"实现了零的突破，输出了3例。但句中动词都是"说"，这种用法跟介词"对"的用法一样，如：

（54）别人【跟】他说，百闻不如一见。

（55）我妈妈【跟】我们说，你这一段时间，你不要吃鸡蛋。

韩国学生在口语考试中的表现与课堂上不同，从频率图的对比看，韩国学生在课堂上的表现存在一致性，在口语考试中的表现趋于一致。这说明在不同的环境下韩国学生的表现是不一致的。从语料分析来看，口语考试这种有较大压力的环境对学生的输出并没有明显不利的影响，有时候反而会输出得更多。可见，韩国学生真正习得的要比在课堂上表现出来的多，这也说明韩国学生在没有强迫的语境下对于输出存在一定的惰性。

下学期韩国学生在口语考试中的输出仍然以"跟$_1$"最多，共输出了37例，句中都使用副词"一起"。涉及的动词要比课堂上和上学期口语考试中丰富得多，具体动词不再赘述，用例如：

（56）我觉得【跟】旅行团一起旅行很方便。

（57）我，不……不喜欢学习，不学习，【跟】朋友一起玩儿，每天一起玩摩托车。

"跟$_4$"使用量仍位居第二位，输出了31例，像在课堂上的输出一样，"跟……比"的用例增加明显，用例如：

（58）我的家庭关系，我觉得【跟】别的家庭比，好。

（59）因为我的国家【跟】中国差不多一样，点菜的时候，大部分中国的可以。

"跟$_2$"使用量居第三位，共输出了21例，句中涉及的动词有"商量、聊天、见面、分手、结婚"等，用例如：

（60）不上班的话，那么我就【跟】她约好了，那么我们出去玩儿。

（61）他长得很难看，没想到【跟】这么漂亮的女朋友结婚了。

"跟$_2$"的使用涉及离合动词，离合动词是韩国学生习得的难点，所以涉及的偏误明显比介词"跟"其他用法要多。

"跟₅"的使用也有明显增长，共输出了18例，且偏误不多。虽然介词短语后动词仍是以"说"居多，但也有一些突破性的用法，如：

（62）犯不着【跟】她生气。

（63）我【跟】他开了，开了一个玩笑。

"跟₃"跟课堂输出一样也出现了6例，如：

（64）在大连有一个【跟】软件有关的展览。

（65）我【跟】妹妹关系很好。

"跟₆"在一年级上下学期一共输出了2例，都是"跟你学习汉语"这样的句子。说明韩国学生只是模仿"跟₆"的使用。

（二）二年级

首先看一下二年级上下学期介词"跟"不同用法在课堂和口语考试中的输入与输出情况汇总表7-4。

表7-4　二年级介词"跟"不同用法输入、输出汇总表

阶段	用法类别	教师课堂输入		韩国学生课堂输出					韩国学生口语考试输出				
		输入数量	输入频率	正例	误例	合计	正确率	输出频率	正例	误例	合计	正确率	输出频率
二上	跟₁	64	0.786	19	1	20	0.950	3.589	7		7	1.000	1.555
	跟₂	104	1.277	11	1	12	0.917	2.154	8	1	9	0.889	1.999
	跟₃	152	1.867	8	1	9	0.889	1.615	8		8	1.000	1.777
	跟₄	361	4.433	33	11	44	0.750	7.896	21	3	24	0.875	5.332
	跟₅	221	2.714	5	1	6	0.833	1.077	2		2	1.000	0.444
	跟₆			2		2	1.000	0.359					
	合计	902	11.077	78	14	92	0.857	16.331	46	4	50	0.920	11.108
二下	跟₁	58	0.829	22		22	1.000	3.953	13	1	14	0.929	3.204
	跟₂	88	1.258	21	1	22	0.955	3.953	4	3	7	0.571	1.602
	跟₃	89	1.272	8		8	1.000	1.437	3		3	1.000	0.686
	跟₄	144	2.058	17	1	18	0.944	3.234	18	1	19	0.947	4.348
	跟₅	259	3.702	6	1	7	0.857	1.258				0.000	0.229
	跟₆	1	0.014						1		1	1.000	0.229
	合计	639	9.133	74	2	76	0.974	13.655	38	6	44	0.864	10.068

注：表中输入和输出频率都是万分位的，正确率是百分位的。

把表7-4中介词"跟"不同用法的输入、输出频率转化成图7-5，可以清

楚地看到二年级上下学期介词"跟"不同用法输入、输出频率的变化趋势。

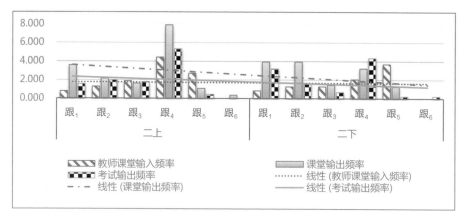

图7-5　二年级介词"跟"不同用法输入、输出频率变化趋势图

纵观二年级上下学期输入与输出情况的对比，其差距已不像一年级那么大，教师输入与韩国学生输出频率逐渐趋于一致。教师课堂输入仍然是平行的线性趋势；韩国学生课堂上和口语考试中输出的线性趋势都是呈下降趋势的，其主要原因是"跟$_4$"在上学期的输出量特别大。从两种环境下输出情况的对比来看，仍然是同一环境下的输出一致性较高，即，在课堂环境下的输出上下学期一致性较高，口语考试环境下的输出上下学期一致性较高。而不同环境下的输出一致性就不那么高了。

将表7-4中的正确率数据转化成图7-6，可以看到二年级上下学期韩国学生介词"跟"不同用法正确率的变化趋势。

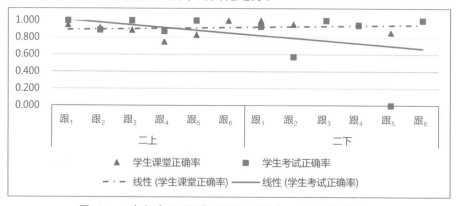

图7-6　二年级介词"跟"不同用法输出正确率变化趋势图

纵观二年级韩国学生介词"跟"的正确率变化情况，仍然是课堂上的变化比较平稳，口语考试中的正确率波动较大。这说明在一些用法的掌握上韩国学生还存在较多问题。下面看一下具体的使用情况。

1.二年级上学期

二上教师的课堂输入跟一年级的情况近似，频率也差不多。仍然是"跟$_4$""跟$_5$"和"跟$_3$"的输入较多，"跟$_6$"则完全没有输入。这说明"跟$_6$"在日常交际中的需求很低。

韩国学生在课堂上的输出以"跟$_4$"最多，达到了44例，远超一年级阶段。甚至在频率上几乎是教师输入的两倍。除了"跟……一样/差不多"以外，"跟……比"的使用也明显增多，如：

（66）嗨，【跟】我那些哥们比起来我差远了。

（67）我准备【跟】韩国比，韩国跟中国的不一样的地方，这个环境保护的地方。

但"跟$_4$"在使用中出现的偏误也是最多的，说明韩国学生在二上暴露出了"跟$_4$"使用上的诸多问题。

其次是"跟$_1$"，共输出了20例。其实，韩国学生自一下开始，就保持着"跟$_1$"较高频率的输出，而且都是教师输入的好几倍。这是韩国学生输出与教师输入很不一致的地方。一年级时韩国学生"跟$_1$"的输出中还有较多偏误，但二上开始，韩国学生"跟$_1$"输出中的偏误几乎消失了。这说明"跟$_1$"的使用对于韩国学生来说认知难度较低，韩国学生很容易接受，对其掌握得也比较好。这可能主要是因为"跟$_1$"使用时的语序跟韩语语序基本一致，动词短语正好位于句子末尾，且对动词的表意没有特殊的要求。学生的用例如：

（68）我最难忘的旅游是【跟】朋友一起去滑雪。

（69）她是中国人，我【跟】她一起工作，她也教韩语……

学生的用例中仍然有很多都加了副词"一起"。很明显，副词"一起"对"跟$_1$"的使用起到了一定的促进作用。

韩国学生"跟$_2$"的输出频率也比教师的输入频率高，句中动词仍然以"聊天"居多，"见面、交朋友、比赛、结婚、约会"等都只出现1例，如：

（70）这个预示将来你【跟】她结婚以后你有什么事情困难的事情她肯定抱怨很多……

（71）她【跟】我交了4年朋友了，啊，常常联系，我喜欢她。

"跟$_3$"出现的频率跟教师输入比较接近，此阶段韩国学生大多使用"跟$_3$"来询问一些近义词用法的区别和联系，如：

（72）超量【跟】超额有什么区别?

（73）"充分"【跟】"充足"有什么关系?

"跟$_5$"输出的频率低于教师课堂输入频率。用例都是"跟……说"，说明韩国学生对于"跟$_5$"与其他动词搭配使用的用法掌握不足。

"跟$_6$"首次出现了2个用例，但达不到初现率的标准，如：

（74）盼望自己……，【跟】朋友学书法。

（75）网友【跟】她要一些钱。

韩国学生在口语考试中仍然以"跟$_4$"的输出为最多，共输出了24例。偏误仍然是几种用法中最多的，说明韩国学生在"跟$_4$"的使用上仍然存在较多问题。学生的用例出现了"跟……似的"的用法，如：

（76）我们同学大部分正在谈恋爱，一对对也是甜甜蜜蜜的，好得【跟】什么似的。

但"好得跟什么似的"出现了9例，重复使用的痕迹比较明显。

"跟$_1$""跟$_2$""跟$_3$"在口语考试中的输出频率接近，数量都比课堂上的输出少，如：

（77）我们每天，每天【跟】别的人一起唱歌，有的时候喝酒。

（78）晚上的时候【跟】朋友见面、聊天。

（79）【跟】政府没有关系的人常常有福利活动。

"跟$_5$"仅输出了2例，而"跟$_6$"则一例也没有输出。说明这两种用法在韩国学生的交际中出现得很少。

2.二年级下学期

在二下，教师在课堂上的输入频率整体上有所降低，但介词"跟"各种用法的输入频率占比与上学期基本是一致的。唯一不同是"跟$_5$"的输入频率要比"跟$_4$"的输入频率高一点。

韩国学生在课堂上以"跟$_1$"和"跟$_2$"的输出频率最高，都输出了22例。其中"跟$_1$"延续了上学期的高输出频率，动词也更丰富，且输出中没有偏误，用例不再赘举。说明到二年级阶段韩国学生对"跟$_1$"的输出达到了高峰，并且使用是平稳的。

"跟$_2$"的输出频率也高于上学期，句中涉及的动词有"交流、打架、吵架、谈恋爱、斗嘴、打牌、结婚、聊天、商量、互相往来"等，且每个动词都不止一例，如：

（80）他喝醉了以后【跟】恶汉打架。

（81）还有他【跟】我打牌，还有养养花鸟鱼虫。

"跟$_3$"共输出了8例，频率对比上学期没有什么变化，但偏误消失了。"跟$_3$"在口语考试中输出了3例，数量有所减少，但仍然没有偏误。说明韩国学生对"跟$_3$"的掌握进入了稳定期。

"跟$_5$"输出了7例，涉的动词只有"说明、说、打电话"等，如：

（82）他【跟】我们说明廉政公署的历史和活动。

（83）我【跟】家人或者男朋友打电话。

"跟$_5$"的输出数量不多，涉及的动词少，且在二年级上下学期口语考试中的输出数量尤其少。这说明韩国学生对"跟$_5$"的使用是比较局限的。

"跟$_6$"在课堂上没有输出，在口语考试中也只输出了1例。

（三）三年级

首先看一下三年级上下学期介词"跟"不同用法在课堂和口语考试中的输入与输出情况汇总表7-5。

表7-5　三年级介词"跟"不同用法输入、输出汇总表

阶段	用法类别	教师课堂输入		韩国学生课堂输出					韩国学生口语考试输出				
		输入数量	输入频率	正例	误例	合计	正确率	输出频率	正例	误例	合计	正确率	输出频率
三上	跟$_1$	45	1.444	18	1	19	0.947	4.613	19		19	1.000	4.657
	跟$_2$	47	1.508	10	1	11	0.909	2.670	14	2	16	0.875	3.922
	跟$_3$	37	1.187	3		3	1.000	0.728	13	3	16	0.813	3.922
	跟$_4$	136	4.364	13		13	1.000	3.156	26	7	33	0.788	8.089
	跟$_5$	87	2.792	6		6	1.000	1.457	9	3	12	0.750	2.942
	跟$_6$	9	0.289										
	合计	361	11.584	50	2	52	0.962	12.624	81	15	96	0.844	23.532

续表

阶段	用法类别	教师课堂输入		韩国学生课堂输出					韩国学生口语考试输出				
		输入数量	输入频率	正例	误例	合计	正确率	输出频率	正例	误例	合计	正确率	输出频率
三下	跟$_1$	8	0.332	10	1	11	0.909	2.744	28	1	29	0.966	5.644
	跟$_2$	36	1.495	3	3	6	0.500	1.497	14	1	15	0.933	2.919
	跟$_3$	66	2.741	10		10	1.000	2.494	13	2	15	0.867	2.919
	跟$_4$	72	2.991	9	3	12	0.750	2.993	31	7	38	0.816	7.395
	跟$_5$	52	2.160	2		2	1.000	0.499	10	1	11	0.909	2.141
	跟$_6$	2	0.083						1		1	1.000	0.195
	合计	236	9.803	34	7	41	0.829	10.227	97	12	109	0.890	21.212

注：表中输入和输出频率都是万分位的，正确率是百分位的。

把表7-5中介词"跟"不同用法的输入、输出频率转化成图7-7，可以清楚地看到三年级上下学期介词"跟"不同用法输入、输出频率的变化趋势。

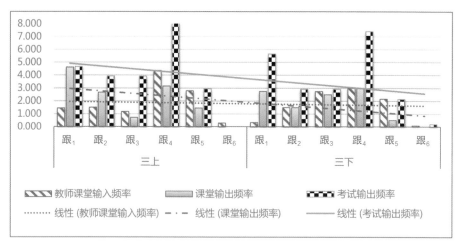

图7-7　三年级介词"跟"不同用法输入、输出频率变化趋势图

从图7-7可以看出，教师课堂输入频率仍然保持水平的线性趋势，韩国学生的输出仍然都是下降的线性趋势，不过韩国学生在口语考试中的输出频率明显要高于课堂上的输出频率。这说明韩国学生实际掌握和使用的比课堂上表现出来的可能要好。

将表7-5中的正确率数据转化成图7-8，可以看到三年级上下学期韩国学生介词"跟"不同用法正确率的变化趋势。

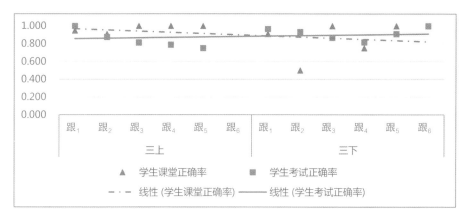

图7-8　三年级介词"跟"不同用法输出正确率变化趋势图

从图7-8可以清楚地看出，韩国学生在课堂和口语考试中所表现出的"跟"的不同用法的正确率变化趋势很不一致。可见，韩国学生对介词"跟"不同用法的掌握情况有点复杂，需要综合来考虑，不能仅根据某一输出环境中的情况就下结论。

1.三年级上学期

教师在课堂上的输入频率基本保持二年级时的状况，"跟$_4$"的输入频率最高，"跟$_6$"的输入频率最低，但"跟$_6$"的输入数量要比之前几个学期都要多。

韩国学生在课堂上的输出仍以"跟$_1$""跟$_4$"和"跟$_2$"居多，分别有19例、13例和11例，且偏误都非常少。这几个用法在口语考试中的输出数量分别是19例、33例和16例。说明它们在韩国学生的使用中占据重要地位，韩国学生对这几种用法的使用已经进入平稳期。

"跟$_5$"仍然保持与二年级基本持平的输出频率，共输出了6例，句中动词出现了"过不去"，但"说"仍占多数，如：

（84）你现在有了工作，还要学习，不是自己【跟】自己过不去？

（85）我【跟】朋友说我要去中国留学了，朋友对我说……

而它在口语考试中输出了12例，句中动词出现了"开玩笑、讲"等，如：

（86）我想弄明白你究竟是在【跟】我开玩笑，还是真的要这样做。

（87）我朋友以前去了韩国之后，他【跟】我讲，韩国人怎么这么苦呀？

"跟₃"在课堂上仅输出了3例，但在口语考试中，"跟₃"输出了16例，基本可维持"跟₃"在二年级阶段已经进入使用稳定期的判断。同时，用例也比二年级要丰富一些，如：

（88）这个【跟】韩国有差别。

（89）……已经有招聘的通知书在我的信箱里，也可能【跟】我是半个文化人有关系。

2.三年级下学期

教师在课堂上的输入频率变化最大的是"跟₁"输入频率的降低，而且降到了"跟₁"输入频率的最低点。但到了此阶段，教师的输入频率对韩国学生的输出已经产生不了多大的影响了。从韩国学生课堂上和口语考试中的输出频率就可以看出，"跟₁"的输出频率都是占据第二位的，同时"跟₁"的输出频率也比前面几个学期都要高。

在三下，"跟₄"无论是在课堂上还是在口语考试中的输出频率都是最高的。对比整个三年级韩国学生的课堂输出和口语考试输出可以发现，口语考试中的输出频率几乎都是课堂上的2倍，但伴随着的也有偏误的增加。这说明在输出量较小的情况下，学生的一些偏误是不会表现出来的。只有当输出达到一定量之后这些隐匿的偏误才会暴露出来。

"跟₂""跟₃"和"跟₅"在三年级上学期都维持在一定的输出水平，到此阶段也没有太大的变化。仍然是在课堂上和口语考试中维持其基本一致的频率变化。这说明韩国学生对这三个用法的掌握也是稳定的。

"跟₆"到三下仍然没有大量的输出，仅在口语考试中出现了1例。这说明"跟₆"可能还没有进入韩国学生的习得序列。

第三节　介词"跟"的动态偏误考察

从上文分析可以看出，韩国学生介词"跟"的正确率到三年级出现了一些较大的波动，其原因已在文中解释。那么韩国学生在使用介词"跟"时其偏误的动态变化规律到底如何？下面首先看一下，韩国学生不同学习阶段介词"跟"不同偏误类型的变化情况表7-6[①]。

表7-6 介词"跟"不同阶段偏误汇总表

阶段	输出环境	误代	误加	遗漏	错序	其他	合计
一上	课堂	1		1	1		3
	口语考试			8	1		9
一下	课堂	1	4	7	2		14
	口语考试	2	3	12	4		21
二上	课堂	1	1	13			15
	口语考试	1		2	1		4
二下	课堂			2			3
	口语考试	1		3	3	1	8
三上	课堂		1		2		3
	口语考试	6	3	4	3		16
三下	课堂	1		5	1	1	8
	口语考试	7	2	5	1	1	16
总计		22	14	62	19	3	120

从表7-6可以清楚地看出,韩国学生介词"跟"使用中的偏误数量还是比较多的,这与介词"跟"输出频率较高有一定关系。从学习阶段变化上看,一下开始韩国学生介词"跟"的偏误开始走上高峰,二下开始步入低谷,但到了三年级,尤其是在口语考试中,其偏误又向另一个高峰发展。这说明韩国学生在使用中隐匿的问题还不少。从偏误类型看,韩国学生介词"跟"最严重的偏误类型是遗漏,达到了62例,超过了偏误总量的一半。而无法归类的偏误很少,这说明韩国学生不存在介词"跟"选择上的问题,只存在介词"跟"使用上的问题。从不同使用环境看,韩国学生在口语考试中出现的偏误要比课堂上多,除了二上以外,其他5个学期都是这样的情况。

一、一年级韩国学生介词"跟"偏误的动态分析

1.一年级上学期

一上还不是韩国学生介词"跟"使用偏误的高发期。尤其是在课堂上,韩国学生接触和使用的介词"跟"的用法很少,输出量也少,所以偏

---

① 表中偏误数据与上文分阶段数据不一致的原因是一些介词"跟"的偏误无法归入上文归纳的"跟"的任何一种用法。

误也非常少，只出现了3例。分别是误代、遗漏和错序，如：

（90）*但【跟】同学的联系很好。

（91）*你可以∧【见面】我？①

（92）*好久我的朋友【跟】我不聊天儿。

虽然韩国学生在此阶段课堂上出现的偏误不多，但基本都是介词使用中的典型偏误。例（90）是用"联系"误代了"关系"，是韩国学生还不了解介词"跟"的使用与句中动词的搭配关系时会出现的偏误；例（91）遗漏了介词"跟"，因为涉及离合词"见面"，这也是韩国学生在习得汉语时很容易出现的偏误（肖奚强，2000）；例（92）是副词"不"与介词短语之间的错序。

韩国学生在口语考试中集中爆发了他们在遗漏偏误上的问题，一下子出现了8例，占偏误总量（9例）的88.9%，全部集中在"跟$_2$"和"跟$_4$"的使用中，如：

（93）*比如说，我∧吵架我的男朋友的话。

（94）*他说，∧他的年纪，年纪一样。

"跟$_2$"使用中的遗漏都是像例（91）、（93）那样涉及离合动词使用的。"跟$_4$"使用中的遗漏都是遗漏了介词"跟"，这是因为在韩语中不需要有与"跟$_4$"对应的格助词，只要有"一样"就可以表达等比的概念。这与上文汉韩对比的预测一致。

2.一年级下学期

到一下，无论是在课堂上还是口语考试中，韩国学生的偏误数量都大幅增加，而且涉及的偏误类型是所有六个学期中最多的。韩国学生在课堂上也充分暴露出遗漏的问题，除了一些"跟$_4$"使用中的遗漏外，集中出现在"跟$_1$"使用中的遗漏，还有少量"跟$_3$"使用中的遗漏，全部都是遗漏了介词"跟"，如：

（95）*结婚以后，我想∧父母一起住。

（96）*他一个人住，但是∧房东的孩子，很亲密的关系。

---

① 这个例子若改正确还需要调整语序，但错序不是这个句子的主要偏误，遗漏"跟"才是主要偏误。若学生知道应该加介词"跟"就不会再出现"见面我"这样的错序。

在口语考试中更是从"跟₁"到"跟₅"都出现了介词遗漏的现象，如：

（97）*韩国的房子价格越来越高，租金越来越贵了，然后，开始∧别的朋友住在一起。

（98）*客人到了，先∧握手他，问候。

说明在初学阶段，韩国学生对何时该用介词"跟"存在认知上的困难，在该用介词"跟"的时候漏用介词"跟"。可见，不光是"跟₄"和"跟₅"这样与韩语不完全对应的容易出现遗漏，那些有对应的"跟₁""跟₂"和"跟₃"等也会出现遗漏，说明韩国学生对"跟"的不同用法不能很清楚地区分，所以才会受母语影响大量遗漏介词"跟"。

误加在课堂上出现4例，口语考试中出现3例，其中比较有规律的是"跟"与"比"在句中共现，如：

（99）*【跟】比别的家庭好。

（100）*我【跟】富康的钱比多。

例（99）、（100）都应该是差比句，要用介词"比"而不是介词"跟"。韩国学生想表达比较，但在使用时混淆了"跟"与"比"，也可以说是混淆了"同比"和"差比"的概念。这与汉韩两种语言在比较范畴上的差异，以及格助词与汉语介词的交叉对应有很大关系。

错序在课堂上出现2例，口语考试中出现4例，有介词短语与句中副词等修饰成分的错序，如：

（101）*我【跟】朋友常常一起去玩儿，我们常常拍照片。

（102）*我【跟】我的朋友要走的时候……

也有介词短语与句中动词成分的错序，如：

（103）*昨天去的电影院【跟】我的朋友，所以高兴得要命。

韩国学生产生这样错序偏误的深层原因请参看周文华（2014）。

误代在课堂上出现1例，在口语考试中出现2例，主要是"跟"与"离"之间的误代，如：

（104）*还有公司【跟】房子远不远？

（105）*如果要租房子，我要一个好地点，地点好的地方，不是【跟】我经常去的地方太远。

总之，一下是韩国学生介词"跟"使用偏误的集中爆发期。暴露出很多韩国学生在使用介词"跟"时的问题，需要引起教学的注意。

二、二年级韩国学生介词"跟"偏误的动态分析

1.二年级上学期

二上的课堂上，韩国学生的偏误仍然很多，数量跟一下差不多。但在偏误类型上主要集中在遗漏上，共出现13例，占偏误总量（15例）的86.7%。而且绝大多数都是"跟$_4$"使用中的遗漏，只有一例是"跟$_3$"使用中的遗漏，如：

（106）*"呆"不是∧"糊涂"差不多的意思吗？

（107）*一个什么∧孩子，孩子有关的问题。

另外，误代和误加各出现1例，如：

（108）*只有我【跟】他拉下面子批评。

（109）*感觉这个很干净，然后也【跟】我们的生活以前是脏，然后下雨的时候我们的生活干净了。

例（108）是用"跟"误代了"对"，例（109）误加了介词"跟"。

在口语考试中，韩国学生介词"跟"使用中的偏误锐减，仅出现了4例，其中有2例都是"跟$_4$"使用中的遗漏，如：

（110）*我进入公司以后，∧比较别的人、别人后，我感觉生活上重要，面包比较重要。

（111）*网上的食品，我没亲自看到，所以收到以后，∧以前我想，我想的东西不一样。

例（110）应改为"……跟别的人比较后"。

另有2例，1例误代和1例错序，如：

（112）*如果我找【跟】我对的性格的话，我的压力不太高。

（113）*结婚【跟】爱的人的话，……所以钱不太重要，爱情是最重要的。

例（112）是句中动词使用错误，应该用"一样"与"跟"构成"跟……一样"介词框架；例（113）是介词短语与句中动词的错序，应改

成"跟爱的人结婚"。韩国学生出现这样的偏误说明他们已经注意到离合词使用时要加介词的问题，但是在介词短语与离合词之间的顺序上还存在问题。

2.二年级下学期

二下时韩国学生在课堂上仅出现3例偏误，2例遗漏和1例误代，如：

（114）*这个软件是∧QQ一样的，在韩国的最有名的，韩国人大部分常用的。

（115）*打起精神，锻炼身体，【跟】朋友们加油什么的。

例（114）是"跟₄"的遗漏，例（115）是用"跟"误代了"为"。

口语考试中出现了8例偏误，其中3例是遗漏，涉及"跟₂"和"跟₁"，如：

（116）*常常∧中国人，中国的朋友见面和聊天。

（117）*∧很多人一起住的宾馆。

还有3例是错序，都是介词短语与句中动词之间的错序，如：

（118）*尊重他的梦想，还有很多次谈一谈，【跟】我的儿子。

（119）*我们对我们的孩子，呃，怎么教育他们【跟】我们这样?

纵观六个学习阶段，二下是韩国学生出现偏误最少的阶段。但出现的偏误也都韩国学生最易犯的典型偏误。

三、三年级韩国学生介词"跟"偏误的动态分析

1.三年级上学期

在三上，韩国学生在课堂上仍然只出现了3例偏误，其中2例是错序，1例误加，如：

（120）*爸，我【跟】阿东要结婚，你同意吗?

（121）*他们幼儿园的时候不知道怎么吃饭，在家大人【跟】他，喂他们。

例（120）是副词"要"与介词短语错序，例（121）是"跟"的冗余。

韩国学生在口语考试中出现的偏误达到了16例，而且四种偏误类型又都出现了。其中偏误数量最多的是误代，都是介词"跟"与其他介词之间的误代，如：

（122）*你就是这个标准【跟】其他的健康人要低一些，

（123）*他父母每个月【跟】他寄钱，【跟】他买什么东西。

例（122）是用"跟"误代了"比"，混淆了"同比"和"差比"；例（123）中第一个"跟"是误代了"给"，第二个"跟"是误代了"为/给"。说明韩国学生还是很容易混淆这些介词的。

另外三种偏误类型，误加、遗漏和错序也都出现了3例以上，仍然是上文提到的典型偏误形式，如：

（124）*然后我高中之后【跟】爸爸妈妈说服了，说服了爸爸妈妈。

（125）*是∧中国的改革开放一样的啊。

（126）*但是中国话也不会说，【跟】中国人也不会聊天。

例（124）是使用及物动词时"跟"的误加，不过韩国学生马上意识到，接下来的表达中就对此进行了改正；例（125）遗漏了介词"跟"，与之前所讨论的情况一样；例（126）是介词短语与"也不会"之间的错序，一方面韩国学生对副词等状语与介词短语之间的顺序本身就有点糊涂，另一方面受前一小句"也不会说"使用的影响，韩国学生就很容易把"也不会聊天"连在一起使用，而没有注意它与介词短语之间的顺序。

2.三年级下学期

在三下，韩国学生在课堂上的偏误也增多了，共出现了8例，是除了一下以外偏误最多的阶段。分析学生的用例发现，很明显是因为遗漏的偏误较多所致。遗漏在课堂上一共出现了5例，如

（127）*比如说，很容易，额，∧【见面】外国朋友，

（128）*如果他有别的看法，∧她的看法不一样，怎么办？

例（127）还是受离合词使用的影响，例（128）是"跟……（不）一样"框架成分的遗漏，原因上文已述。

韩国学生在口语考试中又出现了跟上学期一样多的偏误，其中最严重的仍然是误代。还是与相关介词的误代，共出现了7例，如：

（129）*可现在也不一定是完全【跟】妈妈的影响，有朋友的影响，有自己学习的，还有自己在社会上遇到的很多人的影响都有。

（130）*你就是这个标准【跟】其他的健康人要低一些。

例（129）是用"跟"误代了"受"，例（130）是用"跟"误代了"比"。

其次就是遗漏，共出现了5例，如：

（131）*他的发型∧中国（人）的发型不一样。

（132）*比如说，我∧吵架我的男朋友的话。

可见，介词"跟"的遗漏，尤其是涉及离合词使用和同比句时的遗漏，是韩国学生很难纠正的偏误。

其他几种偏误类型在口语考试也都出现了，但数量不多，表现形式与之前没有太大差别，不再赘述。

纵观韩国学生六个学期课堂上和口语考试中的偏误情况，可以发现韩国学生在口语考试中的偏误要多于课堂上的偏误，这与口语考试中韩国学生对"跟"输出的数量较多有很大关系。同时，韩国学生的偏误在一下就达到了顶峰，二年级呈下降趋势，然而到了三年级阶段偏误数量又呈现上升的趋势，尤其是在口语考试中。这说明韩国学生在"跟"的使用中存在很多隐匿的问题，只是在课堂上没有表现出来，但当学生的自由表达达到一定量的时候，这些问题就会陆续暴露出来。其突出表现就是介词"跟"与其他介词之间的误代。而在韩国学生介词"跟"使用的偏误中，最严重的就是遗漏。这说明韩国学生在输出时很容易忽略介词"跟"的使用。

第四节　介词"跟"的习得规律与教学建议

一、介词"跟"的习得规律

综合上文所述，可以把韩国学生介词"跟"的习得状况总结如表7-7。

表7-7　介词"跟"不同用法习得认知过程汇总表

项目	习得状况	习得认知过程描述
跟$_1$	一上习得	一上的课堂上初现，口语考试中超过初现率标准，达到习得标准。下学期使用频率开始猛增，并一直保持较高的使用频率，偏误从二年级开始较少出现。
跟$_2$	一上习得	一上的课堂上即达初现率标准，使用数量不如"跟$_1$"，且偏误率一直比"跟$_1$"高。
跟$_3$	一下习得	一上的课堂上初现，口语考试中没有出现用例，到一下的课堂上达到初现率标准，说明至此学生已经完全习得。使用频率和偏误一直较平稳。三年级的偏误都出现在口语考试中，说明韩国学生对该语言项目的使用存在较多隐匿的问题。
跟$_4$	一上习得	一上的课堂上初现，口语考试中超过初现率标准，完习得。一下开始使用频率猛增，至二上是"跟$_4$"使用的高峰，但偏误数量较多。三年级也是口语考试中的偏误比课堂上严重，说明韩国学生对该语言项目的使用也存在较多隐匿的问题。
跟$_5$	一上习得	一上口语考试中初现并达到初现率标准。一下课堂上的输出量远不如口语考试中的输出量，二年级出现反转，但三年级依然是口语考试中的输出量高于课堂上的输出量，且偏误均出现在口语考试中。一方面说明输出量对偏误有一定影响，另一方面也说明韩国学生的隐匿问题较多。
跟$_6$	未习得	"跟$_6$"仅在口语考试中出现零星用例，课堂上唯一的输出是在二上，但都未达初现率标准。因此可认定为未习得项目。

可以看出，韩国学生对于介词"跟"的前五种用法在一年级阶段就已经全部习得。但像"跟$_6$"这样非常口语化的用法，学生完全可以用"向"来替代，所以在学生的语料中"跟$_6$"的使用一直没有超过初现率标准。这说明，在教学中对于一些很口语化的，可由其他词语或成分替代的语言项目是不需要列入教学范围的。

二、介词"跟"的教学建议

根据上文的考察，本章认为介词"跟"的教学安排应该是比较容易的：①"跟$_2$""跟$_4$""跟$_5$"可安排在一上教授，注意讲解进入句式动词性质的限制；②"跟$_1$"和"跟$_3$"可安排在一下再教授，注意讲解两种用法中进入句式的动词的性质，以及它们与"跟$_2$""跟$_5$"使用上的区别；③"跟$_6$"这种口语化色彩比较重，可由其他介词替代的用法不需要出现在教学中。

　　根据韩国学生介词"跟"动态偏误分析的结果，本章认为在教学中要特别注意介词"跟"使用规则的讲解，比如"跟$_4$"的介词框架格式，"跟$_2$"与离合词的搭配规则，这些都是韩国学生在初学时比较容易忽视，并且一直到中高级阶段都会产生偏误的重要规则。另外，到了中高级阶段，要特别注意介词"跟"与其他介词之间的区别教学，因为从韩国学生的偏误分析看，到了三年级阶段，韩国学生还会出现大量介词"跟"与其他介词的误代偏误。

第八章 介词"向/往"的习得认知过程研究

第一节 介词"向/往"与韩语相应成分对比分析

一、介词"向/往"的使用规则

学界关于介词"向/往"的研究成果不少，只要是介词的专著都会涉及这两个介词的研究。此外，相关的研究论文也不少，包括多个方面：比如马贝加（1999），刘祥友（2007），张成进（2009），魏金光、何洪峰（2013）等对介词"向"语法化的研究；柯润兰（2003），何薇（2006），王永娜（2011），王用源（2013），李沛（2014）等对介词"向"的意义、用法及句法构成研究；张俐（2001），肖任飞、陈青松（2006），刘培玉（2007），陈晓蕾（2012），李向农、余敏（2013）等对介词"向/往"差异性的考察；以及周文华、肖奚强（2012），逄洁冰（2013）等进行的介词"向"与"对"的用法区别考察。总体而言，学界对介词"向"的考察要多于对介词"往"的考察；同时从差异性考察来看，两个介词在分工上比较明确，但也存在使用上的交叉。这些成果为对外汉语教学研究奠定了坚实的基础。

对于介词"向"和"往"单个介词的使用，吕叔湘（1980）有比较详细的解释，他认为介词"向"的用法主要有：

1.跟名词组合，表示动作的方向。

● "向"介词短语可用在动词前。短语后可加"着"，但跟单音节方位词组合时不能加"着"。例如：

（1）把遮挡的东西【向】上拿起，使被遮挡的东西露出来。

（2）秋天大雁都【向】着南方飞去。

● "向"介词短语用在动词后，限于"走、奔、冲、飞、流、转、倒、驶、通、划、指、射、杀、刺、投、引、推、偏"等少数单音节动词。介词"向"后可加"了"，如：

（3）事物发展到一定的高度就会走【向】反面。

（4）听到声音，他立刻从书房跑【向】了厨房。

2.引进动作的对象，跟指人的名词、代词组合，只能用在动词前，如：

（5）我【向】大家推荐一下美国的黄石国家公园。

（6）开始打工以来，他已经很久没【向】他爸爸要钱了。

像例（6）这样引介起点对象时，只跟有限的几个动词结合，如：引进、进口、购进、购买、购入、采购、买、要、借、学习等。

介词"往"的用法主要有：

1.表示动作的方向。跟处所词语或方位词组成介词短语，用在动词前，如：

（7）我们接着【往】下说，我们刚才讲了动物……

（8）有的人说谎的时候可能会这样，眼睛【往】左边看。

2.用在动词后，限于"开、通、迁、送、寄、运、派、飞、逃"等少数单音节动词，也表示动作的方向，如：

（9）开【往】上海的火车晚点了。

（10）今天没有寄【往】北京的包裹。

这些单音节动词除了"开、通、逃"等少数能跟介词"向"结合以外，其他均不能与介词"向"结合。而其他能与介词"向"结合的单音节动词几乎也都不能与介词"往"结合。

3.往+形/动+里。格式中出现的形容词和动词限于少数几个单音节词。口语色彩比较浓，语料中出现的数量不多，如：

（11）白杨树喜欢【往】高里长。

（12）把他给我【往】死里打。

介词"向"和"往"在介引空间成分时是一组使用有交叉的介词，只是在使用上有一些细微的差别。比如李向农、余敏（2013）就指出"往"

的动态性和位移性强于"向",而"向"的方向性强于"往"。其表现就在于"往"只能修饰位移性动词,而"向"既可以修饰位移性动词又可以修饰非位移性动词。

虽然"向/往"的用法很多,可以细分出很多类,但结合学者们的分析及语料考察,尤其是汉韩对比及韩国学生口语语料的实际情况看,汉语中介词"向/往"的分工比较明确,而且汉韩对比中区分并不明显,韩国学生使用的"向/往"数量也比较少,为增强数据统计的有效性,暂不对介词"向/往"的用法进行细分,只把介词"向"区分为介引空间及抽象成分的"向₁"及介引对象成分的"向₂",待语料库进一步扩大后再对"向/往"的用法细化考察。因此,本章讨论的内容主要有"向₁""向₂"和"往",但在具体分析时将区分两个介词用于动词前和动词后的不同用法。

二、介词"向/往"与韩语格助词的对比分析[①]

介词"向/往"主要是介引方向的,属于方向标记。学界对于汉韩语方向标记的对比研究成果较多,比如崔健、朴贞姬(2006)指出"韩国语方向标记'-로'是多义标记,它既可以表示移动方向,也可以表示经由点。"因此"-로"可与"向"和"从"对应。但在韩语中具体意思要看语境,不像汉语利用两个介词就可区分开来。"-을 향하여"是由宾格标记"-을"和汉源词"向"加上动词接续形式构成的固定形式。但"로"与"-을 향하여"对它们所跟的名词和动词的要求不同。"-로"对名词的要求相对严格一些,它排斥指人名词和指物名词,因为它们不宜被看作方向和目标。"-로"既可以跟移动动词结合,也可以跟结果动词结合,而"을 향하여"则排斥结果动词。韩语中方向格标记"-로"和位格标记"-여"可以连用,并遵守位格先于方向格的顺序,符合先有位置再有方向的原则。另外,"-로"并非只与"往""向"对应,还可与"到"构成的连谓句对应。总体而言,韩语中方向标记对动词的要求比汉语的介词

---

① 如第一章所述,鉴于韩语格助词与汉语介词对应的复杂性,本章的对比研究只进行从汉语到韩语的单向对比研究。同时,由于"向/往"的可互换性在韩语中几乎没有体现,所以,本章对比时忽略"向/往"的细微差异。

"向""往"严格得多。

"向""往"介词短语在句中只能位于主语之后，不像"从""在"介词短语，置于主语之前、之后都可以。所以，在语序方面，"向""往"介词短语与韩语中的格助词短语是不完全对应的，因为韩语格助词短语的位置相对自由。

韩语方向格标记"로"可以投射到时间域，但只能跟表未来义的时间名词组合，而"을 향하여"则不能用来表时间。

当"向"介引动作对象时，韩语不能用方位格标记，只能用对象格标记"에"。下面看一下介词"向/往"具体用法与韩语的对应情况：

1."向₁"的用法分为置于动词前和动词后两种用法，其与韩语的对应情况如下：

●置于动词前时，主要与韩语格助词"으로、로、에게、에"对应，如：

（13）这种短信自5日始于釜山，正急速的【向】全国扩散。

이런 문자메시지는 5일 부산에서 시작해 전국【으로】급속히 확산되고 있다.

这种　　短信　5日 釜山　　始于　全国 【向】正急速 扩散

（14）不要进入此网站或不要【向】发送号码打电话。

이 사이트로 접속하거나 발신번호【로】전화하지 마세요.

此　网站　　进入　或　发送号码【向】打电话　不要

（15）如果肝脏里堆积了脂肪，最终【向】胰脏发出信号使胰脏持续分泌胰岛素。

간에 지방이 쌓이면 췌장【에게】인슐린을 계속 분비하도록 신호를 보낸다.

肝脏里脂肪 堆积 胰脏　【向】　胰岛素　持续　分泌　　　发出　信号

（16）优雅及高傲的女王姿态【向】全世界展现出了韩国女性的美。

우아하고 당당한 여왕다운 태도로 한국 여성의 아름다움을 세계【에】알렸다.

优雅　　高傲　女王　　姿态 韩国 女性的　　美　　全世界【向】展现出了

●置于动词后时，主要对应于韩语格助词"으로、로、에게、에、을향해"，韩语中的语序并没有变化，如：

（17）使我的脚步不由自主地走【向】位于铜雀洞的国立显忠院。

나도 모르게 발걸음은 동작동 국립현충원【으로】향했다.

我　不由自主　脚步　铜雀洞 国立显忠院　【向】　走

（18）朝鲜也把越南当作范本，要走【向】改革开放之路。

북한도 베트남을 본보기 삼아 개혁 개방의 길【로】나아가길 바란다.

朝鲜也　越南　　范本　当作 改革 开放之路【向】　要走

（19）普金会在首尔【向】朝鲜发出什么样的话也成了关注对象。

푸틴이 서울에서 북한【을 향해】무슨 말을 할지도 관심사다.

普金　在首尔　朝鲜　　【向】什么　话　成了　关注对象

2. "向₂"在使用时也涉及置于动词前和动词后的区别，与韩语格助词的对应情况如下。

●置于动词前时，主要与韩语格助词"–으로、–에게、–에선、–을 향해、–에"对应，如：

（20）医院方面则表示"郑重【向】孩子与父母道歉"。

병원 측은 아이와 부모【에게】정중히 사과드린다고 밝혔다.

医院　则　孩子　父母　【向】　郑重　　道歉　　　表示

（21）哥伦比亚【向】富有阶层征收强化贫民区治安的税款。

콜롬비아늘【에선】부유층이 빈민가 치안강화를 위한 세금을 부담하고 있다.

哥伦比亚【向】　富有阶层 贫民区　治安强化的　　税款　征收

（22）【向】被纳粹杀害的犹太人下跪，进行了真诚的道歉。

나치에 희생된 유대인【을 향해】진심어린 사죄를 했다.

纳粹　被杀害　犹太人　　【向】真诚的　道歉　进行了

（23）在上月18日拜访光州的安议员，【向】民主党做了事实上的宣战。

지난달 18일 광주를 찾은 안 의원은 민주당【에】사실상의 선전포고를 했다.

在上月18日 光州　拜访　安　议员　民主党【向】　事实上的　　宣战　做了

●置于动词后时，主要与韩语格助词"으로、에게、을 향해、를"对

应，韩语的语序同样没有变化，如：

（24）即瞄【向】了任命的核心金融要职人员"四大天王"。

임명된 핵심 금융 요직인 이른바 4대 천왕을 겨냥한 것【으로】보인다.

任命的 核心 金融 要职人   四大天王   【向】   瞄

（25）因为几次开车撞【向】警察官，让警察官受到了很大的伤害，因此只能严重处罚。

수차례 경찰관【에게】돌진해 큰 상처를 입혀 엄하게 처벌할 수밖에 없었다.

几次   警察官 【向】开车撞 很大伤害 受到了 严重   处罚   只能

（26）金正恩就把珠子扔【向】哥哥的脸。

김정은이 구슬을 형의 얼굴【을 향해】던졌다.

金正恩   珠子 哥哥 脸   【向】   扔

（27）全世界都把目光投【向】了他。

전 세계가 그【를】주목했다.

全   世界   他【向】目光投

3."往"在使用中也涉及置于动词前和动词后的用法，其与韩语格助词的对应情况如下：

●置于动词前时，主要与韩语格助词"으로、로、에"对应，如：

（28）着急的金某【往】右边调头。

다급해진 김 씨는 오른쪽【으로】턴했다.

着急的 金 某 右边 【往】 调头

（29）我们从哪里来？我们是谁？我们【往】哪里去？

우리는 어디서 왔는가, 우리는 무엇인가, 우리는 어디【로】가는가?

我们 从哪里 来 我们 谁   我们 哪里【往】 去

●置于动词后时，也与韩语格助词"으로、로、에"对应，但韩语中的语序仍然是格助词短语置于动词之前，如：

（30）因为送【往】排管的水泵发生了异常。

배관【으로】내보내는 펌프에 이상이 생겨 발생한 것이다.

排管 【往】送的   水泵 异常 因为 发生了

（31）我火速赶【往】医院却看到女儿安静地躺在床上。

곧바로 병원【에】달려가 보니 딸아이는 말없이 누워 있었습니다.

火速 医院【往】 赶 看 女儿 安静地 躺在床上

（32）朴某乘坐黑色车辆前【往】首尔西部警局。

박 씨는 1일 오전 10시경 검정색 차량을 타고 서울 서부경찰서

朴某 1日上午 10点左右 黑色 车辆 乘坐 首尔 西部警局【往】

【에】도착했다.

（33）2000年之后，越来越多的高校棒球选手踏上了飞【往】美国的飞机。

2000년 이후 미국행 비행기를 타는 고교야구 선수들이 급증했다.

2000年之后 美国【往】飞机 上 高校棒球 选手 越来越多

三、汉韩对比规律小结

从以上分析可以看出，"向₁"介词短语置于动词前时，主要与韩语格助词"－으로、－로、－에게、－에"对应；置于动词后时，主要对应于韩语格助词"－으로、－로、－에게、－에、을 향해"，置于动词之后时对应的韩语形式比置于动词之前多。"向₂"介词短语置于动词前时，主要与韩语格助词"－으로、－에게、－에선、－을 향해、－에"对应；置于动词后时，主要与韩语格助词"－으로、－에게、－을 향해、－를"对应，两者有一些不交叉的情况。"往"介词短语置于动词前时，主要与韩语格助词"－으로、－로、－에"对应；置于动词后时，主要与韩语格助词"－으로、－로、－에、－를"对应，也比置于动词前时的对应形式多一个。可以看出，在韩语中不可能有格助词短语置于动词之后的用法。虽然从对比的情况来看，汉语介词短语置于动词之后对应的韩语格助词比置于动词之前对应的韩语格助词多，但汉语介词短语置于动词之后的语序与韩语及汉语介词短语的常规语序都不同。所以，韩国学生应该较少输出介词短语置于动词之后的语序。

介引对象成分的"向₂"在韩语中的对应与其他两个不同，因为在韩语中格标记的功能是不能混淆的，对象标记、方向标、起点标互相没有兼容性。同时，"向₂"字短语置于动词前和置于动词后与韩语的对应也有较多的不同。这说明在介引对象成分时，韩语的表达是比较复杂的。这也是韩国学生在使用介引对象成分的介词时容易出错的原因之一。

另外，从分析中可以看出"로"既可以跟移动动词结合，也可以跟结果动词结合，而"을 향하여"则排斥结果动词。而汉语中介词"往、向"与结果补语是不相融的。因此，韩国学生可能会受韩语影响把介词"向/往"与结果补语连用。

第二节　介词"向/往"的习得认知过程考察

一、课堂输入与输出情况的总体对比

本章依据历时两年半的一年级上下学期（下文简称一上和一下），二年级上下学期（下文简称二上和二下）和三年级上下学期（下文简称三上和三下）汉语听说课及口语考试录像转写而成的课堂/考试口语语料库[①]来考察的教师课堂话语、韩国学生课堂话语及口语考试中介词"向/往"的使用情况。

首先看一下课堂教学中教师的输入与韩国学生输出的整体情况汇总表。

表8-1　不同阶段介词"向/往"输入、输出汇总表

阶段	教师课堂输入		韩国学生课堂输出		韩国学生口语考试输出	
	用例	频率	用例	频率	用例	频率
一上	67	1.276	1	0.390	13	4.325
一下	159	1.907	14	2.671	1	0.152
二上	302	3.709	10	1.795	3	0.666
二下	181	2.587	3	0.539	31	7.093
三上	83	2.663	9	2.185	5	1.226
三下	53	2.201	6	1.497	4	0.584
合计	845	2.467	43	1.567	57	2.059

注：表中频率是万分位的。

[①] 本语料库包含3个子库，分别是教师课堂话语语料库（共3 425 314字），韩国学生课堂话语语料库（共274 489字）和韩国学生口语考试语料库（共276 827字），各学习阶段的字数分布请参看绪论部分。

把表8-1中的频率数据输入SPSS22.0进行多因素方差分析。介词"向/往"的总体频率在类别变量上的差异性统计得出$F=0.378$，$P=0.694>0.05$；在学习阶段变量上的差异性统计得出$F=0.381$，$P=0.851>0.05$。均接受虚无假设，说明类别和学习阶段两个变量的差异性都是不显著的，也即教师课堂输入频率与韩国学生课堂及口语考试输出频率之间不存在显著差异；同时，在不同学习阶段上也不存在显著差异。

对类别变量的事后分析发现，教师课堂输入频率与韩国学生课堂输出频率之间的差异显著性$P=0.457>0.05$，教师课堂输入频率与韩国学生口语考试输出频率之间的差异显著性$P=0.966>0.05$，均接受虚无假设，说明教师课堂输入频率与韩国学生在不同语境下的输出都不存在显著差异；韩国学生课堂输出与韩国学生口语考试输出频率之间的差异显著性$P=0.482>0.05$，也接受虚无假设，说明韩国学生在不同语境下的输出也不存在显著差异。

将表8-1中的频率数据转化成图8-1，可以清楚地看到介词"向/往"在不同学习阶段的输入与输出频率变化趋势。

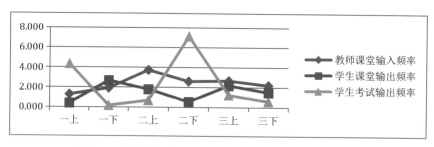

图8-1 不同阶段介词"向/往"输出正确率变化趋势图

从图8-1可以看出，教师输入与韩国学生输出频率的阶段性变化曲线基本是交织在一起的，说明输入与输出频率没有显著差异，这是对SPSS统计结果的直观反映。韩国学生口语考试中的输出频率变化波动大一些，但从总体频率的平均值看跟教师课堂输入和韩国学生课堂输出是没有显著差别的，其波动在语言习得中属于合理范围。

韩国学生输出中介词"向/往"正确率的阶段分布情况请见表8-2。

表8-2 介词"向/往"不同阶段输出正确率汇总表

阶段	课堂输出				口语考试输出			
	输出总量	正确用例	偏误用例	正确率	输出总量	正确用例	偏误用例	正确率
一上	1	0	1	0.000	13	10	3	0.769
一下	14	12	2	0.857	1	0	1	0.000
二上	10	6	4	0.600	3	3	0	1.000
二下	3	3	0	1.000	31	31	0	1.000
三上	9	9	0	1.000	5	5	0	1.000
三下	6	6	0	1.000	4	4	0	1.000
合计	43	36	7	0.837	57	53	4	0.930

注：表中正确率是百分位的。

把表8-2中的正确率数据转化成图8-2，可以清楚地看到韩国学生不同阶段输出正确率变化趋势。

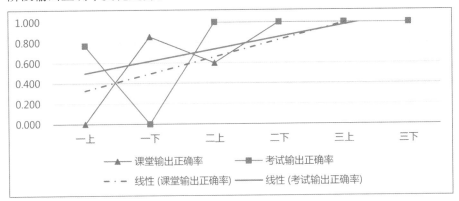

图8-2 介词"向/往"不同阶段输入、输出频率变化趋势图

从图8-2可以看出，韩国学生在一年级的正确率很低，到二年级、三年级正确率逐步提高。从线性发展趋势看符合理想的习得发展规律。而且课堂输出和口语考试输出中的正确率变化也基本一致，说明韩国学生在课堂上的表现与在口语考试中的表现基本一致，反映出其习得状况是真实的，不存在隐匿的问题。

二、分阶段的输入、输出及互动情况考察

（一）一年级

首先看一年级上下学期介词"向/往"不同用法在课堂和口语考试中的

输入与输出情况汇总表8-3。

表8-3 一年级介词"向/往"不同用法输入、输出情况汇总表

阶段	用法类别	教师课堂输入		韩国学生课堂输出					韩国学生口语考试输出				
		输入数量	输入频率	正例	误例	合计	正确率	输出频率	正例	误例	合计	正确率	输出频率
一上	向1	25	0.476						2	0	2	1.000	0.665
	向2	24	0.457	0	1	1	0.000	0.390	3	3	6	0.500	1.996
	往	18	0.343						5	0	5	1.000	1.663
	合计	67	1.276	0	1	1	0.000	0.390	10	3	13	0.769	4.325
一下	向1	21	0.252		2	2	0.000	0.356					
	向2	44	0.528	7	0	7	1.000	1.425	0	1	1	0.000	0.152
	往	94	1.127	5	0	5	1.000	0.890					
	合计	159	1.907	12	2	14	0.857	2.671	0	1	1	0.000	0.152

注：表中输入和输出频率都是万分位的，正确率是百分位的。

把表8-3中介词"向/往"不同用法的输入、输出频率转化成图8-3，可以清楚地看到一年级上下学期介词"向/往"不同用法输入、输出频率的变化趋势。

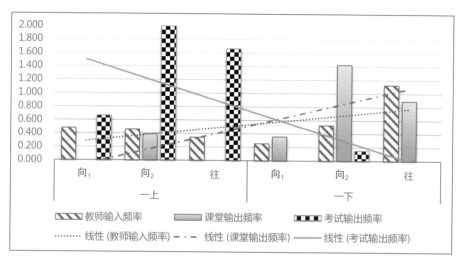

图8-3 一年级介词"向/往"不同用法输入、输出频率变化趋势图

从图8-3可以看出，教师课堂输入呈平稳上升趋势，这符合一般语言项目的输入规律；韩国学生在课堂上的输出频率也跟教师输入频率一样呈上升趋势，不过幅度明显大于教师课堂输入；而到口语考试中的输出频率

则呈完全相反的线性趋势，一上的频率非常高，到一下频率反而变得非常低。这说明两个问题，一是介词"向/往"对韩国学生来说习得难度并不高，他们经过一学期的学习就已经掌握了介词"向/往"的用法，并在考试中大量运用；二是口语考试中的输出不受教师输入的影响，是相对独立的，能较真实地反映学生的实际掌握情况。但具体情况是否如此，还有待下文详细分析。

将表8-3中的正确率数据转化成图8-4，可以看到一年级上下学期韩国学生介词"向/往"不同用法正确率的变化趋势。

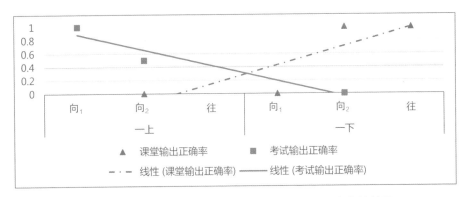

图8-4 一年级介词"向/往"不同用法输出正确率变化趋势图

从图8-4可以看出，一年级韩国学生输出的正确率数据非常有限，只有几个有效数据。所以，其正确率的线性趋势也是比较夸张的：课堂输出正确率呈上升线性趋势，而口语考试中的正确率呈下降线性趋势。这说明韩国学生在一年级阶段对介词"向/往"的习得很不稳定。

1.一年级上学期

从教师课堂输入的数据来看，教师在课堂上对"向"的两种用法和"往"的输入频率比较接近。在"向₁"的用例（25例）中，介词短语置于动词之后的用例占比较大（19例），但动词仅局限于"走"和"偏"，如：

（34）然后一起走【向】生命的终结。

（35）高考偏【向】理解问题，解决问题这个方面的检测。

介词短语置于动词之前的用法只有6例，句中涉及的动词也很有限，基本是"走、发展、提升"等，如：

（36）这个回头【向】市场外走去，什么叫回头呢？

（37）我们说宗教呢，是让人【向】更好的方向发展，对吧？

介词"往"的输入中都是介词短语置于动词之前的用法，但句中使用的动词要比介词"向"中涉及的多一些，如：

（38）但她没有把它表述准确，你们可以【往】前继续推进。

（39）回头【往】外走是什么意思？

而且从教师的例句看，介词"往"使用中构成介词短语的多数是方位词，"向$_1$"的使用中没有用方位词来构成介词短语的。

"向$_2$"的用例中大部分也都是介词短语置于动词之前的用法，句中动词集中在"借钱、问候"，"学习、提供、致敬"等用例很少，如：

（40）你这时候【向】朋友借钱会觉得尴尬吗？

（41）你应该好好【向】他学习。

在整个一上阶段，韩国学生在课堂上仅输出1例"向$_2$"的用例，且是偏误用例，其他用法均未输出。

不过，韩国学生在口语考试中输出了2例"向$_1$"的用例，但都是"向……拐"格式化的用法，如：

（42）【向】左拐，就是我的家12号，23室。

（43）【向】右拐，就是他的家。

"向$_2$"输出了6例，但正确率只有百分之五十，刚达到初现率的标准，如：

（44）旅行回来【向】朋友介绍旅行的情况。

（45）他【向】经理建议很多好办法，所以经理表扬他。

说明韩国学生已经习得了介词"向$_2$"，但使用还很不稳定。

另外，韩国学生还输出了5例介词"往"的用例，但全部都是"往前走"这样格式化的句子，不符合初现率的标准，如：

（46）从这里【往】前一直走就是邮局。

（47）过马路以后，【往】前，下楼，下楼，下……

可见，韩国学生在口语考试中的高输出并不是真正意义上的高输出，多是一些格式的重复使用，所以其百分百的正确率参考价值也不大。若不是格式的重复输出，其正确率并不高。因此，不能被图三、四的线性趋势所迷惑。可见，数据的分析还要有实例支撑才能证明其真实性。

2.一年级下学期

在一下，教师在课堂上对"往"的输入明显增加，"向$_2$"的输入也增加了一倍。从教师输入的用例分析，"向"和"往"的功能出现分化，"向"更倾向于介引指人成分，而介引指物成分时更多运用"往"来完成。

相应地，韩国学生在课堂上也增加了"向$_2$"的输出，达到了7例，且没有偏误用例。但有5例是"向老师请假"，格式化的倾向还比较重。此外，只有两例是其他用法，刚达到初现率的标准，如：

（48）我【向】同屋表示感谢。

（49）我在火车站台上【向】我的家人告别。

介词"往"也输出了5例，但不再像一上口语考试中那样只有"往前走"一种格式，达到了初现率的标准，如：

（50）坐出租车不需要【往】门口走。

（51）出学校大门口往右拐，走路一分钟以后【往】右拐，三分钟，我的家到了。

可以看出，韩国学生在输出中对"向""往"的功能也开始进行分化，跟教师输入的情况一致。这或许是受教师输入影响所致。

韩国学生在口语考试中几乎没有输出用例，输出的唯一1例"向$_2$"的用例还是偏误用例。说明韩国学生对介词"向/往"的使用还是比较局限的。

总体来看，韩国学生在一年级阶段对介词"向""往"的习得变化很大，很不稳定。上学期和下学期课堂上与口语考试中输出频率的变化正好相反：一上时课堂上几乎没有输出，口语考试中却输出很多；一下时课堂上输出很多，口语考试中几乎没有输出。不过一年级较多的输出量也多是重复用例造成的。

（二）二年级

首先看二年级上下学期介词"向/往"不同用法在课堂和口语考试中的输入与输出情况汇总表8-4。

表8-4　二年级介词"向/往"不同用法输入、输出汇总表

阶段	用法类别	教师课堂输入		韩国学生课堂输出					韩国学生口语考试输出				
		输入数量	输入频率	正例	误例	合计	正确率	输出频率	正例	误例	合计	正确率	输出频率
二上	向₁	32	0.393						1	0	1	1.000	0.222
	向₂	66	0.811	3	4	7	0.429	1.256	2	0	2	1.000	0.444
	往	204	2.505	3	0	3	1.000	0.538					
	合计	302	3.709	6	4	10	0.600	1.795	3	0	3	1.000	0.666
二下	向₁	20	0.286	1	0	1	1.000	0.180	20	0	20	1.000	4.576
	向₂	85	1.215	2	0	2	1.000	0.359	3	0	3	1.000	0.686
	往	76	1.086						8	0	8	1.000	1.831
	合计	181	2.587	3	0	3	1.000	0.539	31	0	31	1.000	7.093

注：表中输入和输出频率都是万分位的，正确率是百分位的。

　　把表8-4中介词"向/往"不同用法的输入、输出频率转化成图8-5，可以清楚地看到二年级上下学期介词"向/往"不同用法输入、输出频率的变化趋势。

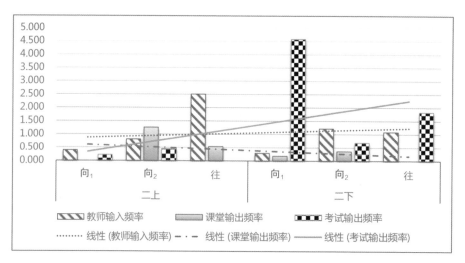

图8-5　二年级介词"向/往"不同用法输入、输出频率变化趋势图

　　从图8-5可以看出，教师课堂输入在二年级阶段进入平稳期，其线性趋势是水平的；韩国学生课堂输出的线性趋势也基本是平稳的，但其输出频率太少；韩国学生口语考试输出频率呈上升的线性趋势，且在二下出现输出量的猛增，下文将具体分析这一现象的原因。

将表8-4中的正确率数据转化成图8-6，可以看到二年级上下学期韩国学生介词"向/往"不同用法正确率的变化趋势。

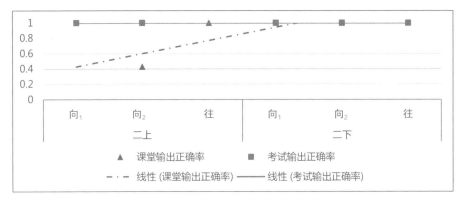

图8-6 二年级介词"向/往"不同用法输出正确率变化趋势图

从图8-6可以看出，除了课堂上"向$_2$"的输出正确率不是百分百之外，其他用法的正确率都是百分百，这样的正确率情况到底能否反映韩国学生对介词"向/往"的掌握情况，还有待下文结合实例的分析验证。

1.二年级上学期

二上时教师在课堂上的输入延续了一下的输入比例。数量都有所增加，但"往"的输入量增加幅度最大。基本上介引地点成分的情况用介词"往"，如：

（52）人越【往】高处走，就越难找到自己的平衡点。

（53）同学待会儿下了课，你【往】篮球场那个方向走，那儿贴满了各种各样的广告。

而当介词短语需要加在动词之后时，多用介词"向$_1$"，句中涉及的动词也非常丰富，如：

（54）中国人最开始旅游的时候是什么样子的，是一窝蜂地涌【向】热门景点，现在呢？

（55）是吸毒一手把他推【向】了死亡的深渊的。

韩国学生在课堂上的输出情况是当介引对象成分时，用介词"向$_2$"，共出现了7例，但有4例是偏误，说明韩国学生对"向$_2$"的使用还存在一些问题，正确用例如：

（56）我想【向】你们介绍呢比阿尼。

（57）【向】办公室咨询咨询。

当介引地点成分时，韩国学生都用介词"往"，共出现3例，如：

（58）这个【往】肉里加，这个用酱油、盐、香油给它提味。

（59）【往】碗里放，然后这个炒牛肉，牛肉也切薄一点，然后炒。

可见，韩国学生在课堂输出中仍然延续介词"向""往"的功能分化，规律是比较明显的。

韩国学生在口语考试中的输出情况跟课堂上很不一致，他们仅输出了1例"向₁"的用例和2例"向₂"的用例，都是正确用例。所以，虽然其正确率是百分之百，但其数量都只有1、2例，不能说明韩国学生对这些用法掌握得非常好。

2.二年级下学期

此阶段，教师在课堂上的输入分化明显，介引对象成分时就用"向₂"，介引地点成分时就用"往"，而"向₁"多出现在需后置于动词之后的情况。

韩国学生在课堂上很巧合地出现了跟上学期韩国学生在口语考试中一样的输出情况，即，他们也仅输出1例"向₁"的用例和2例"向₂"的用例，且也都没有错误。

不过，韩国学生在口语考试中的输出情况跟课堂上和以往的情况又都有了很大的变化。而且出现了一些极端情况。比如，韩国学生在口语考试中史无前例地输出了20例"向₁"的用法，达到了所有输入、输出频率中的最高值。分析一下学生的语料发现，这一现象与口语考试时的话题有关，大都是"关于风雨和登山"这一话题，学生输出诸如"向山下跑，向山顶走"这样的用例13例，如：

（60）而【向】山下跑，看起来风雨小些，似乎比较安全，但却可能遇到山洪……

（61）登山专家说，你应该【向】山顶走。

另外，学生的输出中出现了介词短语置于动词之后的情况，出现了7例，但都是一样的句子：

（62）对于风雨，逃避它，你只有被卷入洪流，迎【向】它，你却能获得，获得生命。

所以，韩国学生在口语考试中的高输出实际上是格式化的输出，学生这种格式化的输出并不能说明其习得状况的改善。相反，正如汉韩对比所总结的，介词短语置于动词之后的用法对于韩国学生来说是有一定难度的，因为这与他们母语的语序及汉语介词短语的常规语序都不同，有较多的规则限制。所以，韩国学生在输出中，尤其是初学阶段的输出中很少出现"向/往"介词短语置于动词之后的用法。

韩国学生在口语考试中输出了3例"向₂"的用例，如：

（63）我们【向】中国学习，过的那个节日。

（64）孩子们【向】长辈们，长辈们拜年。

而对于"往"的输出有8例，都是对于口语考试中同一话题的描述，并都是与"向₁"基本一致的用法替换，如：

（65）专家说，你应该先【往】上走。

（66）【往】山顶走，固然风雨可能更大，却不会威胁你的生命。

虽然韩国学生格式化的倾向很重，但对于同样的情况，韩国学生既有选择使用"向₁"的，也有选择使用"往"的，说明他们对于二者的区别和联系有了一定的了解和掌握。能在使用中自由替换这本身就说明韩国学生习得水平的提高，而且他们的输出也体现出了对介词"向""往"的功能分化。

（三）三年级

首先看一下三年级上下学期介词"向/往"不同用法在课堂和口语考试中的输入与输出情况汇总表8-5。

表8-5　三年级介词"向/往"不同用法输入、输出汇总表

阶段	用法类别	教师课堂输入		韩国学生课堂输出					韩国学生口语考试输出				
		输入数量	输入频率	正例	误例	合计	正确率	输出频率	正例	误例	合计	正确率	输出频率
三上	向₁	11	0.353	1	0	1	1.000	0.243	2	0	2	1.000	0.490
	向₂	11	0.353	6	0	6	1.000	1.457					
	往	61	1.957	2	0	2	1.000	0.486	3	0	3	1.000	0.735
	合计	83	2.663	9	0	9	1.000	2.185	5	0	5	1.000	1.226

续表

阶段	用法类别	教师课堂输入		韩国学生课堂输出					韩国学生口语考试输出				
		输入数量	输入频率	正例	误例	合计	正确率	输出频率	正例	误例	合计	正确率	输出频率
三下	向₁	23	0.955	1	0	1	1.000	0.249	2	0	2	1.000	0.195
	向₂	21	0.872	3	0	3	1.000	0.748					
	往	9	0.374	2	0	2	1.000	0.499	2	0	2	1.000	0.389
	合计	53	2.201	6	0	6	1.000	1.497	4	0	4	1.000	0.584

注：表中输入和输出频率都是万分位的，正确率是百分位的。

把表8-5中介词"向/往"不同用法的输入、输出频率转化成图8-7，可以清楚地看到三年级上下学期介词"向/往"不同用法输入、输出频率的变化趋势。

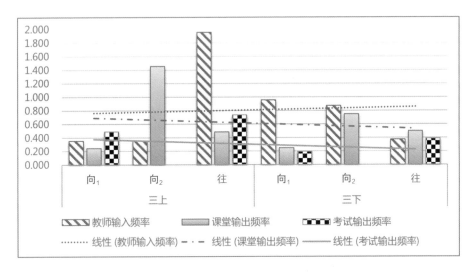

图8-7　三年级介词"向/往"不同用法输入、输出频率变化趋势图

从图8-7可以看出，到了三年级阶段教师的课堂输入频率、韩国学生课堂输出频率和韩国学生口语考试输出频率终于呈现基本一致的线性趋势，且基本都是水平的。这说明到三年级阶段，韩国学生对"向/往"的输出进入了平稳期。

将表8-5中正确率数据转化成图8-8，可以看到三年级上下学期韩国学生介词"向/往"不同用法正确率的变化趋势。

图8-8　三年级介词"向/往"不同用法输出正确率变化趋势图

从图8-8可以看出，三年级阶段韩国学生的输出正确率全都是百分百，这在所有的语言项目习得中都是很少见的。说明韩国学生对介词"向/往"的掌握到三年级阶段基本都没有问题了。

1.三年级上学期

教师的课堂输入频率在三上有所降低，但"往"的输入频率还比较高。

韩国学生在课堂上对"向$_1$""向$_2$"和"往"都有输出，尤其是"向$_2$"的输出频率比较高，所涉及的动词也丰富很多，如：

（67）用这个方式来【向】别人表示感谢，是对我来说最好的办法。

（68）所以我们新年的时候【向】神祷告。

韩国学生在口语考试中的输出仅涉及"向$_1$"和"往"的输出，介词短语置于动词前和置于动词后的用法都有，如：

（69）中国的经济、政治、文化走【向】世界。

（70）21世纪的中国人钱【往】哪里花。

2.三年级下学期

教师的课堂输入频率跟上学期总体上保持一致，没有什么变化。

韩国学生在课堂上的输出跟上学期一样，对于"向$_1$""向$_2$"和"往"的用法也全部都输出了，且频率总体上跟上学期一致。

韩国学生在口语考试中也仍然只输出了"向$_1$"和"往"，跟上学期也基本保持一致。

第三节　介词"向/往"的动态偏误考察

把韩国学生介词"向/往"在各学习阶段的偏误用例按类型汇总成表8-6。

表8-6　介词"向/往"偏误类型汇总表

阶段	输出环境	误代	误加	遗漏	错序	其他	合计
一上	课堂				1		1
	口语考试	3					3
一下	课堂	1		1			2
	口语考试	1					1
二上	课堂	2	1	1			4
	口语考试						
二下	课堂						
	口语考试						
三上	课堂						
	口语考试						
三下	课堂						
	口语考试						
总计		7	1	2	1		11

从表8-6可以看出，实际上韩国学生在输出中的偏误非常少，其偏误只出现在一上到二上三个阶段，从二下以后韩国学生介词"向/往"的偏误就消失了。从偏误的情况看，韩国学生对于介词"向/往"的掌握是非常好的。但上文已经讨论过，韩国学生的低偏误率与使用频率较低，使用中的重复句子较多有一定关系。

一、一年级韩国学生介词"向/往"偏误的动态分析

韩国学生在一年级的口语考试中出现3例误代偏误，主要是介词"向$_2$"与相关介词的误代，如：

（71）*我【向】老师说：我妈妈不要上不认识的汽车。

（72）*我小的时候，我妈妈【向】我说，常常说，你不要带不认识的人。

这两例都是韩国学生用"向"误代了介词"对/跟",这是韩国学生最常出现的偏误。"对"与"向"在韩语中对应的格助词有很明显的交叉现象,但它们在汉语中与句中谓词的搭配有一定规则,这对于韩国学生来说认知难度非常高。因此,教会韩国学生如何在使用中区别何时该用"向",何时该用"对"显得很重要。要让韩国学生区别清楚,首先要把介词"向"和"对"与句中谓词的搭配规则搞清楚。周文华、肖奚强(2012)进行了细致的研究,也总结出一些有用的规则。现总结如下,希望对教学有所帮助。

● "向"的核心语义是"指向性",与谓语动词的方向性配合,表达事物、信息的传递方向。因此,它也可与加趋向补语的行为动词搭配。

● "向P"引介谓语动词的指向对象,而不是支配对象。所以,一般带指物宾语的二价以上及物动词;如果需要标明动作的指向对象,都需与"向P"搭配。带指人宾语的二价以上及物动词,若其宾语是谓语动词的指向对象而非支配对象,或宾语是谓语动词的支配对象但另需标明动作的指向对象时,则可与"向P"搭配。

● "对"的核心语义之一是"针对性",谓语动词与介词宾语之间具有支配关系。一般带指人宾语的二价及物动词,只要谓语动词与指人宾语具有支配关系均可与"对P"搭配。"对P"实质上是提前了谓语动词的宾语,缺失了宾语的谓语合格性受到影响,故需加上形式动词。

● 由于"对"还可表达"关涉性"语义,"对P"可与二价以上的心理动词、表示人的性情、品性、感情和对事物评价的二价形容词,以及一些表达人的某种态度、情感或心理的名词和特定的单音节动词构成的动宾式短语搭配。这些心理动词和形容词需加上准形式动词或副词等成分才能与"对P"搭配。

韩国学生在一上的课堂输出中出现了一例"向₂"的错序,如:

(73)*然后我们一起行礼,拜【向】我们家的老人。

例(73)正确的句子应该是"向我们家的老人拜年"。

到一下,韩国学生输出中出现的偏误仍然是介词"向₂"与其他介词的误代,课堂上和考试中各出现1例,如:

（74）*我每天每天，【向】我的妈妈……所以……打电话……哭了。

（75）*我【向】金大爷（说）"你好，你好"。

例（74）是用"向"误代了"给/跟"，例（75）用"向"误代了"对"。

在课堂输出中还出现1例遗漏动词后的"向₁"的偏误，如：

（76）*我冲∧教室。

韩国学生对于何时应把介词短语置于动词之后是不太清楚的。第九章介词"在"的偏误分析中将对这一问题进行详细探讨。

二、二年级韩国学生介词"向/往"偏误的动态分析

韩国学生在二上的偏误仍集中在介词"向₂"，最严重的还是误代，共在课堂上出现2例，不过是类似的句子，都是用"向"误代了"给"，如：

（77）*新郎家【向】新娘家送很多礼物。

韩国学生在课堂上还出现了1例误加介词"向₂"和方位词遗漏的偏误用例，如：

（78）*以后我看周边，我【向】卖水果的阿姨问她，

（79）*他【向】他的脸吐∧唾沫吗？

上文已经讨论过像例（78）这样的情况是不能加介词"向"的，正确的句子应该是"我问卖水果的阿姨"。例（79）中遗漏了方位语"上"，这是因为在韩语中表事物的名词不需要像汉语那样加上方位词才能表达处所。

二下韩国学生的输出就没有偏误用例出现了。

三、三年级韩国学生介词"向/往"偏误的动态分析

整个三年级阶段韩国学生都没有出现偏误。

第四节 介词"向/往"习得规律及教学建议

一、介词"向/往"的习得规律

综上所述，韩国学生介词"向/往"的习得状况及表现可以总结如下表8-7。

表8-7 介词"向/往"不同用法习得认知过程汇总表

项目	习得状况	习得认知过程描述
向₁	二下习得	一上口语考试中初现，但一直都是零星使用，直到二下的口语考试中才超过初现率的标准，完全习得。"向₁"习得较晚主要是因为其功能多被"往"所替代，也是这个原因导致"向₁"的使用量一直不高，且置于动词后的用法不多。
向₂	一上习得	一上的口语考试中初现并习得，一下及二上的课堂上达到使用的高峰。韩国学生习得初期问题较多，二下以后偏误消失。
往	一上习得	一上的口语考试中初现并习得，之后一直保持一定量的输出，且均无偏误出现。说明介词"往"对韩国学生来说认知难度较低。

从总体来看，韩国学生对"向/往"的习得应该发生在一年级阶段，"向₁"习得较晚是因为其功能多被"往"所替代。但他们对于这两个介词的使用频率一直不高，这与两个介词本身在日常交际中使用量不太高也有一定关系。从韩国学生的使用情况来看，介词"向/往"使用的认知难度对于韩国学生来说都不太高。

总结一下，韩国学生对介词"向/往"的偏误主要集中在介词"向"上，介词"往"没有偏误。在介词"向"的偏误中又集中于"向₂"的偏误，也即"向"在介引指人的对象时，他们较容易出现偏误。其偏误的主要根源是对"向"与句中谓词的搭配规则了解不清，在不该用介词"向"时用介词"向"误代了其他介词。这与汉语对象介词在韩语中的对应有较多交叉有很大的关系。而对于"向₁"，韩国学生则比较容易遗漏动词后的"向₁"及与之搭配使用的方位词。

而上文通过对比预测韩国学生可能把介词"往、向"与结果补语连用的情况并未出现。说明简单形式对比做出的预测并不可靠。

二、介词"向/往"的教学建议

介词"向/往"是本书所考察的介词中习得状况最好的，各种用法基本在一年级阶段就都习得了。因此，其教学安排可以集中在一上完成。不过韩国学生的使用有比较明显的倾向，即多使用"往"介引地点成分，介词"向"则主要用于介引指人的对象。

在"向$_2$"的使用中，韩国学生最容易把"向"与"对""给"等介词混用。因此，在教学中要特别注意介词"向""对"构成的介词短语与句中谓词成分的搭配规则，让学生搞清楚它们之间的区别，从而避免偏误。

第九章 介词"在"的习得认知过程研究

第一节 介词"在"与韩语相应成分对比分析

一、介词"在"的使用规则

学界关于介词"在"的研究也非常多，涉及"在"字结构句法构成和语义的研究，如王还（1980），朱德熙（1981），邵敬敏（1982），刘宁生（1984），王政红（1988），崔希亮（1996），赵日新（2001），申敬善（2006），郑攀（2013），李志贤（2014）等；"在+处所"短语的构成与使用，如范继淹（1982），王艾录（1982），陈重瑜（1983），俞光中（1987），徐国玉（1988），侯敏（1992），齐沪扬（1994、1998、1999），俞咏梅（1999），储泽祥（2004），李炜东、胡秀梅（2005），孟万春（2006），邵洪亮、郭文国（2001），邵洪亮（2003a，b），王灿龙（2008）等；"在"字句短语使用时的隐现问题，如陈信春（1990），张宏胜（1996a，b），储泽祥（1996、2004）等；介词框架"在……上/下"等结构的考察，如：权正容（1995），邓永红（1999），兰英（2004）等；"在"字短语置于动词前后的语序限制研究，如：张保胜（1983），邢福义（1997），张赪（1997、2001），王一平（1999），林齐倩（2003），康健（2004），金钟赞、徐辅月（2013）等；还有"在"与相关介词的对比研究，如金昌吉（1991），沈家煊（1999），王耿（2014）等，以及"在"的语法化研究，如王伟（2009），韩玉强（2011）等。从对外汉语教学的角度看，必须要搞清楚介词"在"在语义功能和句法功能上的不同分类，之后才能在教学中有条理地教授给外国学生。

吕叔湘（1980）认为介词"在"的用法有五种：①表时间，②表处所，③表范围（构成"在+名短语+上/里/内"），④表条件（构成"在+动名短语+下"格式），用在动词或主语前边，⑤表行为的主体（在……看来）。这是一种语义分类。

林齐倩（2011），周文华（2013）等都对表处所的"在"字短语的句法位进行了分类，属于句法上的分类。其中周文华（2013）对表处所"在"的句法位分类比较详细，具体分类如下：

1.在主语前，相当于林齐倩（2011）的甲式句，如：

（1）【在】阿拉伯联合酋长国，我们参观了世界上最昂贵的赛马的发源地。

（2）【在】登记处，保罗和我接受了民政局官员的询问。

2.在谓语动词前，但无主语，如：

（3）【在】海军基地入口处卖报纸的老头说：……

（4）【在】洋货市场的边上就有3家以"洋"字为招牌的大型商厦。

很多学者都把这种句法位归并到第一类中讨论，这样就忽略了它的特殊性，即，句中无法加入主语。这种句法位主要有两种情况，一种像例（3）以"在+处所"加动词构成更大的结构做定语修饰施动者（老头），施动者前通常要加助词"的"，且无法移动位置；另一种像例（4）是标准的存现句。

3.在主语后、谓语动词前，相当于林齐倩（2011）的乙式句，如：

（5）他【在】烽火台和雉堞之间用望远镜瞭望了塞外风光……

（6）这时总理【在】甲板上绕行，看海上的夜景。

4.在谓语动词后做补语，相当于林齐倩（2011）的丙式句，如：

（7）白豆还躺【在】苜蓿堆上，看着屋顶上乱飘的苇絮，不知她在想什么。

（8）我是海南人，叶落归根，把一小部分放【在】海南，怎么用再说。

5.在定语中心语前做定语，通常要加助词"的"，如：

（9）看，【在】爸爸怀里的我笑得有多开心、多快活。

（10）他现在每天都给【在】广州的母亲打一个电话。

周文华（2013）以此分类考察了韩国学生中介语书面语料库中表处所的介词"在"字短语的使用情况，揭示了韩国学生习得表处所的介词"在"字短语的具体情况。

根据句法和语义相融合的原则，可以对介词"在"的语义分类和句法位分类进行组合。从理论上讲，"在"表时间时也会有五种句法位，但在实际使用中有些句法位出现的频率非常低，尤其是本章利用受限的课堂教学语料来考察时，很多句法位都没有出现。因此，根据句法位的特殊性及语料的实际情况，本章对拟考察的介词"在"的分类情况列举如下：

"在$_1$"介引时间成分，其构成的介词短语可在动词前、动词后做状语及在助词"的"前做定语，如：

（11）这个句型【在】使用的时候呢……

（12）一般人们会选择【在】除夕的晚上来做这个事情……

（13）心疼是【在】参与之后的行为。

"在$_2$"介引地点成分，其构成的介词短语也可在动词前、动词后做状语及在助词"的"前做定语，如：

（14）【在】北京、上海打的都是非常贵的。

（15）网上购物呢，你可以坐【在】家里买。

（16）他【在】黄山上吃饭和住宿的情况怎么样？

"在$_3$"介引范围成分，其构成的介词短语也可在动词前、动词后及在助词"的"前做定语，如：

（17）你们可以看看人家【在】问题的设计上是一个一个推进的。

（18）它可以用【在】汉语的称呼上面。

（19）所以【在】选择关系中的第一种选择呢，他并不一定要在我们给出的选项中间选。

"在$_4$"介引表条件的成分，多构成"在……下"介词构架，且位置比较单一，只能做状语，如：

（20）【在】老黄牛的帮助下，他好不容易就追上织女了……

（21）所以你买吃的时候，都是【在】自己不是特别饿的情况下，然后去买……

"在₅"介引表行为主体的成分，构成介词框架"在……看来"，如：

（22）【在】中国人看来，这个意思就是很棒，非常棒，很好。

（23）浪漫【在】一般人看来就是有情趣。

二、介词"在"与韩语格助词的对比分析①

（一）"在₁"与韩语的对应分析

1. "在₁"介引时间成分，其在韩语中的对应形式主要是"에"②，多以居于句首为主，如：

（24）【在】两天后，久违的家人将围绕饭桌，进行交谈。

이틀 후【에】 차례상을 둘러싸고 오랜만에 만난 가족들과 이야기를 나눌 것이다.

两天后【在】 饭桌 围绕 久违 家人 交谈进行

（25）【在】2011年，被巴士撞死的路人有117名。

2011년【에】 버스에 치여 사망한 보행자는 117명.

2011年【在】 巴士 被撞 死 路人 117名

2. "在₁"还可与"-는、-은、-이、-에서"等对应，如：

（26）【在】形成新秩序的时期，需要有新的接近方法。

새로운 질서가 형성되는 시기【엔】 새로운 접근법이 필요합니다.

新 秩序 形成 时期【在】 新 接近方法 需要

（27）【在】以20公里以上的速度行驶时，平均每秒提一次速。

20km 이상 속도로 달리는 경우 1초마다 1건으로 계산된다.

20千米以上速度 行驶 时【在】 每秒 一次 平均

（28）只不过【在】当前，垂直起降无人机的需求似乎为零。

다만 현재로선 수직이착륙 무인기의 수요는 거의 없어 보인다.

不过 当前【在】垂直 起降 无人机 需求 似乎 为零

---

① 如第一章所述，鉴于韩语格助词与汉语介词对应的复杂性，本章的对比研究只进行从汉语到韩语的单向对比研究。

② "-에、-에서"在韩语中的使用非常广泛，也与"对、给、向"等多个汉语介词有交叉对应，这种交叉对应会对韩国学生汉语介词习得产生一定影响，具体请参看第五、六、八章的相关分析。

3.介词"在₁"构成介词框架"在……的时候""在……前/中/后"等分别可与韩语的"할 때、전에"对应，如：

（29）他【在】公司上班的时候经常请假。

그는 화사에서 일 【할 때】 자주 휴가를 낸다.

他 公司 上班【在…的时候】经常 请假

（30）同学们【在】考试前都认真复习。

학우들은 시험 【전에】 열심히 복습한다.

同学们 考试【在…前】认真 复习

4.另外，表时间的"在₁"介词短语可以用于某些动词，如"（出）生、死、定、改、放、处、安排、发生、出现"等之后，但在韩语中"NP+에、이、에서"短语只能置于动词之前，如：

（31）大多数国民出生【在】分裂以后。因此出现了接受分裂的倾向。

국민 대다수가 분단이후【에】 태어났기 때문에 분단을 받아들이는 경향이다.

国民 大多数 分裂以后【在】出生 因此 分裂 接受的 倾向

（32）虽然处【在】非常困扰的时期，若进行换位思考，韩国也可扮演仲裁者的角色。

고민스러운 시기 【이】지만 바꿔 생각하면 한국도 중재자적 역할을 할수 있다.

困扰的 时期【在】虽然 换位 思考 韩国也 仲裁者 角色 可扮演

可见，"在₁"介词短语的不同句法位在韩语中都是以居于动词之前为主。

（二）"在₂"与韩语的对应分析

1."在₂"介引地点成分，可与韩语格助词"-에、-에서"对应，"在₂"介词短语像"在₁"介词短语一样也有两个位置，但"NP+에、에서"也只能置于动词前，不能置于动词之后，如：

（33）【在】韩国，能与这些建筑物媲美的图书馆将于12月12日开馆。

우리나라 【에】도 이 건물들과 견줄 만한 도서관이 12월 12일 개관한다.

韩国 【在】 这 建筑物 媲美的 图书馆将于12月12日 开馆

需要说明的是"-에、-에서"都可表示行动的处所（韦旭升、许东振，2006）。但"-에"主要表示事物存在的地点和动作到达的地点，常跟"居住""停留"等可持续动作动词连用。"-에서"表示行动、事件发生

和动作持续的地点，常跟一些表示可反复的动作动词连用。

2.当"在+NP"短语表示行为发生的终点时，常与"-에"对应；而表示行为发生点时，常与"-에서"对应，如：

（34）哥哥穿着军靴跨坐【在】檐廊上吃得很香。

오빠는 군화를 신은 채로 툇마루【에】걸터앉아 달게 먹던.

哥哥　军靴　穿着　　檐廊【在】　跨坐上　香　吃得

（35）日本的近代化是【在】南方起义，打倒中央江户幕府后才形成的。

일본의 근대화는 남쪽【에서】들고일어나 중앙의 에도막부를 타도 후 형성됐다.

日本的　近代化　南方　【在】　起义　　中央　江户幕府　打倒 后　形成

（三）"在₃"与韩语的对应分析

"在₃"介引范围成分，也主要与韩语格助词"-에"对应。"在₃"主要与方位词构成介词框架，有"在……上/中/里/内"和"在……之中/之内/之间"，还有"在……方面"。韩语格助词结构也可以表达这些语义，但结构上不是构成框架结构，而只是构成后置结构，如"在……里"主要对应于"-안에"，"在……中"主要对应于"중에/가운데에"，"在……之内"主要对应于"-안에/내에"，"在……之间"主要对应于"-사이에"，"在……方面"主要对应于"방면에"。例句如：

（36）长辈们沉浸【在】儿时的回忆之中。

어른들은 어릴 적 추억【에】빠져들고었다.

长辈们　儿时的　回忆【在之…中】　沉浸

（37）【在】网络上，定型的系统不能战胜无定型。

인터넷상【에서】정형화된 시스템이 무정형을 이길 수는 없다.

网络上【在】　定型的　系统　　无定型　战胜　不能

（38）【在】进入平均寿命80.7岁的社会里，增加老龄劳动者是必然趋势。

평균수명 80.7세의 고령화 사회【에서】일하는 노인의 증가는 필연적인 추세다.

平均寿命80.7岁的 老龄　社会【在…里】劳动　老龄者　增加　必然趋势

（四）"在₄"与韩语的对应分析

"在₄"介引表条件的成分，多构成"在……下"介词构架，且位置比较单一，只能做状语，但它在韩语中也与"-에、-에서"对应，与"在₂、在₃"的使用几乎没有区别，如：

（39）【在】这种状态下，只能盼望奇迹让孩子重新得到健康。

이 상태【에서】아이가 다시 건강해지는 기적을 바라야 했다.

这种状态【在】孩子　重新　健康　　　奇迹　　盼望　只能

（40）【在】这经济复苏的市场背景下，小店铺的负债率却依然高的可怕。

경기회복세【에】도 불구하고 가계부채는 더욱 위태롭다.

经济复苏　　【在】背景下　小店铺的负债率 依然 高的可怕

（五）"在₅"与韩语的对应分析

"在₅"介引表行为主体的成分，构成介词框架"在……看来"，它在韩语中基本上对应"생각에는"，如：

（41）【在】他看来，家庭比工作重要。

그의【생각에는】，가정이 일보다 중요하다.

他　【在…看来】　家庭　工作比　重要

（42）【在】父母看来，孩子的幸福比什么都重要。

부모【생각에는】，아이의 행복이 무엇보다 중요하다.

父母【在…看来】　孩子的　幸福　什么比　重要

三、汉韩对比规律小结

从权宁美（2011），刘惠敏（2011），金善姬（2012）及本章的汉韩对比分析来看，单纯介词"在"与韩语格助词的对应相对比较简单，最常见的对应形式是"-에、-에서"，当"在"与"-에"对应时与汉语介词"对、向、给"等有交叉，这种交叉对应势必会对韩国学生使用介词"在"和"对、向、给"等造成一定影响。

介词"在"的使用中涉及很多介词框架，这些介词框架在韩语中的对应比较复杂，它们大多与韩语中的某个结构对应，但这种对应只是意义方面的对应，在形式上差别很大。其中最重要的区别是"在"介词框架都是分开的，而其对应的韩语只是某个助词成分，不是分开的框架。所以建立分离的介词框架意识对于韩国学生来说认知难度较高，可以预见韩国学生在使用"在"介词框架会出现很多遗漏的现象。

在语序方面，介词"在"字短语既可置于动词前也可置于动词后，但其语序的可前可后需有动词的限制。这种可前可后的语序在韩语中不是完全对应的，也即韩语中的相关结构没有可前可后两种语序，它们只能置于动词之前，不能置于动词之后。这种有限制的"自由语序"对于韩国学生来说认知难度可能较大。

第二节　介词"在"的习得认知过程考察

一、课堂输入与输出情况的总体对比

本章依据历时两年半的一年级上下学期（下文简称一上和一下），二年级上下学期（下文简称二上和二下）和三年级上下学期（下文简称三上和三下）汉语听说课及口语考试录像转写而成的课堂/考试口语语料库[①]来考察教师课堂话语、韩国学生课堂话语及口语考试中介词"在"的使用情况，有效用例汇总成表9-1。

从表9-1可以看出，韩国学生输出与教师课堂输入总体上差别不大。本章在口语语料中共检索到介词"在"的用例2163例（974 + 1189 = 2163），其输出频率是39.218/10000（（35.484 + 42.951）/2=39.218）。周文华（2011b）从书面语料中检索到介词"在"的用例6594例，其输出频率是

---

① 本语料库包含3个子库，分别是教师课堂话语语料库（共3 425 314字），韩国学生课堂话语语料库（共274 489字）和韩国学生口语考试语料库（共276 827字），各学习阶段的字数分布请参看绪论部分。

43.96/10000。书面语中的输出频率略高于口语，不过韩国学生口语考试中的输出频率与外国学生书面语中的输出频率很接近。这说明在介词"在"的使用上，口语和书面语，以及国别的差异不大。

表9-1　介词"在"不同阶段输入、输出汇总表

阶段	教师课堂输入		韩国学生课堂输出		韩国学生口语考试输出	
	数量	频率	数量	频率	数量	频率
一上	1611	30.685	90	35.056	109	36.262
一下	2791	33.468	246	43.809	352	53.436
二上	3544	43.523	158	28.356	235	52.208
二下	2775	39.660	183	32.879	95	21.738
三上	1036	33.243	175	42.484	219	53.683
三下	770	31.983	122	30.431	179	34.169
合计	12527	36.572	974	35.484	1189	42.951

注：表中输入和输出频率是万分位的。

把表9-1中的频率数据录入SPSS22.0进行多因素方差分析，在类别变量上的差异显著性统计得出$F=1.153$，$P=0.354>0.05$，接受虚无假设，说明类别变量的差异性不显著，也即教师输入频率和韩国学生课堂及口语考试输出频率之间不存在显著差异；在学习阶段变量上的差异显著性统计得出$F=1.336$，$P=0.325>0.05$，也接受虚无假设，说明学习阶段变量的差异性也是不显著的，也即教师输入和韩国学生输出频率在不同学习阶段上也不存在显著差异。

对类别变量进行的事后分析发现，教师课堂输入频率与韩国学生课堂输出的差异显著性$P=0.988>0.05$，接受虚无假设，说明教师课堂输入频率与韩国学生课堂输出频率之间不存在显著差异；教师课堂输入频率与韩国学生口语考试输出的差异显著性$P=0.215>0.05$，接受虚无假设，说明教师课堂输入与韩国学生口语考试输出之间不存在显著差异；韩国学生课堂输出与韩国学生口语考试输出频率的差异显著性$P=0.220>0.05$，也接受虚无假设，说明韩国学生课堂输出与韩国学生口语考试输出频率之间也不存在显著差异。

为了比较直观地看到频率对比的情况，可以把表9-1中的频率数据转化成图9-1。

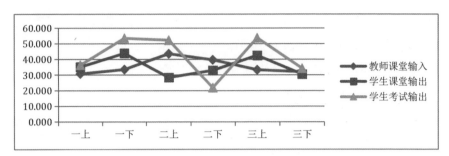

图9-1 介词"在"不同阶段语输入、输出频率变化趋势图

从图9-1可以看出，韩国学生口语考试输出明显多于韩国学生课堂输出及教师输入（除了二下有点反常），而教师输入与韩国学生课堂输出差别不大，其频率变化曲线交织在一起。综合各阶段的频率均值来看，输入与输出是基本一致的。

下面再看一下六个学习阶段韩国学生输出的正确率变化情况，请看表9-2。

表9-2 介词"在"不同阶段输出正确率汇总表

阶段	韩国学生课堂输出正确率				韩国学生口语考试输出正确率			
	输出总量	正确用例	偏误用例	正确率	输出总量	正确用例	偏误用例	正确率
一上	90	72	18	0.8	109	81	28	0.743
一下	246	201	45	0.817	352	314	38	0.892
二上	158	143	15	0.905	235	217	18	0.923
二下	183	172	11	0.94	95	79	16	0.832
三上	175	160	15	0.914	219	207	12	0.945
三下	122	118	4	0.967	179	165	14	0.922
合计	974	866	108	0.889	1189	1063	126	0.894

注：表中正确率是百分位的。

将表9-2中的正确率数据转化成图9-2，可以清楚地看到不同阶段韩国学生输出正确率的变化情况。

从表9-2的正确率数据来看，韩国学生介词"在"的正确率比较高，说明韩国学生对介词"在"的掌握情况比较好。从图9-2的正确率变化曲线来看，韩国学生介词"在"的正确率比较稳定，而且其线性趋势是一直上升的。但分学期考察后就会发现，介词"在"不同用法的输入与输出情况，以及韩国学生对介词"在"不同用法的习得认知过程是存在差异的。

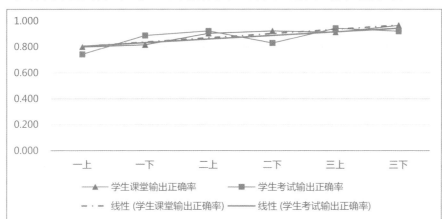

图9-2 介词"在"不同阶段输出正确率变化趋势图

二、分阶段的输入、输出与互动情况考察

（一）一年级输入与输出情况考察

首先看一年级上下学期介词"在"不同用法在课堂和口语考试中的输入与输出情况汇总表9-3。

表9-3 一年级介词"在"不同用法输入、输出情况汇总表

阶段	用法类别	教师课堂输入		韩国学生课堂输出					韩国学生口语考试输出				
		输入数量	输入频率	正例	误例	合计	正确率	输出频率	正例	误例	合计	正确率	输出频率
一上	在₁	127	2.419	8	2	10	0.800	3.895	8	1	9	0.889	2.994
	在₂	1365	26.000	58	14	72	0.806	28.045	70	24	94	0.745	31.272
	在₃	119	2.267	6	2	8	0.750	3.116	3	3	6	0.500	1.996
	在₄												
	在₅												
	合计	1611	30.685	72	18	90	0.800	35.056	81	28	109	0.743	36.262
一下	在₁	350	4.197	17	4	21	0.810	3.740	18	5	23	0.783	3.492
	在₂	1918	22.999	166	40	206	0.806	36.685	280	24	304	0.921	46.149
	在₃	440	5.276	11	0	11	1.000	1.959	14	9	23	0.609	3.492
	在₄	83	0.995	7	1	8	0.875	1.425	1	1	2	0.500	0.304
	在₅												
	合计	2791	33.468	201	45	246	0.817	43.809	314	38	352	0.892	53.436

注：表中输入和输出频率都是万分位的，正确率是百分位的。

把表9-3中"在"不同用法的输入、输出频率转化成图9-3，可以清楚地看到一年级上下学期介词"在"不同用法输入、输出频率的变化趋势。

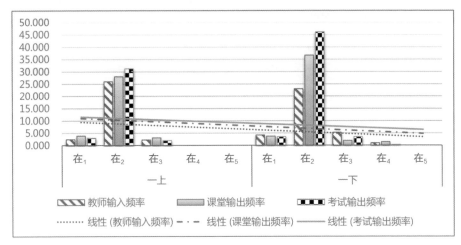

图9-3　一年级介词"在"不同用法输入、输出频率变化趋势图

从图9-3可以清楚地看到，无论是输入还是输出都是"在$_2$"的频率最高，这与周文华（2011b）对书面语的考察一致，与汉语母语者的实际使用情况也一致。从线性趋势看，教师的课堂输入与韩国学生的课堂输出和口语考试输出基本一致。而且仍然是相同环境下不同用法的频率变化存在较高的一致性。

将表9-3中的正确率数据转化成图9-4，可以看到一年级上下学期韩国学生介词"在"不同用法正确率的变化趋势。

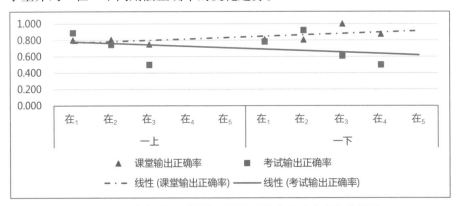

图9-4　一年级介词"在"不同用法输出正确率变化趋势图

从总体上看，韩国学生课堂输出正确率要好于口语考试输出正确率，尤其是"在₃"和"在₄"两种用法。而且这两个用法在一年级阶段的正确率变化较大，说明其难度系数可能较高。

1.一年级上学期

教师课堂输入中只涉及"在₁""在₂"和"在₃"，其中"在₂"的输入占绝对优势，是其他两种用法输入的十几倍。

"在₂"字短语的各种句法位在输入中都有涉及，如：

（43）【在】北方呢，粽子里面有枣子。

（44）【在】中国我们过生日，说生日快乐。

（45）顾客只可以【在】菜单上选择想吃的东西。

（46）意思是说，你要把东西放【在】比较高的地方，别让孩子拿得到。

（47）"打针"这个"针"就指的是这个针，【在】医院里用的针。

其中"在"字短语置于动词之后的输入数量非常多。

"在₁"的输入数量虽不及"在₂"多，但涉及的句法位也比较全面，如：

（48）【在】假期意思就是放假的时候。

（49）说明没有想到能【在】这个时间遇到你。

（50）说明他【在】口语考试之前啊，都不去上课。

（51）如果它发生【在】很久以前的话，我们就用"从前"。

（52）【在】那个时候出国的人，看到外面的世界……

"在₃"的输入也一样，数量不及"在₂"多，但也是各种句法位都出现了，如：

（53）但是【在】汉语里，白酒不是白葡萄酒。

（54）【在】网上订好了车票和旅馆，嗯不错。

（55）长江大桥【在】交通方面很重要。

（56）这个东西，真理，往往掌握【在】少数人手中。

（57）同班同学是指【在】一个班级学习的同学，那叫同班同学。

另外，教师在一上对于"在₃"的用法有一些讲解和引导，这是"在₂"和"在₁"的输入中所没有的，如：

（58）这个"【在】……上"是在什么什么方面的意思。

（59）能说【在】中国方面生活水平比较好吗?

这说明，教师认为"在₃"的用法比较抽象，需要在教学中进行讲解；同时，学生在使用中也存在一些问题，需要教师提醒其使用的正确性。

韩国学生在课堂上的输出沿袭教师输入中的频率比，也是"在₂"输出频率比"在₁"和"在₃"的输出频率高十几倍。在韩国学生的输出中，"在₂"字短语各种句法位也都出现了，如:

（60）【在】南京，车多得很。

（61）【在】我的邻居家发生了什么?

（62）一个可怜的人【在】地上爬着，需要行人的帮助。

（63）他的钥匙忘【在】家里了。

（64）我【在】韩国的家。

但学生的输出以例（61）这样"在"字短语所在的单句没有主语成分，占据了"在₂"用例的绝大部分；其次是像例（62）这样主语在"在"字短语之前和例（60）这样主语在"在"字短语之后的用法也较多；而像"在"字短语在动词后，以及做定语的用法非常少。同时，"在₂"的偏误也是最多的，占了一上所有偏误的百分之九十以上。这印证了Schatcher（1974）"用得越多，偏误越多"的结论。

"在₁"和"在₃"的输出数量较少，分别只有10例和8例，其句法位也几乎都是置于句首的用法，如:

（65）【在】中午的时候，我觉得……

（66）【在】旅途中我交了中国朋友，所以跟他聊天。

这两个用法出现的数量少，其偏误数量也少，分别都只有2例。

韩国学生在口语考试中的输出频率也像课堂上的输出频率一样的分布比例。但只有"在₂"的输出频率比课堂上的输出频率高，且"在₂"介词短语各句法位也均有输出，说明韩国学生对"在₂"的习得较早；"在₁"和"在₃"的输出比课堂上的输出频率略低，其中"在₁"输出的基本都是"在……的时候"这样的介词框架，句法位以句首和主语后为主，如:

（67）【在】南京的时候，我不知道中国人的习惯。

（68）因为我【在】中国的时候，生活非常好，所以我想去那儿。

"在₃"的正确用例只有3例，介词短语在动词后和动词前的情况都有，如：

（69）说一件发生【在】你身上有趣的事情。

（70）我去以前已经提前【在】网上订好了车票和旅馆。

总体来看，韩国学生在口语考试中的偏误出现得要多一些。

2.一年级下学期

教师在此阶段除了"在₁""在₂"和"在₃"跟上学期几乎同样比例的输入以外，少量输入了"在₄"的用法，共有8例，如：

（71）【在】爸爸的影响下，王明渐渐喜欢上了京剧。

（72）【在】老师的帮助下，我考上了很好的大学。

对于这种新用法，教师在输入中有一半是讲解，共有4例，如：

（73）刚刚学过的一个语法注意一下，【在】他的帮助下，【在】他的影响下，是吗？

（74）【在】什么什么下，一般用帮助，用鼓励这样用得比较多。

韩国学生在课堂上对"在₁""在₂"和"在₃"的输出跟上学期基本一致，只是使用频率增加，说明韩国学生对介词"在"的使用提升了。尤其是"在₂"字短语的各种句法位在韩国学生的输出中都有呈现，说明韩国学生对"在₂"字短语的各种句法位掌握得都比较好；而"在₁"仍以位于句首为主，置于主语后和动词后的用法只出现几例；至于"在₃"，则只出现了置于句首和主语之后两种用法。用例不再赘举。

同时，顺应教师的输入，韩国学生在课堂上也输出了8例"在₄"的用法，如：

（75）【在】老师的帮助下，我的中文水平提高了。

（76）【在】大家的共同努力下，这次演出很成功。

不过韩国学生的用例中除了例（76）和偏误用例以外，剩下的6例都是"在老师的帮助下"，格式化的倾向很明显。

韩国学生在口语考试中对"在₁""在₂"和"在₃"的输出频率及句法位表现也跟上学期差不多，只不过它们的输出频率都有较大程度的提高，同时"在₂"的偏误率有所降低，比同时期课堂上的偏误率还低。这是比较好的习得表现。

对于"在$_4$",韩国学生在口语考试中仅输出了1例正确用例:

(77)【在】我家人和朋友的鼓励下,我能来到中国学习汉语。

总体来说,一下韩国学生习得的"在$_1$""在$_2$"和"在$_3$"的用法得到稳固,使用频率提高、正确率上升。同时,开始习得和使用"在$_4$"。

（二）二年级

首先看二年级上下学期介词"在"不同用法在课堂和口语考试中的输入与输出情况汇总表9-4。

表9-4 二年级介词"在"不同用法输入、输出汇总表

阶段	用法类别	教师课堂输入		韩国学生课堂输出					韩国学生口语考试输出				
		输入数量	输入频率	正例	误例	合计	正确率	输出频率	正例	误例	合计	正确率	输出频率
二上	在$_1$	514	6.312	7	2	9	0.778	1.615	6	2	8	0.750	1.777
	在$_2$	2046	25.127	122	7	129	0.946	23.151	152	5	157	0.968	34.880
	在$_3$	912	11.200	14	6	20	0.700	3.589	59	11	70	0.843	15.551
	在$_4$	45	0.553										
	在$_5$	27	0.332										
	合计	3544	43.523	143	15	158	0.905	28.356	217	18	235	0.923	52.208
二下	在$_1$	372	5.317	22	5	27	0.815	4.851	10	1	11	0.909	2.517
	在$_2$	1689	24.139	154	7	161	0.957	28.926	57	6	63	0.905	14.416
	在$_3$	650	9.290	18	4	22	0.818	3.953	12	8	20	0.600	4.576
	在$_4$	21	0.300										
	在$_5$	43	0.615							1	1	0.000	0.229
	合计	2775	39.660	172	11	183	0.940	32.879	79	16	95	0.832	21.738

注:表中输入和输出频率都是万分位的,正确率是百分位的。

把表9-4中介词"在"不同用法的输入、输出频率转化成图9-5,可以清楚地看到二年级上下学期介词"在"不同用法输入、输出频率的变化趋势。

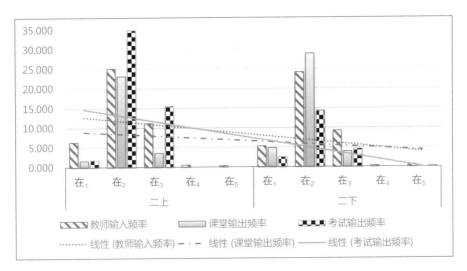

图9-5 二年级介词"在"不同用法输入、输出频率变化趋势图

从图9-5可以看出介词"在"的输入与输出频率都呈下降的线性趋势。二下时，一些用法的输出频率开始低于输入频率。

将表9-4中的正确率数据转化成图9-6，可以看到二年级上下学期韩国学生介词"在"不同用法正确率的变化趋势：

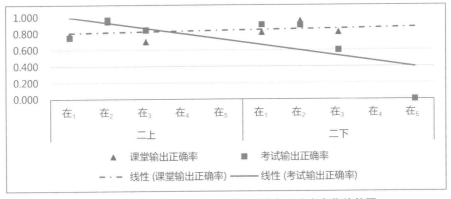

图9-6 二年级介词"在"不同用法输出正确率变化趋势图

可以看出，到二年级韩国学生的输出仍然集中在"在$_1$""在$_2$"和"在$_3$"。同时，口语考试中的正确率与课堂上的正确率差距在缩小。不过"在$_3$"的正确率仍然是差距最大的。

1.二年级上学期

教师在课堂上对"在$_1$""在$_2$"和"在$_3$"的输入，尤其是"在$_3$"的输入增加明显，"在$_4$"继续少量输入。同时输入了一定数量的"在$_5$"，如：

（78）【在】中国人看来，搬家是一件很重要的事情。

（79）【在】我看来，素质教育和应试教育本来并不矛盾，甚至相辅相成。

然而这种用法对于韩国学生来说认知难度是比较高的，首先韩语中没有完全对应的格式，其次"在$_5$"的这种用法与常规的介词用法很不一样，不符合一般介词的使用规则，对韩国学生来说很难类推。所以，在韩国学生的语料中没有出现"在$_5$"的用法。当需要表达某种评价和自己的观点时，韩国学生多会使用"认为"，如：

（80）我【认为】纸尿，尿布……尿布比纸尿裤更加环保。

（81）大部分的男生【认为】这个是对的。

韩国学生在课堂上对"在$_1$""在$_2$"和"在$_3$"仍保持一定量的输出，但使用频率和正确率都没有很明显的提高，甚至有一些下降。比如，"在$_3$"的正确率下降明显。这说明，韩国学生处在不断试误、不断改善其习得的阶段。"在$_2$"输出中一个比较明显的变化是介词短语位于动词之后的用法增多，说明韩国学生对于该用法的掌握有很大提高；而对于另两种用法的句法位没有出现比一年级阶段更多的变化。一下阶段出现的"在$_4$"，在此阶段没有输出。这里有"在$_4$"使用频率不高的因素影响，同时也可能是韩国学生回避使用"在$_4$"。

韩国学生在口语考试中对"在$_1$""在$_2$"和"在$_3$"的输出跟课堂上和一下基本类似。比较好的方面是"在$_2$"的偏误率在下降，说明韩国学生对"在$_2$"的掌握进入了一个上升通道。

单从口语考试语料看，韩国学生对"在$_3$"的使用正确率从一上到二上不断提高，说明韩国学生对"在$_3$"的掌握也处于上升阶段。只不过，"在$_3$"的使用数量相对较少，其正确率提高的速度远不及"在$_2$"。所以，输出量对正确率是有一定贡献的，正所谓量变影响质量。由此可以看出，输出同样会影响习得。

韩国学生在口语考试中同样也没有输出"在₄"和"在₅"，说明"在₄"和"在₅"还没有进入韩国学生的习得序列。

2.二年级下学期

教师在课堂教学上的输入情况跟上学期差不多，同时"在₅"的输入量也有增加。

韩国学生在课堂上仍然保持"在₁""在₂"和"在₃"的较多输出，使用频率变化不大，不过正确率都有不同程度的提高。"在₁"的句法位基本稳定在句首和主语之后，"在₂"的句法位仍然是比较全面的，而"在₃"句法位则以位于主语之后为主。总的来看，韩国学生对于"在₁""在₂"和"在₃"的掌握在不断提高，韩国学生对"在₁""在₂"和"在₃"的习得和使用进入稳定期。

韩国学生在口语考试中对"在₁""在₂"和"在₃"的输出仍占主流，输出频率、句法位和正确率变化不大。韩国学生在口语考试中输出的唯一一例"在₅"的用例还是偏误用例。

（三）三年级

首先看一下三年级上下学期介词"在"不同用法在课堂和口语考试中的输入与输出情况汇总表9-5。

表9-5　三年级介词"在"不同用法输入、输出汇总表

阶段	用法类别	教师课堂输入		韩国学生课堂输出					韩国学生口语考试输出				
		输入数量	输入频率	正例	误例	合计	正确率	输出频率	正例	误例	合计	正确率	输出频率
三上	在1	190	6.097	29	5	34	0.853	8.254	29	4	33	0.879	8.089
	在2	735	23.585	105	7	112	0.938	27.190	144	6	150	0.960	36.769
	在3	101	3.241	24	2	26	0.923	6.312	33	2	35	0.943	8.579
	在4	10	0.321	1	1	2	0.500	0.486	1	0	1	1.000	0.245
	在5			1	0	1	1.000	0.243					
	合计	1036	33.243	160	15	175	0.914	42.484	207	12	219	0.945	53.683
三下	在1	164	6.812	14	1	15	0.933	3.741	21	1	22	0.955	4.200
	在2	327	13.583	77	1	78	0.987	19.456	120	7	127	0.945	24.243
	在3	246	10.218	27	2	29	0.931	7.234	23	5	28	0.821	5.345
	在4	19	0.789						1	0	1	1.000	0.191
	在5	14	0.582						1	1		0.000	0.191
	合计	770	31.983	118	4	122	0.967	30.431	165	14	179	0.922	34.169

注：表中输入和输出频率都是万分位的，正确率是百分位的。

把表9-5中介词"在"不同用法的输入、输出频率转化成图9-7，可以清楚地看到三年级上下学期介词"在"不同用法输入、输出频率的变化趋势。

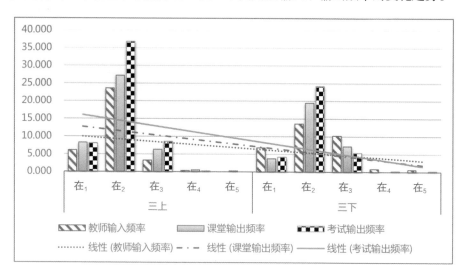

图9-7 三年级介词"在"不同用法输入、输出频率变化趋势图

从图9-7可以看出，介词"在"输入与输出频率的线性趋势仍然是下降的。不过教师输入频率与韩国学生课堂输出和口语考试输出频率差别不大。

将表9-5中的正确率数据转化成图9-8，可以看到三年级上下学期韩国学生介词"在"不同用法正确率的变化趋势。

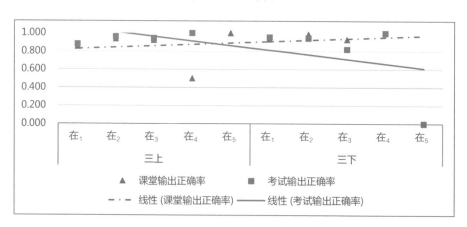

图9-8 三年级介词"在"不同用法输出正确率变化趋势图

可以看出，韩国学生在三年级阶段对介词"在"用法的输出逐渐丰富，正确率也向好的方向发展。不过新出现的"在₄""在₅"用法的正确率相对偏低。

1.三年级上学期

教师在课堂上没有延续二年级对介词"在"各种用法全面输入的状态，仅输入了"在₁""在₂""在₃"和"在₄"，且"在₄"的输入频率也不高。

韩国学生在课堂上倒是对介词"在"各种用法进行了全面输出，只是"在₄"和"在₅"的输出数量很少，根本达不到初现率的标准。但可以看出，韩国学生对"在₁""在₂"和"在₃"输出的正确率进一步提高。

韩国学生在口语考试中跟教师的输入一样仅输出了"在₁""在₂""在₃"和"在₄"4种用法，但"在₄"只输出了1例，而且应该是复述书本中的句子：

（82）20世纪70年代【在】邓小平的领导下，中国开始了改革开放。

可见韩国学生在实际使用中对"在₄"的使用是很局限的。

综合课堂和口语考试的输出看，"在"字短语的句法位除了"在₂"比较全面以外，其他基本还像二年级时的分布状况。"在₁"和"在₃"的句法位输出比较单调，都缺少位于动词之后和做定语的句法位。

2.三年级下学期

教师在课堂上全面输入了介词"在"的5种用法，同时，"在₂"的输入频率不再与其他几种用法的差距拉得那么大。

韩国学生在课堂上继续保持对"在₁""在₂"和"在₃"相似频率和句法位的输出，且正确率进一步提高。但没有出现"在₄"和"在₅"的用法。

韩国学生在口语考试中对介词"在"也是全面输出的，只是"在₄"和"在₅"的输出数量很少，"在₅"输出的仍然都是偏误用例。这说明韩国学生的确没有掌握"在₄"和"在₅"的用法。

第三节　介词"在"的动态偏误考察

把韩国学生介词"在"在各学习阶段的偏误用例按类型汇总成表9-6[①]：

表9-6　介词"在"偏误类型汇总表

阶段	输出环境	误代	误加	遗漏	错序	其他	总计
一上	课堂	4	1	7	2	4	18
	口语考试			17	9	2	28
一下	课堂	4	2	27	6	6	45
	口语考试	3	6	19	11		39
二上	课堂	3	4	5	3		15
	口语考试	8	3	3	4		18
二下	课堂		2	12	2		16
	口语考试	1	6	5	4		16
三上	课堂	1	4	7	3		15
	口语考试	1	2	7	3		13
三下	课堂		2	2			4
	口语考试	2	2	6	1	3	14
合计		33	28	117	48	15	241

从表9-6可以看出，韩国学生介词"在"使用中最容易出现的偏误是遗漏，同时其他类型的偏误都以差不多的数量存在。总体来看，介词"在"使用中涉及的偏误类型多，数量也多。从阶段变化来看，韩国学生在一年级阶段的偏误较多，一下达到高峰，二年级开始偏误数量下降，但偏误数量一直没有下降到比较理想的位置。这些都说明韩国学生在使用介词"在"时存在不少问题。

一、一年级韩国学生介词"在"偏误的动态分析

1.一年级上学期

总体来看，一上韩国学生的偏误数量不少，相对于使用频率来说，其

---

① 表中偏误数据与上文各阶段偏误数据不同的原因是一些"在"的偏误无法归入不同用法。

偏误率是比较高的。口语考试中出现的偏误要远多于课堂上出现的偏误。但课堂上出现的偏误类型更加多样化，所有偏误类型都涉及了。其中最严重的是遗漏，出现了7例，其中6例是"在₂"使用中的遗漏，主要涉及"在"或与之搭配的方位词的遗漏，如：

（83）*那请问，晚上∧哪里睡觉？

（84）*【在】苹果∧，那个虫子……

像例（83）这样遗漏介词的情况在初学阶段比较容易出现，一段时间之后这种偏误会逐渐消失；例（84）遗漏了方位词"里"，其原因在第八章已经做过解释，不再赘述。

其次是误代，共出现了4例，此阶段韩国学生会把介词"在"误当作其他动词来使用，如：

（86）*老师，<u>【在】火车</u>去，三十，三十个小时。

（86）*你离开家<u>【在】这儿</u>，真遗憾。

例（85）中的"在"应为"坐"，例（86）中的"在"应为"到/来"。说明韩国学生对于介词"在"的表意还存在混沌不清的现象。甚至出现了表意完全让人不懂的错误句子，如：

（87）*对，但是它的，中国<u>【在】它的城市</u>比南京生活不好的。

此外，韩国学生对"在……上"的乱用，也输出了一些让人费解的句子，如：

（88）*生活<u>【在】健康上</u>重要。

（89）*我们的中国的生活<u>【在】健康上</u>，我们吃很好。

韩国学生这种误用可能是把"在……上"与"在……方面"完全等同起来导致的。

但是，韩国学生此阶段的错序和误加都比较少，错序只出现2例，如：

（90）*我<u>待了半天【在】家</u>，可以吗？

（91）*你确定你能<u>找工作【在】苹果公司</u>吗？

在口语考试中，韩国学生在"在₂"的使用中出现更多的遗漏偏误（17例），仍然是介词"在"和方位词的遗漏，如：

（92）*【在】公共汽车∧，我看到了一个小偷，他想，他，提出来，一个钱包。

（93）*因为如果下雨很大，我应该躲∧一些地方，然后继续去。

其次就是错序的偏误也比较严重，出现了9例，仍然是"在$_2$"介词短语使用中的错序，说明这种偏误在韩国学生的习得中是非常普遍的现象，如：

（94）*我放了钥匙【在】吧台，旅馆的吧台。

（95）*我会开车【在】韩国。

韩国学生在口语考试中仍会出现表意不清的偏误，但没有出现把"在……上"与"在……方面"混同使用的偏误。

2.一年级下学期

到一下，韩国学生介词"在"的偏误数量激增，达到了偏误数量的顶峰，这与他们介词"在"使用数量增加有一定关系。

韩国学生在课堂输出中的偏误类型仍然是最多的，其中仍然以遗漏最为严重。由于学生使用数量的增加，"在"的很多用法都出现了遗漏，甚至上学期没有出现遗漏偏误的用法也出现了遗漏偏误，如：

（96）*∧外面的时候，爸爸叫他孩子。

（97）*我跟你比……我【在】姐姐∧下，慢慢地学习，进步很多。

例（96）遗漏了介词"在"，例（97）遗漏了介词短语构成的必有成分"的帮助"。

"在$_2$""在$_3$"使用的遗漏偏误出现了新的现象，就是方位词的遗漏占比增大，如：

（98）*【在】出租车∧我开我的包，看看找不到我的钱包。

（99）*【在】电影∧有，【在】生活∧没有。

例（98）遗漏了方位词"上/里"，例（99）都遗漏了方位词"中"。

错序在一下的课堂上也逐渐增多起来，出现了6例，仍然是介词短语与动词短语之间的错序，如：

（100）*有的时候我也做饺子【在】我的家，这样的。

（101）*外面吃，他以前每天睡觉【在】我的房间，昨天没有他的行李。

韩国学生"在"的混乱表达也达到了顶峰，出现了6例，如：

（102）*我觉得不好，别的我的朋友【在】家叫我一起吃饭，我真羡慕他。

（103）＊【在】我……，可是我够不到是这样吗？

但这种偏误到此阶段基本也就到了尽头，在后面连续几个阶段都没有再出现这样的偏误。说明韩国学生对介词"在"使用的混沌现象只出现在一年级。

误代仍然出现4例，但都不是与无关动词的误代，而是与介词的误代，如：

（104）＊【在】哪儿知道。

（105）＊这个工艺品不【在】里面看，【在】外面看，显得……

韩国学生介词"在"的误加也出现了2例，如：

（106）＊他想看【在】我的钱包，还有我告诉我不买这个70块钱。

（107）＊韩国住【在】的地方，……还是别的什么地方。

韩国学生在口语考试中介词"在"的偏误也涵盖了4种主要的偏误类型，仍以遗漏偏误居多。同时，随着"在$_3$"使用的增多，韩国学生在口语考试中出现了"在$_3$"及其框架成分的遗漏，如：

（108）＊他∧开车的方面有一手。

（109）＊他出现∧很多的电视广告∧，他赚了很多很多的钱。

另外，"在$_2$"使用中的方位词遗漏仍然比较严重，如：

（110）＊如果【在】家∧有别的客人，互相介绍认识。

（111）＊他们可以住【在】房子∧，什么时候他们有他的房子……

这说明韩国学生在使用介词"在$_2$"时对方位词的使用很成问题。

错序在此阶段也比较严重，达到了11例，除了跟一上一样的"在$_2$"字短语使用的错序以外，又出现了"在$_1$"的错序，也仍然是介词短语与动词短语之间的错序，如：

（112）＊所以我和朋友见【在】早上七点，七点出发，搭车五十分钟……

（113）＊来到中国以后，我看到【在】中秋节，月亮、月饼，我看以后想起韩国月亮糕。

韩国学生在口语考试中误加的偏误也增加很多，达到了6例，如：

（114）＊【在】南京终于下雪了，我高兴得要命。

（115）*【在】到处有很多美女。

这个时期介词"在"误加的特点是主语位置上"在"的误加，这是韩国学生对存现句使用规则不是很了解所致。所以，汉语介词的使用不单涉及介词本身，还涉及离合词、存现句等许多词法、句法的问题，这对于韩国学生来说认知难度较高。

误代的数量没有增加，学生的偏误都是对"在$_3$"介词短语构成成分的误代，如：

（116）*先我们上网找，【在】上网，有很多的账户。

（117）*因为【在】上网买飞机票的话，方便和便宜，他们给我打折票。

这两例都是韩国学生用"上网"误代了"网上"。

二、二年级韩国学生介词"在"偏误的动态分析

1.二年级上学期

二上时，韩国学生在课堂上的偏误明显下降，比一下少了许多，说明韩国学生对介词"在"的使用情况在好转。涉及的偏误类型仍然多样化，四种偏误类型都有，且数量比较平均。一个与一年级不同的变化是涉及的介词用法有些变化。不像一年级那样主要集中在"在$_2$"，"在$_3$"的偏误增多明显，也像一下口语考试中那样误把"上网"当作介词短语的构成部分，如：

（118）*所以我们【在】上网常常买买衣服。

（119）*我的爱好是上网，【在】上网查资料还有跟朋友聊天。

韩国学生在课堂上的错序都集中在"在$_2$"，也都是介词短语与动词短语之间的错序，如：

（120）*我很喜欢不穿鞋【在】房间里。

（121）*恩，这个暑假我们见了面，一起旅游【在】中国，【在】中国旅游，谢谢。

例（121）是学生出现错序之后马上意识到，然后进行纠正，说明韩国学生已经可以自行纠正这种错序。

韩国学生在此阶段有一些介词"在"的误加，也主要集中在"在$_2$"，如：

（122）*我一个人去过【在】韩国很多地方。

（123）*雪岳山是【在】山上冬天下的雪到夏天不消融。

偏误产生的原因主要是韩国学生对于何时应加介词 "在" 的规则不清楚。

遗漏则是 "在" 的各种用法都涉及了，多是介词框架构成部分的遗漏，如：

（124）*在我的国家，那个一般考证书找工作的时候考，【在】上学∧就不需要考。

（125）*【在】网∧，在网上看的时候我觉得合适我。

例（125）也是接下来的表述中把遗漏的方位词成分补上，说明学生的框架构成意识在加强。

口语考试中偏误数量跟课堂上差不多，但口语考试中的误代更加严重一些，主要集中在 "在$_3$" 的使用上，仍然是对 "上网" 和 "网上" 的误代，这可能与口语考试话题有关，如：

（126）*这个呢特别好，【在】上网买的话特别好，便宜，还有质量也好，在外面很贵。

"在$_3$" 的另一个偏误是遗漏，如：

（127）*我的调节是，∧我的力量中，50%用来学习。

（128）*那位同学看起来身体很弱，看不出来∧运动会上拿到了长跑冠军。

"在$_2$" 的偏误则主要是错序和误加，如：

（129）*恩，我将来，我的志愿是空姐，或者工作【在】香港。

（130）*泡菜是【在】韩国的，韩国的有名菜。

2.二年级下学期

二下韩国学生在偏误数量上与二上差别不大，但在偏误倾向上有一些变化。

在课堂上，韩国学生出现更多的遗漏偏误（共出现了12例），"在$_1$""在$_2$" 和 "在$_3$" 的用法都出现了遗漏，如：

（131）*我每个月的零钱都∧这个月用完了，是正好用完了。

（132）*∧超市里买东西的时候一定要还价。

（133）*勤奋是努力的意思吧，∧某一个方面努力地工作。

例（132）是韩国学生受韩语的影响，认为"超市里"中的"里"跟介词的作用相当。"在"的遗漏则是学生对其使用规则了解不透所致。而错序和误加都只出现2例，用例没有特殊的变化，不再赘举。没有出现误代偏误。

口语考试中误加出现的数量较多，都集中在"在₃"的使用中，但分析学生的例句发现都是一样的句子：

（134）*【在】人生的旅途上不也是如此嘛。

例（134）是介词框架"在……上"的误加，属于套用介词框架的误用。

遗漏偏误位居其次，主要集中在"在₂"和"在₃"的用法上，如：

（135）*∧路上走路的话，他看不起老人。

（136）*所以，我∧那个方面有比较、比别人有知识。

错序都集中在"在₂"的使用中，仍然是介词短语与动词短语之间的错序，如：

（137）*就是怎么说呢，就是住两年【在】国外，让我意识到他们对我这么重要。

（138）*他继续做很多很多工作【在】我们的院，呃，我觉得他们是最好的。

三、三年级韩国学生介词"在"偏误的动态分析

1.三年级上学期

在三上，韩国学生的偏误数量没有明显的下降，无论是课堂上还是口语考试中，学生偏误最多的还是遗漏，两种语境下都出现了7例偏误，仍然是"在₂"和"在₃"的遗漏居多，如：

（139）*我不喜欢吸烟，所以他∧房间里不能吸烟，他要∧外面吸烟，这样的。

（140）*只要我拥有健康，我就∧事业上赚很多钱，而且很多人佩服我。

其次就是错序，课堂上和口语考试中各出现3例，如：

（141）*我看到<u>不知道的事情</u>【在】网络，网上。

（142）*我的妈妈大概80年代拍结婚照片，是尽量拍【在】室内。

说明 "在" 字短语的错序在韩国学生的学习过程中是根深蒂固的。有韩语语序与汉语语序规则的双重影响，详细的解释请参看周文华（2014）的论述。

误加偏误也还比较多，课堂上出现4例，口语考试中出现2例，以 "在$_1$" 和 "在$_2$" 的误加为主，如：

（143）*当时很流行【在】八十年代、九十年代的衣服……

（144）*特别是夏天我喜欢去那个海边，但是<u>在我住</u>【在】的城市没有美丽的海边。

2.三年级下学期

三下韩国学生的偏误仍然以遗漏为主，课堂上与口语考试中共出现8例，涉及 "在$_3$" 和介词框架中方位词的遗漏，如：

（145）*因为∧现代社会情况下，外貌是一个他的能力之一。

（146）*当时粮食很不够，他们的生活，【在】他们的生活∧，粮食是最重要的。

其次是误加偏误，课堂上和口语考试中共出现4例，都是介词 "在" 的误加，如：

（147）*现在也是【在】<u>得到高级证书</u>，然后想享受在这个南京的时光。

（148）*但是我住【在】的城市没有美丽的山。

这些用例中 "在" 的误加都不是简单句子中介词 "在" 的误加，而是受一些用法影响产生的 "在" 的误加。比如例（147）很可能是韩国学生想表达 "在……之后" 的意思，例（148）是韩国学生受 "住在……" 使用的影响导致的。

第四节　介词"在"的习得规律及教学建议

一、介词"在"的习得规律

综上所述，韩国学生对介词"在"各种用法的习得认知过程可汇总成表9-7：

表9-7　介词"在"不同用法习得认知过程汇总

项目	习得状况	习得认知过程描述
在$_1$	一上习得	一上的课堂上初现并习得，口语考试中延续课堂上的习得状况。"在$_1$"的输出一直比较稳定，其句法位以居于句首和主语之后为主，且偏误不太严重。
在$_2$	一上习得	一上的课堂上初现并习得，一直是介词"在"所有用法中使用频率最高的。学生的输出中各种句法位都有，一下以后动词之后的句法位明显增多。初级阶段偏误较多，中高级阶段的偏误改善明显。
在$_3$	一上习得	一上的课堂上初现并习得，句法位以居于主语之后和句首为主。口语考试中的偏误较严重，直到三年级阶段韩国学生的偏误状况才有所改善。说明韩国学生对"在$_3$"使用中的问题较多。
在$_4$	未习得	一下的课堂上才初现并习得，但其格式化倾向比较明显，口语考试中仅出现2例，且一半是偏误。然后直到三年级才又出现用例，但使用频率非常低。无法判定为已习得项目。
在$_5$	未习得	仅在三上的课堂上出现1例正确用例，根本达不到习得标准。

从表9-7中可以看出，介词"在"的5种用法中只有前三种韩国学生是习得的，且在一上就已习得，不过其在使用过程中的偏误一直比较多。而"在$_4$"虽在一下初现，但使用频率一直非常低，无法判定其习得状况，需要有较大样本的语料来考察验证韩国学生是否习得了"在$_4$"。"在$_5$"到了三年级才出现少量用例，可见其对于韩国学生来说认知难度较高。

从偏误分析可以看出，韩国学生在使用介词"在"时最严重的偏误是遗漏，主要都是介词"在"和方位词的遗漏，这些遗漏涉及介词"在"的大部分用法，但以"在$_2$"和"在$_3$"使用中的遗漏最多。另外，其他偏误类型在韩国学生的输出中都有呈现，说明韩国学生在介词"在"使用的各个方面都存在问题。尤其是其他很多介词很少出现的错序在介词"在"的使用中也并不少，且主要是介词短语与动词短语之间的错序。

二、介词"在"的教学建议

1.虽然一上时韩国学生就已经习得了"在$_1$""在$_2$""在$_3$"，但他们对于这三种用法的掌握存在差异："在$_1$"的掌握比较好；"在$_2$"是使用数量最多的，伴随的偏误也较多；"在$_3$"在使用中出现的问题最多。教学中要分别对待："在$_2$"在教学中要注意其语序问题，韩国学生经常会在"在$_2$"的使用中出现介词短语的错序问题；"在$_2$"和"在$_3$"在教学中还要注意其遗漏问题，韩国学生对"在$_3$"的使用比较陌生，对介词框架的构成意识尤其薄弱，所以经常会遗漏"在$_3$"或介词框架中的方位词。

2.从韩国学生的偏误来看，遗漏最严重，这里涉及韩国学生对"在"使用规则的模糊，也涉及韩国学生对方位词的曲解，以及介词"在"与方位词的搭配规则。在教学中对于方位词的教学也会影响到韩国学生"在"的使用，所以"在"与方位词的组配规则教学尤其重要。

3.对韩介词"在"的教学中也要特别注意介词"在"字短语的语序教学，因为韩国学生很容易在介词"在"字短语使用的语序上出现问题。这里有韩语的影响，但更多的是汉语介词"在"字短语本身的"自由语序"的限制问题。其语序的限制规则是教学的重点。

结　　语

一、各章主要结论汇总

本书利用汉韩对比语料考察汉语中十个常用介词与韩语格助词的对应情况，并用课堂教学及口语考试实录的口语语料库来考查韩国学生对这十常用介词的习得认知过程；而对于偏误分析，不仅遵循Corder（1981）、肖奚强（2001）等的偏误分析基本原则，而且运用动态系统理论进行动态偏误分析，揭示韩国学生不同介词的偏误规律。各章的主要结论如下①。

1.介词"把"基本与韩国宾格助词"을/를"对应，但这仅是汉语到韩语的单向对应情况。因为韩语宾格助词"을/를"在所有出现宾语的情况下都必须使用，而汉语介词"把"不是所有宾语都必须使用的介词，所以若以韩语到汉语的方向进行对比，韩国宾格助词"을/를"将不仅与介词"把"对应，还有大量与介词"把"不对应的情况。因此，单从对比的角度来预测韩国学生介词"把"的习得难度会出现一些问题。如果韩国学生在初级阶段认为介词"把"与韩语宾格助词"을/를"对应，的确会帮助他们暂时较容易地接受汉语介词"把"字句，但其后继学习中会出现很多问题，如受母语影响在不该用介词"把"的时候误用介词"把"；而对韩语中没有对应的介词"把"字句的特殊语义用法不了解，该用的时候又不会用介词"把"字句。所以，对于汉语介词"把"字句来说，汉韩对比的作用在初级阶段以后并不是非常大，若在教学中强调汉韩的对应关系反而会对韩国学生的深入学习造成不良的影响。

通过语料的考察分析得出，韩国学生汉语介词"把"字句的习得认

---

① 涉及的介词不同分类标识请参看相应章节。

知过程和规律是这样的：韩国学生对于介词"把"字短语的构成不存在问题，虽然其构成顺序与韩语相反，但韩国学生很容易接受汉语介词短语的构成规则①；汉语介词"把"字句中VP部分的构成是韩国学生习得的难点，其中VP部分为熟语式、复谓式、唯动式、状动式和动得式的介词"把"字句在韩国学生的输出中数量一直非常少，甚至没有出现，为未习得项目；VP部分为动结式、动介式、动趋式、动量式和动体式均在一上初现，但都到一下才达到习得标准，动宾式在一下初现并习得；在习得的几种形式中，韩国学生对于动结式、动介式的使用数量最多，而对于动趋式、动宾式、动体式和动量式的使用数量一直不多，说明韩国学生对这几种介词"把"字句式的使用是非常谨慎的。

通过韩国学生介词"把"字句动态偏误分析来看，韩国学生在使用介词"把"时最大的问题是出现较多的不完整表达。其原因是韩国学生对介词"把"字句的使用规则掌握得不好，虽有使用介词"把"字句的想法，但由于介词"把"字句使用的难度，往往到VP部分出现中断，从而放弃表达或选用其他句式来代替介词"把"字句。而在使用介词"把"字句时，韩国学生出现最多的偏误形式是遗漏：单纯介词"把"的遗漏多只出现在初学阶段，接触一段时间之后，韩国学生就很少会再出现介词"把"的遗漏；韩国学生出现遗漏最多的是介词"把"字句中VP的构成成分，说明介词"把"字句中VP部分的构成规则对于韩国学生来说是个难点。

2.介词"被"并不与韩语中的某个特定格助词完全对应。韩语表达被动的方式与汉语不同，韩语主要是靠助词和词尾黏着在句子的主要成分上，从而把主动句变成被动句来实现被动意义的表达：韩语句中的动词词根可以加上表被动的词缀"-이、-히、-리、-기"来构成被动句；以"하다"结尾的动词，也可以通过把"하다"换成"되다、받다、당하다"等来构成被动态；动词词干后添加惯用型"-게되다"及"-아/어/여지다"形成被动。所以，韩国学生习得汉语介词"被"字句不会依靠母语，而是把介词"被"字句作为一项新的语言项目来学习。

---

① 韩国学生对绝大部分介词短语的构成的理解和产出都不存在问题，除了一些与谓词性成分构成介词短语的情况，具体可参看第三章相关论述。

通过语料的考察分析得出，韩国学生汉语介词"被"字句的习得认知过程和规律是这样的：韩国学生在一上吸收和输出的是S_3和S_4，但对S_4的规模使用是滞后于习得的；一下的时候开始吸收和输出S_1，同时对S_3的习得进行巩固；二上开始吸收和少量输出S_6和S_5，并达到习得标准；到三年级基本稳定为S_1、S_3和S_4的常规输出，及S_6和S_5的少量输出。对于S_2，韩国学生几乎没有输出，为未习得项目。

通过韩国学生介词"被"字句动态偏误分析来看，韩国学生介词"被"的不完整表达也很多，说明介词"被"的使用对于韩国学生来说认知难度较高。在使用介词"被"字句时很明显地表现出以误代居多，六个学习阶段呈倒"U"形分布，这种偏误到三下都没有消失，是比较顽固的偏误，基本都是用介词"被"误代了相关结构。另外，韩国学生介词"被"的各种偏误类型的数量差别不大，没有出现像"把""比""跟""在"等其他介词偏误类型比较集中的现象。这说明介词"被"字句的构成和使用的各个方面对于韩国学生来说认知难度都比较高。

3.介词"比"与韩语中的格助词对应复杂，可与韩语中7类16个格助词"–보다、–보다는、–보다도、–와는/과는、–에 비해、–에 비하면、–에 비해서、–과 비교해、–만큼、–만한、–할 정도로、–이상가는、–이상으로、–이전과는、–대비、–에"对应。但从数量上来看，介词"比"与"–보다"及相关变体形式的对应占绝对优势，与"–에 비해"及相关变体形式的对应占据第二位，与"–만큼"及相关变体形式的对应占据第三位，与其他格助词对应的数量都比较少。从对比预测的角度看，韩国学生是把韩语中繁杂的格助词形式对应到汉语中的一个介词"比"，其难度系数应该是比较低的。但实际上汉语介词"比"字句的构成与韩语存在一定差异，其中最大的差异是汉语介词"比"字句中出现程度修饰语时的语序与韩语不一致。韩语可以直接把程度修饰语以副词的形式加在形容词前，而汉语除了"更""还"等，大多是以补语的形式出现在形容词之后。这给韩国学生造成的困扰最大，受此影响产生的偏误也最多。

通过语料的考察分析得出，韩国学生介词"比"的习得认知过程和规律是这样的：一上的课堂上初现并习得了C_1，一下达到使用的高峰，但其使用中的偏误伴随始终；一下初现并习得了C_2和C_4，但C_2在此阶段习得以后，再未出现在韩国学生的语料中，说明韩国学生虽习得了该项目，但很少在自由表达中使用这种结构。C_4在二年级的使用达到顶峰，二下偏误一度消失，三上少量出现后，三下再度消失；C_3在一上初现，但直到二上才达到习得标准并完全习得，且并无偏误，说明C_3虽然习得较晚，但韩国学生掌握得不错。

通过韩国学生介词"比"字句动态偏误分析来看，介词"比"字句使用的基本语序对于韩国学生来说不是问题。韩国学生可以迅速调整其母语的语序策略来适应汉语的语序策略。但汉语介词"比"字句中出现程度修饰语时的语序是韩国学生习得的难点，其原因有二：一是韩语中的语序是直接把程度修饰语以副词的形式加在形容词前，与汉语介词"比"字句不一致；二是汉语中除了"比"字句以外，其他情况下的程度修饰语也都加在形容词前。因此，韩国学生就很容易在使用介词"比"字句时出现程度修饰语的误用。

4.介词"从"在表意上有四种用法，它们与韩语格助词的对应规律是："从$_1$"与"–부터、–에서、–에게서、–으로、–로"等对应，"从$_2$"与"–부터、–로 부터、–에서、–에게서、–에게、–으로、–로"等对应，"从$_3$"与"–부터、–로 부터、–에서、–으로、–로"等对应。"从$_4$"可与"–부터、–에서、–으로、–로"等对应。这些格助词中有一些也对应于介词"在"，容易造成韩国学生的混淆。从总体上看，汉语介词"从"与韩语格助词仍然是一对多的对应关系，从韩语到汉语的习得难度应该较低。不过，介词"从"各种用法在与韩语对应时有较多交叉，这对韩国学生区别介词"从"的不同用法可能造成影响。另外，"从$_4$"需要构成介词框架"从……来看"，而韩语中没有完全对应的形式，其对应只是介词"从"与韩语格助词的对应。因此，"从$_4$"介词框架对于韩国学生来说认知难度可能较高。

通过语料的考察分析得出，韩国学生介词"从"的习得认知过程和规律是这样的：韩国学生在一上初现并习得了"从$_1$"和"从$_2$"。其中"从$_1$"在课堂上初现，在口语考试中达到习得标准，并在二上达到使用的高峰。"从₁"偏误一直存在，到高年级更盛，初期以遗漏为主，后期以与"在"的误代为主。"从₂"在一上的课堂上初现并习得，使用频率一直是最高的，说明"从₂"的习得认知难度较低，韩国学生最容易掌握。偏误一直存在，跟"从₁"的偏误情况一样，初期以遗漏为主，后期也以与"在"的误代为主。"从₃"在一上初现，数量不太多，到一下才完全习得，可见其认知难度比"从₁"和"从₂"高一些，韩国学生需要一定时间来吸收内化这两种用法。"从₄"在一下的口语考试中才出现3例，刚达到初现率标准，直到三上的口语考试中才出现较多用例，而且偏误较多，说明"从₄"对于韩国学生来说认知难度最大，韩国学生对这一用法的吸收内化时间最长，这也印证了从汉韩对比做出的预测。

　　韩国学生介词"从"的偏误并不太多，但从动态偏误分析看，韩国学生在介词"从"的习得过程中表现出较明显的特点。首先他们不会出现介词"从"使用的语序问题，但对于介词"从"的框架构成意识比较薄弱，尤其是介词"从"与相关方位词的搭配①，以及"从……来看"介词框架的使用方面存在问题。其次，对汉语中介词"从"必用、必不用和可用可不用的区别掌握得非常不好，因为在韩语中不存在这样的区别。介词"从"的这些区别对韩国学生来说是有标记的，存在一定认知难度。最后，在介引空间成分方面，韩国学生也容易混淆介词"从"和"在"的使用，因为在韩语中它们对应的韩语格助词是一样的。

　　5.介词"对"在韩语中的对应情况也很复杂，它共与6大类14个格助词"-에、-에서、-에게（-한테）、-에대해、-에대해서、-에대한、-에관한、대상（상대）-로、-관련해、-향해、-데는（-대해서는）、-（하는）데、-로부터、-（으）로서"对应，而且介词"对"的6种用法在韩语中的对应也有非常多的交叉。与"对₆"有交叉关系的"对于"在韩语中可对应于"-에대한/에대해"，但多数情况下"对于"仍可对应于"에"。介词框架"对……来说"与韩语对应的格助词形式"-에/에게는/에게"也同样对应于介词"对"的其他用法。从对比分析可以看出，在韩语中介

---

① 介词框架构成意识的薄弱是韩国学生的一个普遍现象，因此而产生的介词框架构成成分的遗漏比较多，尤其是涉及方位词作为框架构成成分的时候。

词"对"不同表意用法没有详细区分。这不仅体现在对应的韩语格助词有很多的交叉，还体现在句中动词的使用限制：汉语介词"对"对不同用法中动词的类别和形式有具体要求，这属于汉语介词"对"使用时的特殊限制，而韩语中则没有相关限制。另外，这些韩语格助词也会对应于汉语介词"跟、给、向"等，容易造成韩国学生对这些介词的混淆。

通过语料的考察分析得出，韩国学生汉语介词"对"的习得认知过程和规律是这样的：韩国学生在一上就已习得"对$_3$""对$_5$"，这是韩国学生使用得最多的用法，数量较多，同时偏误也一直存在；"对$_2$"在一上初现，但模仿的痕迹很重，到一下韩国学生才完成对它的习得，且偏误较为严重，直到三年级偏误状况才有所改善；二上韩国学生习得了"对$_4$"和"对$_6$"，但其使用数量较少，偏误相对也较少；而对于"对$_1$"的使用只是间歇性地出现零星用例，其习得状况仍需大规模的语料样本进行验证。从时间跨度上看，韩国学生对介词"对"的习得周期是较长的。

从动态偏误分析看，由于受母语及汉语介词使用规则的双重影响，韩国学生很难区别"对"与"跟、向、给"等介词的用法，他们经常在使用中混淆这几个介词。另外，韩国学生容易忽略介词"对"与句中动词的搭配限制，从而产生介词"对"的误加和误代。而对于"对……感兴趣""对……来说"等固定搭配和介词框架，由于在韩语中没有完全的格式对应，韩国学生很容易遗漏格式中的后半部分。

6.介词"给"不同用法在韩语中的对应以"-에게"为主，其次是"-에"。这同时也是其他介引对象成分的介词，如"对、跟、向"等的主要对应形式。不过，韩语对于汉语介词"给"的不同句式用法没有明显的区别，其中介词"给"使用中的两个最重要的区别——置于动词前还是置于动词后，以及进入句式的动词限制，在韩语中的区别都不是特别明显。虽然置于动词后的介词"给"的用法在韩语中可以用"-에게…주다"搭配的形式，但也可以只用"-에게"。相对来说韩语中的表达是比较灵活的，不像汉语中那样有严格的规定。另外，汉语"给$_3$"和"给$_4$"的区别在韩语中也没有明显体现。这些都是影响韩国学生习得的重要因素。

通过语料的考察分析得出，韩国学生介词"给"的习得认知过程和规律是这样的：韩国学生在一上就已习得了"给$_1$"和"给$_2$"，其中"给$_1$"在课堂上就达到初现率标准，"给$_2$"是课堂上初现，口语考试中才达到习得标准。二者都是二上达到使用的高峰，同时偏误开始减少，三年级进入平稳期。"给$_3$"在一上的口语考试中初现，一下的课堂上达到习得标准，但使用频率一直不高；"给$_4$"也是在一上的口语考试中初现，但直到二上才达到习得标准，之后一直未再使用，所以其习得状况仍需较大语料样本进行验证。

从动态偏误分析看，一下和二上是韩国学生偏误的高发期，之后偏误明显减少。韩国学生对介词"给"的偏误很明显地集中在介词"给"与其他介词的误代和介词"给"的误加上。尤其是当句中动词为离合词、及物动词等不能用介词介引宾语的情况，韩国学生很容易误加介词"给"。这说明介词"给"使用中的动词限制对韩国学生来说认知难度较高，容易出现偏误。同时，韩国学生对介词"给"与相关介词的区别不是非常了解，这与介词"给"和相关介词介引对象成分时跟韩语格助词对应基本一致有很大关系。

7.汉语介词"跟"的六种用法在韩语中对应"–와、–과、–와의、–에게、–에게서、–처럼"等少数几个格助词，其中"跟$_1$"主要与"–와、–과"对应，"跟$_2$"主要与"–와、–과、–에게"对应，"跟$_3$"主要与"–와、–과"对应，"跟$_4$"主要与"–와、–과、–에게、–처럼"对应，"跟$_5$"主要与"–와、–에게"对应，"跟$_6$"主要与"–에게서"对应。从语料考察来看，汉韩语使用中更多的是不对应的情况，尤其是"跟$_4$"和"跟$_5$"的用法，绝大部分都是采取意译的方式。

通过语料的考察分析得出，韩国学生汉语介词"跟"的习得认知过程和规律是这样的：韩国学生在一年级阶段就已经习得了介词"跟"的前五种用法，"跟$_1$"在一上的口语考试中超过初现率的标准，下学期开始使用频率猛增，使用频率很高，偏误从二年级开始基本消失；"跟$_2$"一上即达到初现率标准，使用频率较高，偏误率也很高；"跟$_3$"在一上初现，但在一下才达到初现率标准，使用频率和偏误一直较平稳；"跟$_4$"在一上口语考试中超过初现率标准，下学期开始使用频率猛增，但偏误率较高；

"跟₅"在一上口语考试中达到初现率标准，总体来看口语考试中的输出频率高于课堂上的输出频率。而对于"跟₆"这样非常口语化的用法，韩国学生基本会用其他介词来代替，在交际中很少使用，所以一直未达到初现率标准。总体而言，介词"跟"对于韩国学生来说认知难度不高，韩国学生的掌握比较好。

从动态偏误分析看，韩国学生介词"跟"最严重的偏误是遗漏。而且韩国学生在口语考试中出现的偏误远多于韩国学生在课堂上出现的偏误。这说明在使用的过程中韩国学生有很多隐匿的问题，在课堂上没有表现出来，但在考试自由表达时就会暴露出来。另一个比较突出的表现是介词"跟"与其他介词之间的误代。

8. "向₁"介词短语置于动词前时，主要与韩语格助词"-으로、-로、-에게、-에"等对应；置于动词后时，主要对应于韩语格助词"-으로、-로、-에게、-에、-을 향해"等，置于动词之后时对应的韩语形式比置于动词之前多一些。"向₂"介词短语置于动词前时，主要与韩语格助词"-으로、-에게、-에선、-을 향해、-에"等对应；置于动词后时，主要与韩语格助词"-으로、-에게、-을 향해、-를"等对应，两者有一些不交叉的情况。"往"介词短语置于动词前时，主要与韩语格助词"-으로、-로、-에"等对应；置于动词后时，主要与韩语格助词"-으로、-로、-에、-를"等对应，也比置于动词前时的对应形式多一个。但是这些格助词的使用频率不高，不同的格助词对应并不足以区别汉语介词短语置于动词前后的用法，而且从韩语的语序看，其格助词短语都是置于动词之前的，没有置于动词之后的情况。介引对象成分的"向₂"在韩语中的对应与其他两个介词不同，这是因为在韩语中格标记的功能是不能混淆的，对象标记、方向标、起点标互相没有兼容性。所以，在韩国学生的习得中对"向/往"不同功能的分化在一年级阶段就完成了。同时，"向₂"字短语置于动词前和置于动词后与韩语的对应也有较多的不同。这说明在介引对象成分时，韩语的表达是比较复杂的。这也是韩国学生在使用介引对象成分的介词时容易出错的原因之一。

通过语料的考察分析得出，韩国学生汉语介词"向/往"的习得认知过程和规律是这样的：韩国学生在一年级阶段就已习得介词"向$_2$、往"，但对这两个介词的使用频率一直不高。从一下开始，韩国学生对这两个介词的功能就开始有比较明确的分工，"向$_2$"主要介引指人成分，而介引指物成分时更多运用"往"来完成。对于介词方向成分的"向$_1$"在一上口语考试中初现，但一直都是零星使用，直到二下的口语考试中才达到习得标准。

从介词"向/往"的动态偏误分析看，韩国学生的偏误主要集中在介词"向"上，介词"往"几乎没有偏误，这与介词"向"是有标记的，介词"往"是无标记的有关。这证明有标记的语言项目相对于无标记的语言项目，其认知难度要高。而介词"向"的偏误主要集中在"向$_2$"的使用中，也即"向"在介引指人的对象时，韩国学生很容易出现偏误，其偏误的主要根源是韩国学生对介词"向"与句中谓词的搭配规则不是很了解，容易用"向"误代其他介词。在"向$_1$"使用中的偏误则以遗漏动词后的"向$_1$"及与之搭配使用的方位词为主。

9.介词"在"与韩语格助词的对应相对比较简单，最常见的对应形式是"–에、–에서"，当"在$_3$"与"–에"对应时与汉语介词"对、向、跟"等有交叉，这种交叉对应势必会对韩国学生使用介词"在$_3$"造成一定影响。介词"在"的使用中涉及很多介词框架，这些介词框架在韩语中的对应比较复杂，它们大多与韩语中的某个结构对应，但其对应只是意义方面的对应，在形式上差别很大。其中最重要的是"在"介词框架都是分开的，而对应韩语的只是某个成分，不是分开的框架。在语序方面，汉语介词"在"字短语可置于动词前也可置于动词后，但其语序的自由是有动词的限制来制约的。而韩国学生往往对句中动词的制约不太注意，从而容易出现偏误。

通过语料的考察分析得出，韩国学生汉语介词"在"的习得认知过程和规律是这样的：韩国学生在一上初现并习得"在$_1$""在$_2$"和"在$_3$"，其中"在$_1$"的输出一直比较稳定，且偏误不太严重；"在$_2$"一直是介词"在"所有用法中使用频率最高的，初级阶段偏误较多，中高级阶段的偏误才明显改善；"在$_3$"在口语考试中的偏误较严重，直到三年级阶段韩国学生的偏误状况才有所改善，说明韩国学生"在$_3$"使用中的问题较多。

韩国学生直到一下的课堂上才初现并习得"在₄",但其格式化倾向比较明显,口语考试中仅出现1例正确用例。然后直到三年级才又出现用例,且使用频率非常低。"在₅"的使用一直未达到初现率标准,为未习得项目。

从动态偏误分析可以看出,韩国学生在使用介词"在"时最严重的偏误是遗漏,主要都是介词"在"和方位词的遗漏,这些遗漏涉及介词"在"的大部分用法,但"在₂"使用中的遗漏最多。另外,其他偏误类型在韩国学生的输出中都有呈现,说明韩国学生在使用介词"在"的各个方面都存在问题。尤其是其他很多介词都没有的错序,在介词"在"的使用中也并不少,且主要是介词短语与动词短语之间的错序。这与汉韩语对比差异得到的预测并不一致,深层的原因请参看周文华(2014)。

二、十个介词习得状况的纵向对比①

纵观韩国学生对十个介词的习得状况,可谓各有特点,规律有相同也有不同之处。下面从频率、正确率和偏误类型三个维度对这十个介词的输入、输出情况进行横向对比,以发现韩国学生习得汉语介词的整体规律。

（一）输入与输出频率的对比

首先,把十个介词的输入与输出情况汇总成表10-1。

表10-1　十个介词输入、输出汇总表

介词	教师课堂输入		学生课堂输出		学生考试输出		学生输出频率合计	考试与课堂输出频率差	输出与输入频率差
	用量	频率	用量	频率	用量	频率			
把	4998	14.601	169	6.157	91	3.287	4.716	−2.87	−9.885
被	934	2.727	104	3.789	82	2.962	3.374	−0.827	0.647
比	1044	3.05	109	3.971	165	5.96	4.970	1.989	1.920
从	1804	5.267	156	5.683	146	5.274	5.478	−0.409	0.211
对	2760	8.058	341	12.423	392	14.16	13.295	1.737	5.237
给	2851	8.323	245	8.926	218	7.875	8.398	−1.051	0.075
跟	3343	9.76	329	11.986	454	16.4	14.202	4.414	4.442

---

① 以下两节主要内容以"基于课堂和考试实录语料的韩国学生介词习得考察"为题发表于《对外汉语研究》2018年第1期(总第18期)。

续表

介词	教师课堂输入		学生课堂输出		学生考试输出		学生输出频率合计	考试与课堂输出频率差	输出与输入频率差
	用量	频率	用量	频率	用量	频率			
向/往	845	2.467	43	1.567	57	2.059	1.814	0.492	−0.653
在	12527	36.572	974	35.484	1189	42.951	39.233	7.467	2.661

注：教师课堂输入频率＝输入数量/教师课堂输入总字数（3 425 314），学生课堂输出频率＝输入数量/学生课堂输出总字数（274 489），学生考试输出频率＝输出数量/学生考试输出总字数（276 827）；学生输出频率合计＝（学生课堂输出量+学生考试输出量）/学生课堂输出与考试输出语料总字数（551 316）；考试与课堂输出频率差＝学生考试输出频率−学生课堂输出频率；输出与输入频率差＝学生输出频率合计−教师课堂输入频率；表中频率都是万分位的。

介词"对"和"跟"的输出频率是超常的，分别比教师课堂输入频率高出了5.237/10000和4.442/10000；介词"在"和"比"的输出频率也远高出教师课堂输入频率2.661/10000和1.920/10000；介词"把"的输出频率是超低的，比教师课堂输入频率低了9.885/10000；介词"向/往"的输出频率也低出教师课堂输入频率0.653/10000；介词"被""从"和"给"仅比教师课堂输入频率高了万分之零点几，是与教师输入频率比较接近的三个介词。

频率在二语习得中起着至关重要的作用（Ellis N，2002；文秋芳，2003a）。从输入与输出频率的对比可以看出，韩国学生在习得中倾向于使用介词"对""跟""在"和"比"，尤其是介词"对"，韩国学生泛化使用的倾向很明显。周文华（2011a）和周文华、李智惠（2011）根据书面语料考察也得出相同的结论，可参看。而对于介词"把"和"向/往"，尤其是介词"把"韩国学生的使用不足是很明显的。若单从频率上看，只有介词"把"和"向/往"的使用量较少。从汉韩对比的角度找原因那就是介词"把"在韩语中的对应简单，而在汉语中介词"把"的使用复杂，介词"把"对于韩国学生来说是有标记的语言项目，学生自然难以习得。"向/往"在韩语中对应的方向格标记、位移格标记、起点格标记各有分工，而且很多并不能完全对应，所以韩国学生使用介词"向/往"的意识不强；另外，介词"向"介引对象成分时对应的韩语对象格标记与方向格标记冲突，韩国学生会回避使用介词"向"介引对象成分，而改用"对""跟"

或"给"等介词替代。

（二）正确率情况对比

把十个介词的正确率情况汇总成表10-2。

表10-2　十个介词输出正确率汇总表

介词	韩国学生课堂输出正确率				韩国学生口语考试输出正确率				考试与课堂输出正确率差
	总用例数	正确用例	偏误用例	正确率	总用例数	正确用例	偏误用例	正确率	
把	169	134	35	0.793	91	65	26	0.714	-0.08
被	104	66	38	0.635	82	53	29	0.646	0.011
比	109	82	27	0.752	165	118	47	0.715	-0.04
从	156	133	23	0.853	146	111	35	0.76	-0.09
对	341	287	54	0.842	392	304	102	0.776	-0.07
给	245	222	23	0.906	218	202	16	0.927	0.021
跟	329	286	43	0.869	454	390	64	0.859	-0.01
向/往	43	36	7	0.837	57	53	4	0.93	0.093
在	974	866	108	0.889	1189	1063	126	0.894	0.005

注：学生课堂输出正确率＝课堂输出正确用例数/课堂输出总例数，学生口语考试输出正确率＝考试输出正确用例数/考试输出总用例数，口语考试与课堂输出正确率差=韩国学生口语考试输出正确率-韩国学生课堂输出正确率，表中正确率都是百分位的。

单从韩国学生的正确率情况汇总来看，两种语境下正确率都在0.8以上的有"给、跟、向/往、在"，说明韩国学生对这5个介词掌握得最好；两种语境下正确率在0.7以上的有"把、比、从、对"，说明韩国学生对这4个介词掌握得还可以；介词"被"在两种语境下的正确率都不超过0.65，说明韩国学生总体上对介词"被"的掌握最不好。

而从两种语境下正确率的对比来看，介词"把、比、从、对、跟"在口语考试中的正确率低于课堂上的正确率，说明韩国学生对这些介词掌握中的隐匿问题比较多。这是因为在课堂上学生有足够的思考时间，可以有教师话语、教材等作为输出的参照，而且学生在不确定的情况下也可以不输出。但在口语考试中学生的输出具有强制性，思考的时间少且无教师话语和教材等作为参照。所以，口语考试中的正确率往往能暴露出更多的问题。

（三）偏误类型分析

把不同介词的不同偏误类型数据汇总成表10-3。

表10-3　十个介词偏误分布汇总表

介词	误代	误加	遗漏	错序	其他	合计
把	7	1	18	1	34	61
被	17	12	11	7	20	67
比	38	4	2	3	29	76
从	16	11	27	0	4	58
对	33	63	33	8	19	157
给	23	15	0	4	1	43
跟	22	14	62	19	3	120
向/往	7	1	2	1	0	11
在	33	28	117	48	15	241
总计	196	149	272	91	125	834

从表10-3的总计可以看出，在偏误类型方面，韩国学生使用介词时遗漏现象最严重，其次是误代和误加，其他类偏误位居第四位（这是口语语料独有的特点，原因见上文），而错序不是韩国学生使用汉语介词时的易犯错误。

不过各个介词在偏误类型的表现上也呈现出不同的规律。其中介词"把""被""比"的其他类偏误相当多，前面章节已经指出这些其他类偏误多是一些不完整表达，说明韩国学生对这三个介词构成的特殊句式的使用存在很多的不确定性，从而导致使用中断。介词"对"和"在"也有不少其他类偏误，如前文所述，这些往往是韩国学生在不该用这两个介词的时候用了这两个介词所致，是这两个介词泛化使用的一个表现。其他类偏误是学生未正确使用相关介词时的偏误，只能说明韩国学生使用这些介词的难度较大。考察韩国学生介词具体使用当中的困难，还要从误代、误加、遗漏和错序四个角度出发。

在四种偏误类型中，介词"把""从""跟""在"最典型的偏误是遗漏，这些介词使用时往往涉及一些韩语中没有的特殊规则，或对句中动词结构有要求，或构成特定的介词框架，韩国学生对这些规则不清楚就会出现遗漏。但如前面各章的分析可以看出，单纯的介词遗漏很少，且只会出现在初级阶段，而中高级的介词遗漏必是受诸如框架结构等因素影响的；介词"比""给""被""向/往"最典型的偏误是误代，这些介词误代偏误都是与相关介词或动词等混淆产生的，其中介词"比""被"较易误代其他动词，介词"给""向/往"较易误代或误代为其他介词；介词"对"最典型的偏误是误加，即不该用介词"对"的地方用介词"对"来介引相关成分，韩国学生有泛化使用介词"对"的倾向，具体原因第五章已有阐述，此处不再赘述。另外，虽然错序不是介词的典型偏误，但需要注意的是介词"在""跟"的语序偏误也是相当严重的，这两个介词的错序占据了十个介词错序总和的73.6%，需要引起教学的注意，其深层原因第七、九章已有阐述，另可参看周文华（2014）。这些偏误规律对针对韩国学生的课堂教学有很好的参考价值。

可见，考察的十个介词的难度不同，而且各个介词的习得和偏误规律也不同，不能完全按照汉韩对比的结论对韩国学生的习得和偏误规律做出完全一致的预测。韩国学生习得过程的认知心理因素更为重要。从总体来看，韩国学生的介词习得中介词短语的句法位，介词短语与句中动词的搭配，以及部分介词的表意是难点，而介词短语的构成以及语序不是难点。

三、对普遍性规律及相关习得理论的认识和思考

通过对这十个汉语介词的汉韩对比及韩国学生的习得认知过程考察，本书发现了一些普遍性的习得规律，同时对一些相关习得理论有了新的认识和思考。

1.介词在口语和书面语中的差别

从本书的考察和对比来看，无论是外国学生还是汉语母语者，其口语中的介词使用频率都要低于书面语中的使用频率。本书考察的十个常用介词中有"比、从、对、跟、向/往、在"都是这种情况，而且有一些在口语中的使用频率要远低于书面语中的使用频率；两种语体语料中使用频率接近的只有"把"和"给"；在口语中使用的比书面语中多的只有"被"，但口语中输出的介词"被"的用法不如书面语全面，比如S_2在口语语料中几乎没有出现。

另外，考察韩国学生的口语语料，会发现很多书面语料无法发现的问题。其中最突出的就是对于外国学生监控和情感过滤表达的揭示。在书面表达时，外国学生会有意识地对输出的句子进行监控，过滤掉一些不完整的或不确定的表达；而口语表达时，学生用于监控的时间少，从而产出较多的不完整表达。这也是本书考察得出一些介词输出中那么多其他类偏误的内部认知原因。

2.汉韩对比的复杂性

汉语介词和韩语格助词不是一一对应的。韩语格助词不多，同一个格助词可以表示多种意义。因此在韩语中格助词就存在形态和意义的复杂对应关系。这种复杂的对应关系再扩展到汉韩对应中就会越发复杂。比如朴德俊、朴宗汉（1996）指出韩语宾语在汉语中表达时一定要加上相关的格助词，但其对应到汉语中有的是介词，有的是连词。朴昌洙（2005）以韩国语格助词"–에""–에서"及与其对应的汉语介词的研究为中心进行研究，结果他发现在很多情况下，"–에""–에서"在汉语中并不是用介词形式来表达，而是用其他词语来表达的。

撇开与介词不对应的情况，在对应时韩语格助词与汉语介词的对应关系有一对多的对应，如"에"可以对应汉语介词"给、对、向、跟"，"–에서"可以对应汉语介词"从、在"；还有多对一的对应，如"–부터""–에서""–에서부터""–으로"等可对应于汉语介词"从"。这要比单个介词的汉韩对应复杂得多，这种复杂的对应关系就容易导致韩国学生在使用中产生汉语介词间的误代。

再如汉韩语序截然不同，但这种语序的不同不是导致韩国学生偏误的主要因素，反而是汉语中的语序规则会困扰学生，比如汉语中有些介词短语可置于动词前也可置于动词后，韩国学生往往不清楚介词短语置于动词前、后的规则限制，从而导致语序偏误。因此，不能完全按形式的对比预测韩国学生介词的习得难度。

3.教师输入与学生输出之间的相关性

本书考察的十个介词除了"把、对"以外①，其他8个介词的课堂输入与输出频率都不存在显著差异。即使是介词"把、对"，其输入与输出频率虽然在统计学意义上存在显著差异，但它们在不同学习阶段的波形变化也跟其他介词一样是基本一致的。这说明输入与输出之间的相关性很大。学生的输出不会完全背离教师输入的变化规律，因为输入和输出的背后都是以交际规律为核心的。

Gass（1988）把输入分为"感知的"和"理解的"两种，这可以解释为什么教师的一些输入没有完全被韩国学生吸收进而输出的现象。拿韩国学生课堂环境下介词"比"字句的习得情况考察为例，韩国学生的吸收和输出总是滞后于教师的输入。比如一年级上下学期时，教师在课堂上都输入了介词"比"字短语后有动词以及加"更、还"的句式，但这些格式超出了韩国学生的接受范围，韩国学生没有把这些内容吸收和融纳进自己的知识体系，从而也达不到自然输出。从介词的习得考察来看，大部分介词的输入都要超前于输出。因此，若想让输入更利于输出，就应该研究学生的输出规律，从而让输入更切合输出的基本规律。

4.教学输入对习得的影响

学界普遍的观点是输入对于习得是有影响的，国外很多学者进行过输入对习得影响的研究，如Krashen（1982，1985），Pienemann（1984，1985，1998，2015），Gass（2003），Piske，Thorsten 和 Young-Scholten（2009）等。其中Krashen（1982）最早提出"i+1"的输入假设。Pienemann（1984，1985，1998，2015）考察了正式的课堂教学对特定的语法结构习得的影响，并据此提出了"可教性假设"（The Teachability Hypothesis）。可教性假设的一个核心是课堂上教师教授的应该是学生可能理解和接受的语法项目，若是完全超出学生接受范围的内容，课堂上的教授起到的作用不大。

从本书的考察看，教学输入的确要符合韩国学生的习得状况，若不

---

① 上文已经讨论过"把"是输出严重不足的，"对"是输出严重超量的。

符合韩国学生的习得序列，即使教学中的输入再多，韩国学生最多也只是临时模仿，最终并不会真正习得。如介词"被"字句中加助词"给"的用法，韩国学生只在教师大量输入的一下有一定量的输出，但之后学习阶段的输出中再未出现介词"被"字句中加助词"给"的用法。再如介词"把"字句中熟语式和表纯致使义的"把你+形+得"的用法更是如此，即使是在教师持续输入的情况下，韩国学生也是输出寥寥。

5.学生输出对习得的影响

关于这一论题，学界也有很多的讨论。比如Swain（1985）的研究发现，没有输出配合的输入效果并不理想，语言输出在二语习得过程中起着输入无法取代的重要作用，并进而提出了"可理解输出假设"（Comprehensible Output Hypothesis）理论，提高了输出在语言习得中的地位。Swain（1993，1995）继续对"可理解输出假设"进行耕耘，完备了"可理解输出"的理论体系。Gass（1988）主张的二语习得综合模式包括五个环节：被感知的输入（apperceived input），被理解的输入（comprehended input），吸引（intake），整合（intergration）和输出（output），这其中输出也被摆在了很重要的位置。近年来"输出假设"的研究也逐渐采取认知的角度进行分析（张灿灿，2009）。

本书也充分证明这些研究结论的可靠性。比如对"在$_2$、在$_3$"的习得考察就很好地证明了这些论断，"在$_2$"和"在$_3$"的正确率都是处于上升通道的，但"在$_2$"的输出频率远高于"在$_3$"的输出频率。因此，其正确率的提高速度也高于"在$_3$"的正确率。所以，输出量对正确率是有一定贡献的，正所谓量变影响质变。另外，根据本书的考察，"跟$_4$""在$_2$"的偏误也是随着输出数量变化的：在输出数量较少的时候，一些偏误并不会表现出来；而当输出数量增加以后，会表现出更多的偏误。这些偏误的出现，不是学生习得的后退，反而是学生习得的进步。因为学生的习得是在不断地试误过程中发展的。学生的输出也一定是按学生的内在习得规律发展的，虽然输出有时会出现偏离现象，但这种偏离的幅度不会太大也不会太远，会很快回归习得的主线。

6.语言环境对学生输出的影响

通过本书的考察发现，韩国学生在不同语言环境下的输出情况并不一致。不同语言环境下的输出可比性较弱，但相同语言环境下输出的关联性较强。同一语言环境下的对比可以发现较明显的规律，跨语言环境对比的规律性要差很多。这说明环境对学生的输出有一定的影响。从理论上讲，教学环境应该比口语考试环境宽松，按照Krashen的理论，其监控和情感过滤也不同。本书考察发现，一半以上的介词在课堂上的输出正确率要高于口语考试中的正确率，这印证了Krashen的理论。但从整个输出的情况来看，韩国学生没有特别表现出在教学环境下的输出要绝对好于口语考试环境下的输出。这是因为在不需要强制性的输出环境下，韩国学生可能惰于输出，而在口语考试有压力的环境下，学生会对已习得，甚至未完全习得的知识加强输出。

从多个介词的考察来看，课堂上的输出与口语考试中的输出不一致，尤其是在偏误的表现上。总体而言，课堂上的输出环境要比口语考试中的输出环境宽松，学生可以模仿教师、教材的输入，也可以模仿其他同学的输出，同时他们还有较充足的时间思考。因此对输出语言的监控和情感过滤就强，输出语言的正确率相对就高。而口语考试中，学生没有模仿教师、教材的输入和其他同学输出的可能，仅能模仿口语考试中的话题说明或指令等，同时也没有充足的时间思考，所以其输出的往往是学生的内在语言知识。可见，口语考试中的正确率更能说明学生对某一语言项目的掌握状况。如上文所述，有很多介词，如"把、比、从、对、跟"等在口语考试中出现的偏误明显多于课堂上的偏误，说明韩国学生对这些介词的使用有较多隐匿问题。

7.对于二语习得数据统计方法的思考

数据统计是一种很科学的分析手段，是定量分析的核心，但有时数据也会给人造成假象。在SPSS统计中，只要输入数据SPSS就可以统计出结果。但这一结果是否与研究内容是切合的，还是需要结合实例进行分析。即，二语习得研究数据分析必须加上实例的考察才能佐证数据的真实性和有效性，比如介词"向/往"在韩国学生口语考试中的输出频率和正确率都相对较高，但分析实例就会发现这是韩国学生重复使用造成的。如果去掉那些重复的句子，学生输出中的有效例句并不太多。因此并不能完全说明韩国学生在口语考试中的表现要好于课堂上的表现。另外，还有一些介词，如"把""被"等的一些用法在一年级的正确率都是百分之百，韩国学生在一年级对"从$_3$""从$_4$""给$_1$"等框架结构的使用正确率也都较高，但分析学生的实例就会发现这些用例多是学生模仿教师或教材中的句子，属于模仿性的格式化输出，其正确率当然就会比学生自然使用时要高。这些都说明定量分析时要结合实例分析的重要性。

总之，二语习得研究是一项复杂、涉及面广的工作，需要在研究中注意的因素和变量很多，若研究时考虑不周往往会导致研究结论的偏差。

参考文献

[1] 白莲花, 2011. 韩汉语语序类型对比研究 [D]. 上海: 上海外国语大学博士学位论文.

[2] 白荃, 1992. 论作主语的介词结构 "从……到……" [J]. 汉语学习 (1): 24-27.

[3] 白荃, 1995. 外国学生使用介词 "从" 的错误类型及其分析 [J]. 北京师范大学学报 (6): 92-97.

[4] 北京语言学院句型研究小组, 1989. 现代汉语基本句型 [J]. 世界汉语教学 (1): 26-35.

[5] 卜佳晖, 2004. 课堂词汇输入探微 [J]. 语言教学与研究 (2): 70-76.

[6] 蔡金亭, 朱立霞, 2010. 认知语言学角度的二语习得研究: 观点、现状与展望 [J]. 外语研究 (1): 1-7.

[7] 蔡芸, 2009. 输入与输出方式对二语习得的影响 [J]. 现代外语 (1): 76-84+110.

[8] 曹志希, 1998. 论英语课堂教学中的输入输出平衡模式 [J]. 解放军外语学院学报 (5): 79-84.

[9] 陈昌来, 2002. 介词与介引功能 [M]. 合肥: 安徽教育出版.

[10] 陈珺, 周小兵, 2005. 比较句语法项目的选取和排序 [J]. 语言教学与研究 (2): 22-33.

[11] 陈伟, 2013. 介词 "给" 的句法语义语用分析 [J]. 佳木斯教育学院学报 (9): 67+72.

[12] 陈晓蕾, 2012. 介词 "向" 和 "往" 的图式差异考察 [J]. 海外华文教育 (4): 408-415.

[13] 陈信春, 1990. "在+NP" 的 "在" 的隐现 [J]. 殷都学刊 (1): 85-93.

[14] 陈重瑜, 1983. "在+处所" 的几个注脚 [J]. 语言研究 (1) 244-245: .

[15] 程相文, 周翠琳, 1992. "把" 字句的课堂教学 [J]. 世界汉语教学 (4): 307-308.

[16] 储泽祥, 1996. "在" 的涵盖义与句首处所前 "在" 的隐现 [J]. 汉语学习 (4): 33-36.

[17] 储泽祥, 1997. 现代汉语的命名性处所词 [J]. 中国语文 (5): 326-335.

[18] 储泽祥, 2004. 汉语 "在+方位短语" 里方位词的隐现机制 [J]. 中国语文 (2): 112-121+191.

[19] 储泽祥, 2006. 汉语处所词的词类地位及其类型学意义 [J]. 中国语文 (3): 216-224+287.

[20] 丛琳, 2001. "给+NP" 中NP的语义范畴 [J]. 北京教育学院学报 (3): 13-19.

[21] 崔承一, 1983. "给" 字和它的宾语 [J]. 延边大学学报 (社会科学版) (2): 71-79.

[22] 崔健, 1999. 韩汉方位隐喻对比 [J]. 延边大学学报 (哲学社会科学版) (4): 129-132.

[23] 崔健, 2000a. 韩汉经由点概念的表达形式对比 [J]. 延边大学学报 (社会科学版) (2): 83-85.

[24] 崔健, 2000b. 韩汉终点的表达形式对比 [J]. 东疆学刊 (1): 81-87.

[25] 崔健, 2006. 韩汉空间标记词的 "共用" 和 "通用" 现象 [J]. 汉语学习 (6): 52-58.

[26] 崔健, 孟柱亿, 2007. 汉韩语言对比研究 (1) [M]. 北京: 北京语言大学出版社.

[27] 崔健, 孟柱亿, 2010. 汉韩语言对比研究 (2) [M]. 北京: 北京语言大学出版社.

[28] 崔健, 孟柱亿, 2012. 汉韩语言对比研究 (3) [M]. 北京: 北京语言大学出版社.

[29] 崔健, 朴贞姬, 2006. 韩汉方向概念表达形式对比 [J]. 对外汉语研究

（2）：36-56.

［30］崔立斌，2006. 韩国学生汉语介词学习错误分析［J］. 语言文字应用
（S2）：45-48.

［31］崔希亮，1995.“把”字句的若干句法语义问题［J］. 世界汉语教学（3）：
12-21.

［32］崔希亮，1996.“在”字结构解析——从动词的语义、配价及论元之关系
考察［J］. 世界汉语教学（3）：32-42.

［33］崔希亮，2003. 日朝韩学生汉语介词结构的中介语分析［J］. 中国语言学报
（11）：105-124.

［34］崔希亮，2005. 欧美韩国学生汉语介词习得的特点及偏误分析［J］. 世界
汉语教学（3）：83-95+115-116.

［35］崔应贤，1981. 也谈“从…到…”结构——兼与张文周等同志商榷［J］. 郑
州大学学报（哲学社会科学版）（3）：25-30.

［36］崔云忠，何洪峰，2014.“从”的介词化及其发展［J］. 殷都学刊（1）：77-
84.

［37］戴曼纯，1997. 语言输入的类型及特点［J］. 湖南大学学报（2）：70-74+80.

［38］戴运财，2013. 二语习得研究中的认知理论分析［J］. 中国外语（5）：49-55.

［39］戴运财，戴炜栋，2010. 从输入到输出的习得过程及其心理机制分析［J］.
外语界（1）：23-30+46.

［40］邓永红，1999.“在X”格式及与“在X上”之比较［J］. 湖南教育学院学报
（4）：53-56.

［41］丁安琪，沈兰，2001. 韩国留学生口语中使用介词“在”的调查分析［J］. 语
言教学与研究（6）：18-22.

［42］董昕，王丹，张立杰，2012. 基于ACT认知模式的二语习得自动性的研究
［J］. 教育探索（11）：61-62.

［43］杜琳，2006. 第二语言习得过程的认知心理机制［J］. 山东外语教学（4）：
80-82.

［44］范继淹，1982. 论介词短语“在+处所”［J］. 语言研究（1）：71-86.

［45］范晓，1987. 介词短语“给N”的语法意义［J］. 汉语学习（4）：1-3.

[46] 范晓, 2001. 汉语的句子类型 [M]. 太原: 山西书海出版社.

[47] 傅雨贤, 1981. "把"字句与"主谓宾"句的转换及其条件 [J]. 语言教学与研究 (1): 27-44.

[48] 傅雨贤, 周小兵, 1997. 现代汉语介词研究 [M]. 广州: 中山大学出版社.

[49] 高丙梁, 陈昌勇, 郭继东, 2007. 课堂环境中加大口语语言输入的效果研究 [J]. 安徽工业大学学报 (社会科学版) (3): 74-75.

[50] 高红, 2003. 韩国学生习得汉语不同类型 "把"字句 "内部结构成分" 的言语加工策略 [D]. 北京语言大学硕士学位论文.

[51] 高顺全, 2001. 试论 "被"字句的教学 [J]. 暨南大学华文学院学报 (1): 29-34.

[52] 高小平, 1999. 留学生 "把"字句习得过程考察分析及其对教学的启示 [D]. 北京大学硕士学位论文.

[53] 顾琦一, 2007. 输入与输出在陈述性知识程序化过程中的作用 [J]. 解放军外国语学院学报 (2): 40-45.

[54] 顾琦一, 裴虹, 2014. 输入模态和语言水平对二语注意和习得的影响 [J]. 海外英语 (15): 19-20+32.

[55] 顾伟勤, 2010. 外语课堂教学中的输入调整和互动调整 [J]. 外语界 (3): 66-70.

[56] 桂诗春, 2004. 以语料库为基础的中国学习者英语失误分析的认知模型 [J]. 现代外语 (2): 129-139+216.

[57] 郭圣林, 2014. 把字句下位分类再思考 [J]. 韩中言语文化研究 (35): 131-150.

[58] 郭熙, 1994. 论 "'一样'+形容词" [C] //邵敬敏主编.语法研究与语法应用. 北京: 北京语言学院出版社: 23-36.

[59] 韩容洙, 1996. 对韩汉语中的半封闭性词教学 [J]. 上海师范大学学报 (哲学社会科学版) (4): 150-152.

[60] 韩容洙, 1998. 对韩汉语教学中的介词教学 [J]. 汉语学习 (6): 50-53.

[61] 韩玉强, 2011. "在+L+VP" 结构中处所介词的形成的语法化历程和机制 [J]. 语文研究 (1): 21-27.

[62] 何薇, 2004. 汉语常用对象类介词的分析与教学 [D]. 苏州大学硕士学位论文.

[63] 何薇, 2006. 对象类介词 "向" 的分析与教学 [J]. 湖北社会科学 (12): 132-135.

[64] 何薇, 杨晶淑, 2006. 对象类介词 "跟" 与其韩语对译词的对比 [J]. 苏州教育学院学报 (4): 30-33.

[65] 洪波, 2004. "给" 字的语法化 [J]. 南开语言学刊 (2): 138-145.

[66] 侯敏, 1992. "在+处所" 的位置与动词的分类 [J]. 求是学刊 (6): 87-92.

[67] 胡勃, 2013. 母语为韩语的学习者汉语易混淆虚词使用情况考察 [D]. 吉林大学硕士学位论文.

[68] 胡彩敏, 2008. 介词 "从" 和 "从" 字结构研究 [D]. 上海师范大学硕士学位论文.

[69] 华相, 2009. 韩国留学生习得介词 "给" 的偏误分析及教学对策 [J]. 暨南大学华文学院学报 (1): 24-29.

[70] 黄齐东, 2009. 二语习得过程的认知语言学诠释 [J]. 河南大学学报 (社会科学版) (3): 81-84.

[71] 黄若妤, 2002. Anderson的 "ACT认知模型" 与外语学习 [J]. 外语教学 (6): 19-22.

[72] 黄小苹, 2006. 课堂话语微观分析: 理论、方法与实践 [J]. 外语研究 (5): 53-57.

[73] 黄月圆, 杨素英, 高立群, 张旺熹, 崔希亮, 2007. 汉语作为第二语言 "被" 字句习得的考察 [J]. 世界汉语教学 (2): 76-90+73.

[74] 黄瓒辉, 2001. 介词 "给"、"为"、"替" 用法补议 [J]. 暨南大学华文学院学报 (1): 49-54.

[75] 黄自然, 肖奚强, 2012. 基于中介语语料库的韩国学生 "把" 字句习得研究 [J]. 汉语学习 (1): 71-79.

[76] 蒋瑾媛, 2004. "V+给" 中 "给" 的词性及相关句法结构 [J]. 四川教育学院学报 (3): 62-63+66.

[77] 金昌吉, 1991. 谈时间短语中的介词 "在" 和 "当" [J]. 许昌学院学报

（3）：87-93.

[78] 金昌吉，1996. 汉语介词和介词短语 [M]. 天津：南开大学出版社.

[79] 金道荣，2010. "把"字句语序上的"乱插队"特点及其教学策略 [J]. 云南师范大学学报（对外汉语教学与研究版）（1）：44-48.

[80] 金基石，2013. 关于中韩语言对比的视角与方法 [J]. 东北亚外语研究（1）：10-13.

[81] 金立鑫，1993. "把"字句的句法、语义、语境特征 [J]. 中国语文（6）：415-423.

[82] 金善姬，2012. 汉语介词与韩语格助词对比研究 [D]. 华中科技大学硕士学位论文.

[83] 金英实，2007. 非受事"把"字句同韩国语相关范畴的对比 [J]. 解放军外国语学院学报（03）：29-34.

[84] 金钟赞，徐辅月，2013. "动+在"结构的句法性质及其拼写方式 [J]. 语言研究（4）：62-70.

[85] 康健，2004. "V在N"与"在NV"解析 [J]. 语言与翻译（2）：18-20.

[86] 柯润兰，2003. 介词"向"的句法语义考察 [D]. 北京语言文化大学硕士学位论文.

[87] 兰英，2004. 介词结构"在X上"结构特点分析 [J]. 乌鲁木齐成人教育学院学报（2）：32-33+92.

[88] 黎锦熙，1924. 新著国语文法.1992版 [M]. 北京：商务印书馆.

[89] 李朝晖，2004. 第二语言习得的认知模式 [D]. 湘潭大学硕士学位论文.

[90] 李慧，1997. 现代汉语"把"字句语义探微 [J]. 汉语学习（2）：43-45.

[91] 李佳，蔡金亭，2008. 认知语言学角度的英语空间介词习得研究 [J]. 现代外语（2）：185-193+220.

[92] 李金静，2005. "在+处所"的偏误分析及对外汉语教学 [J]. 语言文字应用（S1）：24-26.

[93] 李劲荣，杨歆桐，2015. 双音节性质形容词对"比"字句的适应性 [J]. 语言教学与研究（3）：40-50.

[94] 李炯英，2005. 从建构主义理论谈二语习得中的语言输入 [J]. 中国外语

（3）：38-40.

[95] 李珂，2004. 从"AVP给R"格式看动词语义特征对"给"字语法化的影响 [J].汉语学习（3）：75-79.

[96] 李临定，1986. 现代汉语句型 [M].北京：商务印书馆.

[97] 李琳莹，1999. 介词"对"的意义和用法考察 [J].天津师大学报（社会科学版）（4）：71-75.

[98] 李沛，2014. 现代汉语"向"字句研究 [D].华中师范大学博士学位论文.

[99] 李润桃，1996. "被"字句语义问题初探 [J].殷都学刊（2）：77-79.

[100] 李珊，1994. 现代汉语被字句研究 [M].北京：北京大学出版社.

[101] 李炜东，胡秀梅. 2005. "在+处所"的语义指向分析 [J].语言文字应用（S1）：162-164.

[102] 李卫中，2009. 介词"从"表空间起点时使用上的优先性考察 [J].理论月刊（8）：109-112.

[103] 李向农，余敏，2013. 状位"往/向"差异性考察 [J].汉语学报（3）：21-26+95.

[104] 李晓琪，1994. 介词"给、为、替"—兼论对外汉语虚词教学 [C]//邵敬敏主编.语法研究与语法应用.北京：北京语言学院出版社：265-276.

[105] 李允善，2014. 基于中韩平行语料库的《红楼梦》动介兼类词研究 [D].山东大学博士学位论文.

[106] 李允玉，2007. 被动句对动词的选择 [J].上海大学学报（社会科学版）（3）：53-57.

[107] 李志贤，2014. 现代汉语介词短语"在+NP"的语序制约因素及其构式义考察 [D].上海师范大学博士学位论文.

[108] 梁文霞，朱立霞，2007. 国外二语课堂实证研究20年述评 [J].外语界（5）：58-67.

[109] 梁秀林，2012. 汉韩"给"类双宾句式对比研究 [D].沈阳师范大学硕士学位论文.

[110] 林齐倩，2003. "VP+在L"和"在L+VP" [J].暨南大学华文学院学报（3）：72-78.

[111] 林齐倩, 2011. 韩国学生"在NL"句式的习得研究 [J]. 汉语学习 (3): 89-98.

[112] 林齐倩, 金明淑, 2007. 韩国留学生介词"向/往"使用情况的考察 [J]. 暨南大学华文学院学报 (2): 15-24.

[113] 林载浩, 2001. 韩国学生习得"把"字句情况的考察及偏误分析 [D]. 北京语言文化大学硕士学位论文.

[114] 刘丹青, 2003. 语序类型学与介词理论 [M]. 北京: 商务印书馆.

[115] 刘红燕, 2006. 对外汉语教学中"被"字句的习得情况考察 [D]. 北京语言大学硕士研究生学位论文.

[116] 刘惠敏, 2011. 汉语介词与韩语格助词的对比研究 [D]. 山东大学硕士学位论文.

[117] 刘宁生, 1984. 句首介词结构"在……"的语义指向 [J]. 汉语学习 (2): 27-31.

[118] 刘培玉, 2001. "把"的宾语的句法、语义和语用分析 [J]. 郑州大学学报 (哲学社会科学版) (5): 42-45.

[119] 刘培玉, 2007. 介词"向"、"往"、"朝"的功能差异及解释 [J]. 汉语学习 (3): 26-32.

[120] 刘顺, 1998. "对"和"对于"互换条件初探 [J]. 济宁师专学报 (2): 38-40+78.

[121] 刘伟, 2007. 与介词"把""给"相关的错位结构的动态解析 [J]. 语言教学与研究 (6): 1-6.

[122] 刘祥友, 2007. "向"的介词化过程 [J]. 沈阳师范大学学报 (社会科学版) (5): 100-103

[123] 刘永耕, 2005. 动词"给"语法化过程的义素传承及相关问题 [J]. 中国语文 (2): 130-138+192.

[124] 刘月华等, 2001. 实用现代汉语语法 (增订本) [M]. 北京: 商务印书馆.

[125] 柳英绿, 1999. 朝汉语语法对比 [M]. 延吉: 延边大学出版社.

[126] 柳英绿, 2000. 韩汉语被动句对比——韩国留学生"被"动句偏误分析 [J]. 汉语学习 (6): 33-38.

[127] 吕必松, 2010. "把"字短语、"把"字句和"把"字句教学 [J]. 汉语学习 (5): 76-82.

[128] 吕叔湘, 1942. 中国文法要略 [M]. 北京: 商务印书馆.

[129] 吕叔湘, 1955. 把字用法的研究 [C] //吕叔湘著.汉语语法论文集.1999版. 北京: 商务印书馆.

[130] 吕叔湘, 1980. 现代汉语八百词.1999版 [M]. 北京: 商务印书馆.

[131] 吕文华, 1994. "把"字句的语义类型 [J]. 汉语学习 (4): 26-28.

[132] 马贝加, 1999. 处所介词 "向" 的产生及其发展 [J]. 语文研究 (1): 44-48.

[133] 马建忠, 1898. 马氏文通.1983版 [M]. 北京: 商务印书馆.

[134] 孟万春, 2006. 介词结构 "在+处所" 句中分布的制约因素 [J]. 重庆社会科学 (10): 66-69.

[135] 南圣淑, 2007. "把"字句在韩国语中的对应形式研究 [D]. 北京语言大学硕士学位论文.

[136] 庞继贤, 王敏, 2001. 二语习得定性研究方法述评 [J]. 浙江大学学报 (人文社会科学版) (2): 137-142.

[137] 逄洁冰, 2013. 介词 "对" 和 "向" 的意义及用法考察 [D]. 吉林大学硕士学位论文。

[138] 彭淑莉, 2008. 汉语动词带宾语 "被" 字句习得研究 [J]. 汉语学习 (2): 37-43.

[139] 朴爱华, 2010. 现代汉语 "把"字句研究 [D]. (韩国)岭南大学博士学位论文.

[140] 齐沪扬, 1994. "N+在+处所+V" 句式语义特征分析 [J]. 汉语学习 (6): 21-28.

[141] 齐沪扬, 1995. 有关介词 "给" 的支配成分省略的问题 [J]. 上海师范大学学报(哲学社会科学版) (4): 83-89.

[142] 齐沪扬, 1998. 动作 "在" 字句的语义、句法、语用分析 [J]. 上海师范大学学报(哲学社会科学版) (2): 61-67.

[143] 齐沪扬, 1999. 表示静态位置的状态 "在" 字句 [J]. 汉语学习 (2): 2-8.

[144] 齐沪扬, 唐依力, 2004. 带处所宾语的 "把"字句中V后格标的脱落 [J].

世界汉语教学（3）：5-14+2.

[145] 秦晓晴，1997. 第二语言习得中认知方式研究的现状 [J]. 外语教学与研究（2）：41-46+81.

[146] 权宁美，2011. 汉语空间介词"从、由、在、到"与韩语相应表达方式的对比 [D]. 辽宁师范大学硕士学位论文.

[147] 权正容，1995. "在X下"格式的结构特点与语义分析 [J]. 汉语学习（5）：62-64.

[148] 任海波，1987. 现代汉语"比"字句结论项的类型 [J]. 语言教学与研究（4）：91-103.

[149] 邵洪亮，2003a. "V在+L"格式的表义和表达功能 [J]. 暨南大学华文学院学报（1）：62-69.

[150] 邵洪亮，2003b. 表处所的"在"字句研究综述 [J]. 台州学院学报（2）：56-60.

[151] 邵洪亮，郭文国，2001. "在+L+VP"结构中"在"的分化 [J]. 台州师专学报（5）：51-56.

[152] 邵敬敏，1982. 关于"在黑板上写字"句式分化和变换的若干问题 [J]. 语言教学与研究（3）：35-43.

[153] 邵敬敏，1985. 把字句及其变换句式 [C]//江苏古籍出版社编.研究生论文选集语言文字分册，南京：江苏古籍出版社.

[154] 邵敬敏，刘焱，2002. 比字句强制性语义要求的句法表现 [J]. 汉语学习（5）：1-7.

[155] 申敬善，2006. 现代汉语"在"字句研究 [D]. 复旦大学博士学位论文。

[156] 沈家煊，1999. "在"字句和"给"字句 [J]. 中国语文（2）：94-102.

[157] 施关淦，1981. "给"的词性及与此相关的某些语法现象 [J]. 语文研究（2）：31-38.

[158] 宋秀令，1980. 现代汉语中的"从……到……"结构 [J]. 山西大学学报（哲学社会科学版）（2）：83-87.

[159] 宋玉柱，1982. 运用"把"字句的条件 [J]. 汉语学习（3）：12-19.

[160] 苏冰阳，2013. 对外汉语课堂口语教学输入与输出研究 [D]. 湖南大学硕

士学位论文.

[161] 孙庆芳, 2013. 基于认知语言学的"给"类介词对外汉语教学语法研究 [D]. 山东师范大学硕士学位论文.

[162] 万莹, 2008. 析介词"对"、"对着"[J]. 北京广播电视大学学报(2): 48-51.

[163] 汪寿顺, 1990. 从母语影响看朝鲜学生在动词、介词使用中的问题[J]. 天津师大学报(1): 70-72.

[164] 王艾录, 1982. "动词+在+方位结构"刍议[J]. 语文研究(2): 89-94.

[165] 王灿龙, 2008. 试论"在"字方所短语的句法分布[J]. 世界汉语教学 (1): 35-48.

[166] 王灿龙, 2009. "被"字的另类用法——从"被自杀"谈起[J]. 语文建设 (4): 65-66.

[167] 王凤敏, 2005. 包含"给"的四种相关句式比较研究[J]. 河南师范大学 学报(哲学社会科学版)(3): 122-123.

[168] 王耿, 2014. "当X时"与"在X时"[J]. 汉语学报(4): 74-80.

[169] 王红旗, 2003. "把"字句的意义究竟是什么[J]. 语文研究(2): 35-40.

[170] 王还, 1980. 再说说"在"[J]. 语言教学与研究(3): 25-29.

[171] 王建勤, 2006a. 汉语作为第二语言的学习者习得过程研究[M]. 北京: 商务印书馆.

[172] 王建勤, 2006b. 汉语作为第二语言的学习者与认知研究[M]. 北京: 商务印书馆.

[173] 王珏, 2004. 汉语生命范畴初论[M]. 上海: 华东师范大学出版社.

[174] 王力, 1943. 中国现代语法[M]. 1985版, 北京: 商务印书馆.

[175] 王力, 1944. 中国语法理论[M]. 1955版, 北京: 中华书局.

[176] 王力, 1946. 中国语法纲要(上)[M]. 上海: 开明书店.

[177] 王立杰, 2009. 汉语"把"字句在韩语中的对应关系研究[J]. 天津商业 大学学报(2): 69-72.

[178] 王茂林, 2005. 留学生"比"字句习得的考察[J]. 暨南大学华文学院学报 (3): 32-39.

[179] 王强, 2008. 认知模式原型理论与英语词汇习得 [J]. 沈阳师范大学学报（社会科学版）(6): 160-162.

[180] 王伟, 2009. 论 "在" 的语法化 [J]. 西安外国语大学学报 (3): 27-31.

[181] 王一平, 1999. 介词短语 "在+处所" 前置、中置和后置的条件和限制 [J]. 语文建设 (5): 18-22.

[182] 王永德, 2002. 基于认知发展的词汇习得过程 [J]. 宁波大学学报（教育科学版）(4): 1-4.

[183] 王永娜, 2011. 书面语体 "V+向/往+NP" 的构成机制及句法特征分析 [J]. 华文教学与研究 (3): 64-69.

[184] 王用源, 2013. 试论 "向" 的几个特殊用法 [J]. 天津大学学报（社会科学版）(3): 232-236.

[185] 王振来, 2004. 韩国留学生学习被动表述的偏误分析 [J]. 云南师范大学学报 (4): 11-15.

[186] 王政红, 1988. "在+Np+V+N" 句式的歧义原因 [J]. 南京师大学报（社会科学版）(2): 90-94.

[187] 韦旭升, 许东振, 2006. 新编韩国语实用语法 [M]. 北京: 外语教学出版社.

[188] 魏金光, 何洪峰, 2013. 介词 "向" 的语法化源义辨 [J]. 汉语学报 (3): 59-67+96.

[189] 温晓虹, 2007. 教学输入与学习者的语言输出 [J]. 世界汉语教学 (3): 108-119+103-104.

[190] 温晓虹, 2013. 语言的输入、输出与课堂的互动设计 [J]. 汉语学习 (2): 86-94.

[191] 文秋芳, 2003a. 频率作用与二语习得:《第二语言习得研究》2002年6月特刊评述 [J]. 外语教学与研究 (2): 151-154.

[192] 文秋芳, 2003b. 微变化研究法与二语习得研究 [J]. 现代外语 (3): 312-317+311.

[193] 文秋芳, 2008. 评析二语习得认知派与社会派20年的论战 [J]. 中国外语 (3): 13-20.

[194]文旭, 2001. 认知语言学: 诠释与思考[J]. 外国语(2): 29-36.

[195]文旭, 2014. 认知语言学的基本特征及其对外语教学的启示[J]. 外语教学理论与实践(3): 16-22.

[196]翁燕珩, 2006. 第二语言习得"输入假说"评析[J]. 中央民族大学学报(4): 142-144.

[197]吴丽娟, 2010. 韩语动词与汉语对应词对比研究[D]. 对外经济贸易大学硕士学位论文。

[198]吴门吉, 周小兵, 2004. "被"字句与"叫让"被动句在教学语法中的分离[J]. 云南师范大学学报(4): 66-71.

[199]吴门吉, 周小兵, 2005. 意义被动句与"被"字句习得难度比较[J]. 汉语学习(1): 62-65.

[200]吴潜龙, 2000. 关于第二语言习得过程的认知心理分析[J]. 外语教学与研究(4): 290-295.

[201]吴漪萍, 2013. 韩国留学生使用介词"在"的偏误分析及教学对策[D]. 扬州大学硕士学位论文.

[202]肖任飞, 陈青松, 2006. 介词"向""往""朝"的句法语义模式分析[J]. 湖南科技学院学报(7): 172-174.

[203]肖奚强, 2000. 韩国学生汉语语法偏误分析[J]. 世界汉语教学(2): 95-99.

[204]肖奚强, 2001. 略论偏误分析的基本原则[J]. 语言文字应用(1): 46-52.

[205]肖奚强, 2002. 现代汉语语法与对外汉语教学[M]. 上海: 学林出版社.

[206]肖奚强等, 2009. 外国学生汉语句式学习难度及分级排序研究[M]. 北京: 高等教育出版社.

[207]邢福义, 1978. 略论"把"字结构的句法地位[J]. 语文函授(5): 14-22.

[208]邢福义, 1980. 关于"从……到……"结构[J]. 中国语文(5): 345–346.

[209]邢福义, 1997. V为双音节的"V在了N"格式———一种曾经被语法学家怀疑的格式[J]. 语言文字应用(4): 35-43.

[210]熊文新, 1996. 留学生"把"字结构的表现分析[J]. 世界汉语教学(1): 81-88.

[211] 徐国玉, 1988. 《论介词短语 "在+处所"》补议 [J]. 汉语学习 (6): 19-20.

[212] 徐枢, 1984. "对" 字句的几种主要格式 [J]. 汉语学习 (3): 1-7.

[213] 许国萍, 1996. "比" 字句研究综述 [J]. 汉语学习 (6): 28-31.

[214] 延俊荣, 2005. "给" 与 "V给" 不对称的实证研究 [J]. 语言研究 (1): 26-33.

[215] 杨晶淑, 2007. 汉语介词 "给" 与韩语 "에게 (ege)" 的对比 [C] // 崔健, 孟柱亿主编. 汉韩语言对比研究 (1), 北京: 北京语言大学出版社.

[216] 杨永, 2007. 留学生介词 "给" 偏误研究 [D]. 暨南大学硕士学位论文.

[217] 殷志平, 1987. "比" 字句浅论 [J]. 汉语学习 (4): 3-5.

[218] 尹海良, 2012. 韩日留学生汉语 "比" 字句习用偏误调查与分析 [J]. 云南师范大学学报 (对外汉语教学与研究版) (1): 36-40.

[219] 游舒, 2005. 现代汉语被字句研究 [D]. 武汉大学博士学位论文.

[220] 余文青, 2000. 留学生使用 "把" 字句的调查报告 [J]. 汉语学习 (5): 49-54.

[221] 俞光中, 1987. "V在NL" 的分析及其来源献疑 [J]. 语文研究 (3): 14-18.

[222] 俞咏梅, 1999. 论 "在+处所" 的语义功能和语序制约原则 [J]. 中国语文 (1): 21-29.

[223] 袁舫, 2014. "从" 类时间介词的使用及其框架组合 [J]. 语言与翻译 (2): 22-26+32.

[224] 翟丽霞, 陈艳, 王卓, 2005. 认知心理学框架下的二语习得过程分析 [J]. 外语学刊 (1): 101-105.

[225] 张爱民, 1982. "从+处所词" 的语义功能 [J]. 徐州师范学院学报 (4): 20-25.

[226] 张宝林, 2010. 回避与泛化——基于 "HSK动态作文语料库" 的 "把" 字句习得考察 [J]. 世界汉语教学 (2): 263-278.

[227] 张保胜, 1983. "在+NP" 在句中的位置和动词的类 [J]. 河南师大学报 (社会科学版) (5): 99-102.

[228] 张灿灿, 2009. "输出假设" 在二语习得中的认知分析 [J]. 湖南师范大

学教育科学学报（4）：120-122.

[229] 张赪，1997. 论决定"在L+VP"或"VP+在L"的因素[J]. 语言教学与研究（2）：42-51.

[230] 张赪，2001. 现代汉语介词词组"在L"与动词宾语的词序规律的形成[J]. 中国语文（2）：149-155+192.

[231] 张成进，2009. 汉语表方向介词"向"的产生及产生动因[J]. 江淮论坛（6）：168-174.

[232] 张宏胜，1996a. 从汉维语的对比中看句首介词"在"的省略[J]. 语言与翻译（3）：15-19.

[233] 张宏胜，1996b. 汉语介词"在"位于句首时的隐现形式描写[J]. 新疆教育学院学报（3）：31-35.

[234] 张俐，2001. 介词"向/往、朝"功能比较[J]. 河南大学学报（社会科学版）（5）：87-89.

[235] 张璐，2013. Anderson的ACT认知模型述评[J]. 海外英语（24）：305-307.

[236] 张勤，2012. "比"字句否定形式研究[J]. 南京师范大学文学院学报（2）：169-173.

[237] 张旺熹，1992. "把"字结构的语义及其语用分析[J]. 语言教学与研究（3）：88-103.

[238] 张燕吟，2003. 准确率标准和初现率标准略谈[J]. 世界汉语教学（3）：52-60.

[239] 赵金铭，2002. 对外汉语教学语法与语法教学[J]. 语言文字应用（1）：107-111.

[240] 赵金铭，2006. 从类型学视野看汉语差比句偏误[J]. 世界汉语教学（4）：67-74+147-148.

[241] 赵金色，2010. "把"字句句法-语义研究[J]. 内蒙古大学学报（哲学社会科学版）（2）：144-148.

[242] 赵葵欣，2000. 留学生学习和使用汉语介词的调查[J]. 世界汉语教学（2）：100-106.

[243] 赵立新, 2012. 基于HSK动态语料库介词"对、对于、关于"的偏误分析 [D]. 辽宁师范大学硕士学位论文.

[244] 赵日新, 2001. 说"在"及相当于"在"的成分 [J]. 语文研究 (4): 6-12.

[245] 郑杰, 2002. 现代汉语"把"字句研究综述 [J]. 汉语学习 (5): 41-47.

[246] 郑攀, 2013. 认知语言学视角下汉语介词"在"研究 [D]. 沈阳师范大学 硕士学位论文.

[247] 郑巧斐, 2007. 韩国留学生"一样"句及"不一样"句的使用情况考察 [J]. 暨南大学华文学院学报 (6): 31-36.

[248] 郑巧斐, 2008. 韩国留学生比字句的使用情况考查 [J]. 云南师范大学学报 (对外汉语教学与研究版) (3): 1-5.

[249] 郑银芳, 2003. 二语习得中的输入与输出 [J]. 广州大学学报 (社会科学版) (2): 67-69+85.

[250] 郑咏滟, 2011. 动态系统理论在二语习得研究中的应用——以二语词汇发展研究为例 [J]. 现代外语 (3): 303-311.

[251] 钟芳杰, 2012. 基于对外汉语教学的介词"对"和"给"的对比研究 [D]. 湖南师范大学硕士学位论文.

[252] 周丹丹, 2004. 练习次数对故事复述的影响 [J]. 解放军外国语学院学报 (5): 41-45.

[253] 周丹丹, 2006. 输入与输出的频率效应研究 [J]. 现代外语 (2): 154-163.

[254] 周丹丹, 2012. 应用语言学中的微变化研究方法 [M]. 北京: 外语教学与研究出版社.

[255] 周丹丹, 王文宇, 2013. 动态系统理论与微变化研究法在二语习得中的应用 [J]. 江淮论坛 (4): 163-170.

[256] 周红, 2007. 现代汉语"给"字句的语义类型与语义特征 [J]. 宁夏大学学报 (人文社会科学版) (3): 8-14.

[257] 周芍, 邵敬敏, 2006. 试探介词"对"的语法化过程 [J]. 语文研究 (1): 24-30.

[258] 周文华, 2009. 韩国学生"给"及相关句式习得研究 [J]. 对外汉语研究 (1): 66-79.

[259] 周文华, 2011a. 介词 "对" 不同义项的中介语使用情况考察 [J]. 华文教学与研究 (1): 27-34+41.

[260] 周文华, 2011b. 现代汉语介词习得研究 [M]. 北京: 世界图书出版公司。.

[261] 周文华, 2013. 韩国学生不同句法位 "在+处所" 短语习得考察 [J]. 华文教学与研究 (4): 35-43.

[262] 周文华, 2014. 母语语序类型对目的语习得的影响——以汉语介词语序偏误为例 [J]. 语言教学与研究 (5): 10-17.

[263] 周文华, 李智惠, 2011. 韩国学生习得介词 "对" 不同义项的动态偏误分析 [J]. (韩国) 中国语文学志 (37): 719−734.

[264] 周文华, 肖奚强, 2009. 基于语料库的外国学生 "被" 字句习得研究 [J]. 暨南大学华文学院学报 (2): 44-50+71.

[265] 周文华, 肖奚强, 2012. 引介对象的 "向P"、"对P" 与谓词的搭配考察 [J]. 南京师大学报 (社会科学版) (6): 153-157.

[266] 周小兵, 1983. 关于 "从" 字句的两个问题 [J]. 汉语学习 (1): 34-40.

[267] 周小兵, 1997. 介词的语法性质和介词研究的系统方法 [J]. 中山大学学报 (3): 110-116.

[268] 周小兵, 2004. 学习难度的测定和考察 [J]. 世界汉语教学 (1): 41-48+3.

[269] 朱德熙, 1979. 与动词 "给" 相关的句法问题 [J]. 方言 (2): 81-87.

[270] 朱德熙, 1980. 现代汉语语法研究 [M]. 北京: 商务印书馆.

[271] 朱德熙, 1981. "在黑板上写字" 及相关句式 [J]. 语言教学与研究 (1): 4-18.

[272] 朱德熙, 1983. 包含动词 "给" 的复杂句式 [J]. 中国语文 (3): 161−166.

[273] 朱景松, 1995. 介词 "给" 可以引进受事成分 [J]. 中国语文 (1): 48.

[274] A.贝罗贝 (Peyraube), 1989. 早期 "把" 字句的几个问题 [J]. 语文研究 (1): 1-9.

[275] Anderson J R, 1983. The Architecture of Cognitions [M]. Cambridge, MA: Harvard University Press.

[276] Anderson J R, 1996. ACT: A simple theory of complex cognition [J]. American Psychologist, 51 (4): 355-65.

［277］Bailey N , C Madden , S Krashen, 1974. Is there a "natural sequence" in adult second language learning［J］. Language Learning, 24（2）: 235-243.

［278］Battistella E, 1996. The Logic of Markedness［M］. New York: Oxford Uniuversity Press.

［279］Corder S P, 1981. Error Analysis and Interlanguage［M］. Oxford: Oxford University Press.

［280］Doughty C, Williams J, 1998. Focus on Form in Classroom Second Language Acquisition［M］. New York: Cambridge University Press.

［281］Eckman R F, 1977. Markedness and the contrastive analysis hypothesis ［J］. Language Learning, 27（2）: 315-330.

［282］Eckman R F, 2008. Typological markedness and second language phonology［C］//Phonology and Second Language Acquisition. John Benjamins Publishing Company: 95–115.

［283］Ellis N, 2002. Frequency effects in language processing［J］. Studies in Second Language Acquisition. 24（2）: 143–188.

［284］Ellis R, 1984. Classroom Second Language Development［M］. Oxford: Pergamon.

［285］Ellis R, 2015. Researching acquisition sequences: Idealization and de-idealization in SLA［J］. Language Learning, 65（1）: 181-209.

［286］Ellis R, 2016. Focus on form: A critical review［J］. Language Teaching Research, 20（3）: 405-428.

［287］Gass S, 1988. Integrating research areas: A framework for second language studies［J］. Applied Linguistics, 9（2）: 198- 217.

［288］Gass S, 2003. Input and interaction［C］//The Handbook of Second Language Acquisition. Blackwell Publishing Ltd: 224-255.

［289］Gass S, Mackey A, 2006. Input, Interaction and Output［J］. AILA Review. 23（1）: 1-6.

［290］Granott N, Parziale J, 2002. Microdevelopment: Transition Processes in Development and Learning［M］. Cambridge: Cambridge University Press.

［291］Holland J, 2013. A cognitive model of language acquisition［J］. Journal of Bio-education, 1（2）: 106-110.

［292］Hulk A, 1991. Parameter setting and the acquisition of word order in L2 French［J］. Second Language Research, 7（1）: 1-34.

［293］Kellerman E, 1983. U-shaped Behavior in Advanced Dutch EFL Learners ［C］//Paper presented at the Tenth University of Michigan Conference on Applied Linguistics, Ann Arbor.

［294］Krashen S D, 1982. Principle and Practice in Second Language Acquisition［M］. Oxford: Pergamon.

［295］Krashen S D, 1985. The Input Hypothesis: Issues and Implications［M］. New York: Longman.

［296］Larsen-Freeman D, Long H M, 1991. An Introduction to Second Language Acquisition Research［J］. Taylor & Francis.

［297］Larson-Hall J, 2010. A Guide to Doing Statistics in Second Language Research Using the SPSS［M］. New York: Routledge.

［298］Lightbown M P, 1985. Great expectations: Second-language acquisition research and classroom teaching［J］. Applied Linguistics, 6（2）: 173-189.

［299］McKay S L, 2006. Researching Second Language Classrooms［M］. Lawrence Erlbaum Associates, Inc.

［300］Meisel J, H Clahsen , M Pienemann, 1981. On determining developmental stages in natural second language acquisition［J］. Studies in Second Language Acuisition, 3（2）: 109-135.

［301］Nagata N, 1998. Input vs. output practice in educational software for second language acquisition［J］. Language Learning and Technology, 1（2）: 23-40.

［302］Nunan D, 1992. Research Methods in Language Learning［M］. Cambridge: CUP.

［303］Pienemann M, 1984. Psychological constraints on the teachability of language［J］. Studics in Second Language Acquisition 6（2）: 186-214.

[304] Pienemann M, 1985. Learnability and syllabus construction [C] // Modelling and Assessing Second Language Acquisition. Clevedon, Avon: Multilingual Mutters: 23-75.

[305] Pienemann M, 1998. Language Processing and Second Language Development: Processability Theory [M]. Amsterdam: Benjamins.

[306] Pienemann M, 2015. An outline of processability theory and its relationship to other approaches to SLA [J]. Language Learning, 65 (1): 123-151.

[307] Piske T, Young-Scholten M, 2009. Input Matters in SLA [M]. Multilingual Matters.

[308] Prator, Clifford H, 1967. Hierarchy of Difficulty (Unpublished classroom lecture). Los Angles: University of California.

[309] Schachter J, 1974. An error in error analysis [J]. Language Learning, 24 (2): 205-214.

[310] Seliger H W, Long H M, 1983. Classroom Oriented Research in Second Language Acquisition [M]. Rowley, MA: Newbury House Publishers, Inc.

[311] Selinker L, 1972. Interlanguage [J]. International Review of Applied Linguistics, 10 (3): 209-232.

[312] Siegler R S, 2006. Microgenetic analysis of learning [C] //Handbook of Child Psychology (Volume 2): Cognition, Perception, and Language. John Wiley & Sons, Inc: 464-510.

[313] Siegler R, Crowley K, 1991. The microgenetic method: a direct means for studying cognitive development [J]. American Psychologist, 46 (6): 606-20.

[314] Slobin D I, 1982. Universal and particular in the acquisition of language [C] //Language Acquisition: The State of the Art. Cambridge University Press: 128-170.

[315] Swain M, 1985. Communicative competence: Some roles of

comprehensible input and comprehensible output in its development［C］
//Input in Second Language Acquisition. Rowley, MA：Newbury House：
235-253.

［316］Swain M, 1993. The output hypothesis：Just speaking and writing aren't
enough［J］.The Canadian Modern Language Review. 50（1）：158-164.

［317］Swain M, 1995. Three functions of output in second language learning
［C］//Principles and Practice in Applied Linguistics. Oxford University
Press：125-144.

［318］VanPatten B, 1996. Input Processing and Grammar Instruction：Theory
and Research［M］. Norwood, NJ：Ablex.

［319］VanPatten B, 2004. Input processing in second language acquisition［C］
//Processing Instruction：Theory, Research, and Commentary. Mahwah,
NJ：Lawrence Erlbaum：5-31.

［320］White L, 1987. Markedness and second language acquisition：the
question of transfer［J］. Studies in Second Language Acquisition, 9（3）：
261-286.

［321］박덕준（朴德俊）, 박종산（朴宗汉）, 1996. 한국어와 중국어에서 동
사와 목적어의 의미 관계 대조 연구（韩汉动词和宾语意义关系的对
比研究）［J］, 중국언어연구（《中国语言研究》） 4.

［322］박창수(朴昌洙), 2005. 한국어 조사 '에, 에서'와 상응하는 중국어.
（《韩语助词 '에, 에서' 及其在汉语中的相应表达法研究》）［D］, 한
국외국어대학교 중어중문학과 석사학위논문（韩国外国语大学汉语
言文学硕士学位论文）.

后　记

　　2013年6月，我的第一个国家社科基金项目立项，也就是本书的起源。次年秋，我的韩国研究生金恩宠入学，在我拟定的汉韩对比研究框架下，他帮助我梳理了大部分介词的汉韩对比语料，为本书每个章节的汉韩对比研究做出了重要贡献。同时，我的同事程筱博士也加入了我的课题组。她是留韩的语言学博士，有较高的汉韩双语能力。她对本书各章的汉韩对比部分进行了全面整理和校对。他们的辛勤付出为课题的开展奠定了良好的基础。

　　2015年8月，在课题刚刚起动不久，我就被外派到美国北卡州立大学孔子学院任教。初到美国，工作和生活都需要适应，一度让我无暇顾及课题的继续开展，也曾萌发延期结项的念头。但所幸我的爱人刘灿在得知我将赴美工作时，就毅然决定辞去了她在国内的工作，跟随我们来到美国，照顾我和儿子周奕衡的生活。她在生活上对我们无微不至的照顾，让我可以安心工作，儿子也可以专心学习。再加上儿子也非常自律和用功，没有因为美国高中的适应和学业等问题经常打扰我。工作之余，我可以把全部精力投入到课题的研究上。所以才让课题得以按期顺利结项，也让本书能够这么快面世。

　　在美国孔子学院工作的三年虽然辛苦，但也是我人生中的一段重要经历和转折点。在美国，我得以潜心研读大量的国外研究文献，让我更清晰地了解国外二语习得研究的发展历程和趋势，对二语习得的综合研究路径也有了更深刻的认识。贯通中外的研究对比对于课题的深入挖掘也起到了重要作用。在完成课题的过程中，我对涉及的很多二语习得理论和研究方法都有了更深入的认识。在本课题研究中发现的问题也得到了理论的升华，让我顺利地申请到了第二个国家社科基金项目，在科研的道路上又向前迈了一步。

第一个课题的顺利完成，还应该感谢的是我的恩师肖奚强教授。没有他高瞻远瞩的学术思想指引，就没有该课题展开的基石——课堂口语语料库。肖老师2009年就开始筹划建设国内先进的课堂话语实录室，并开始指导我们收集课堂教学实录语料，建设中介语口语语料库。此后的几年间，我与黄自然、徐开妍、颜明、孙慧莉、汪磊等众多博硕士研究生一起采录、转写语料，正所谓"众人拾柴火焰高"，没有他们的辛苦付出也就没有本课题所需的规模可观的口语语料库。二语习得研究数据一点点积累的过程虽然辛苦，但它最终将使我们在研究中收获累累硕果！

最后，衷心感谢出版社邵宇彤女士让该课题的成果得以顺利出版面世！

周文华
2020年秋于南京清竹园